Polifonía y oralidad

Colección Lingüística

María José Gallucci

Polifonía y oralidad: el discurso referido en la entrevista sociolingüística en español

EDITORIAL
UNIVERSIDAD DE SEVILLA

Sevilla 2024

Colección Lingüística
Núm.: 90

© Editorial Universidad de Sevilla 2023
    Porvenir, 27 - 41013 Sevilla
    Tlfs.: 954 487 447; 954 487 451; Fax: 954 487 443
    Correo electrónico: info-eus@us.es
    Web: https://editorial.us.es

© María José Gallucci 2024

Impreso en papel ecológico
Impreso en España-Printed in Spain

ISBN: 978-84-472-2468-5
Depósito Legal: SE 1417-2024

Diseño de cubierta: Notanumber
Maquetación, realización de cubierta y formato digital: Intergraf
Impresión: Podiprint

Índice

Cuadros 11

Gráficos 13

Abreviaturas de los tipos de citas analizados en la investigación... 15

Introducción 17

Capítulo 1:
Marco teórico y conceptual para el estudio del discurso referido .. 21

  1.1. Bajtín, la no unicidad del sujeto hablante y el dialogismo 22

  1.2. La teoría de la enunciación de Benveniste 24

  1.3. La teoría polifónica de la enunciación de Ducrot 26

  1.4. Authier-Revuz y la heterogeneidad enunciativa 31

  1.5. Roulet y la diafonía 33

  1.6. Sperber y Wilson y el lenguaje interpretativo 36

  1.7. Goffman y la noción de *footing* 36

  1.8. Culioli y las operaciones enunciativas 38

  1.9. Clark y Gerrig: las citas como demostraciones 39

  1.10. Fludernik: antimímesis y ficcionalización 41

  1.11. La polifonía como hecho discursivo: desarrollos más recientes .. 41

      1.11.1. Reyes 42

      1.11.2. Donaire 47

      1.11.3. Tordesillas Colado 49

      1.11.4. Espuny 50

  1.12. Reflexión final 51

Capítulo 2.
El discurso referido en interacciones orales: estudios previos..... 53

2.1. Estudios sobre el español americano 54

    2.1.1. Estilo directo en el español de Puerto Rico 54

    2.1.2. Habla directa e indirecta en el español de México 56

    2.1.3. Las citas conversacionales en el español de Venezuela 58

    2.1.4. El discurso referido en el habla de Santiago de Chile..... 62

    2.1.5. Formas de expresión del discurso referido en el español de Medellín.. 64

    2.1.6. El discurso directo en la narración oral de hablantes limeños 65

2.2. Estudios sobre el español peninsular 66

    2.2.1. Heterogeneidad discursiva en el habla culta de Madrid 66

    2.2.2. Polifonía en la conversación coloquial 67

    2.2.3. La representación del discurso desde la sociopragmática.. 70

    2.2.4. El discurso reproducido en el PRESEEA-Sevilla 71

2.3. Síntesis.. 72

Capítulo 3.
Corpus y metodología.. 75

3.1. El PRESEEA.. 75

    3.1.1. *Corpus sociolingüístico de Caracas 2004-2013* o PRESEEA-CA 76

    3.1.2. Comunidad de habla 77

    3.1.3. Entrevista semidirigida y conversación 78

    3.1.4. Transcripción y revisión de los materiales 83

3.2. Metodología 84

    3.2.1. El discurso referido en esta investigación: definición, terminología y precisiones 84

        3.2.1.1. ¿Discurso referido, reproducido o representado? 85

        3.2.1.2. ¿Cuáles son los límites del DR? 86

        3.2.1.3. ¿Los pensamientos constituyen casos de DR?.. 87

    3.2.2. El discurso referido como categoría lingüística y *continuum* 88

        3.2.2.1. La unidad de análisis: el enunciado 88

        3.2.2.2. Formas del DR sometidas a estudio y sus variantes.. 91

            i) Citas propias... 92

a) Discurso directo 92
b) Discurso indirecto 94
c) Cita mixta (CM) 98
d) Cita de paralenguaje (CP) 98
e) Cita de gestos (CG) 98
f) Ecos (E) 99
ii) Citas impropias 100
a) Discurso narrativizado 100
b) Cita abstracta (CA) 101
iii) Tipología escalar del DR 102
3.2.3. Muestra analizada 105
3.2.4. Procedimientos 106
3.2.4.1. Selección de casos 106
3.2.4.2. Casos excluidos 107
3.2.4.3. Codificación y procesamiento de los datos 108
3.2.5. Categorías de análisis 108
3.2.5.1. De tipo sintáctico 109
i) Verbo 109
ii) Sujeto 110
iii) Complemento indirecto 111
iv) Contenido de la cita 112
v) Modalidad de la cita 112
3.2.5.2. De tipo semántico-discursivo 113
i) Significado léxico del verbo decir 113
ii) Marcadores del discurso 114
iii) Atribución de la palabra 114
iv) Secuencia textual 114
v) Función pragmática 117
3.2.5.3. Extralingüísticas 118

Capítulo 4.
Análisis y resultados 119
4.1. Citas propias e impropias 119
4.2. Variantes de las citas propias 125
4.2.1. Discurso directo 125
4.2.1.1. Discurso directo libre 126
4.2.1.2. Discurso directo tradicional 128
4.2.1.3. Discurso directo con sintagma nominal 136
4.2.1.4. Discurso directo introducido con marcador 138
4.2.1.5. Discurso directo con (y) + que 142
4.2.1.6. Discurso directo con así 143

4.2.2.   Discurso indirecto 143
        4.2.2.1. Discurso indirecto tradicional 144
        4.2.2.2. Discurso cuasi indirecto 151
        4.2.2.3. Discurso indirecto libre 153
4.2.3.   Cita de paralenguaje 154
4.2.4.   Cita de gestos 156
4.2.5.   Cita mixta 158
4.2.6.   Ecos 159

4.3. Variantes de las citas impropias 160
4.3.1.   Discurso narrativizado 160
4.3.2.   Cita abstracta 165

4.4. El DR desde un punto de vista sintáctico 166
4.4.1.   Verbo, sujeto y complemento indirecto 166
4.4.2.   Contenido citado y modalidad oracional 176

4.5. El DR desde un punto de vista semántico-discursivo 180
4.5.1.   *Decir* y sus distintos significados 180
4.5.2.   Marcadores discursivos en el interior de la cita 182
4.5.3.   ¿A quién se le atribuye la palabra? 185
4.5.4.   ¿En qué tipo de secuencia textual se insertan las citas? ... 187
4.5.5.   ¿Con qué finalidad se emplean las citas? 190

4.6. El DR y las variables extralingüísticas 194
4.6.1.   DD~DI como variable dependiente discursiva 199
4.6.2.   El DD y el DI a la luz de nuevas herramientas
        estadísticas: análisis exploratorio 201
        4.6.2.1. Regresión logística de efectos mixtos 202
        4.6.2.2. Modelo de regresión 203

Conclusiones 209

Referencias bibliográficas 217

Cuadros

Cuadro 1. Las actividades reflexivas según Reyes (2002: 73) 43

Cuadro 2. Distribución por cuotas del PRESEEA-CA 78

Cuadro 3. Clasificación de las citas 102

Cuadro 4. Distribución por cuotas de los hablantes de la muestra 106

Cuadro 5. Identificación de los hablantes de la muestra 106

Cuadro 6. Tipos generales de cita analizados en la investigación 120

Cuadro 7. Distribución de las citas propias 121

Cuadro 8. Distribución de las citas impropias 121

Cuadro 9. Distribución del DD y sus variantes 126

Cuadro 10. Distribución del DI y sus variantes 144

Cuadro 11. Tipos de CP 155

Cuadro 12. DR y tipo de forma verbal 167

Cuadro 13. DR y tiempo verbal 168

Cuadro 14. DR y persona gramatical y número 170

Cuadro 15. Tiempo verbal, número y persona 171

Cuadro 16. DR y sujeto 173

Cuadro 17. DR y complemento indirecto 175

Cuadro 18. DR y CI según clase de palabra 175

Cuadro 19. DR y contenido citado 177

Cuadro 20. DR y modalidad oracional de la cláusula reportada 179

Cuadro 21. DR y significados de *decir* 182

Cuadro 22. DR y marcador al inicio de la cita 183

Cuadro 23. DR y atribución de la palabra 185

Cuadro 24. DR y secuencia textual.. 188

Cuadro 25. DR y función pragmática 190

Cuadro 26. DR y edad.. 195

Cuadro 27. DR y sexo.. 197

Cuadro 28. DR y grado de instrucción 198

Cuadro 29. DD~DI y edad.. 200

Cuadro 30. DD~DI y sexo.. 201

Cuadro 31. DD~DI y grado de instrucción 201

Cuadro 32. Lista de variables consideradas en el modelo estadístico.... 203

Cuadro 33. Resultados del análisis de regresión logística de efectos
mixtos... 204

Cuadro 34. Ajustes para cada hablante como efecto aleatorio............. 207

Figuras

Figura 1. Tipología escalar del DR... 103

Gráficos

Gráfico 1. Distribución del DR en la muestra... 122

Gráfico 2. Formas verbales más frecuentes de DDT................................... 128

Gráfico 3. Pronombres introductores de DDSN... 137

Gráfico 4. Marcadores introductores de DDM 139

Gráfico 5. Formas verbales más frecuentes de DIT.................................... 144

Gráfico 6. Formas verbales más frecuentes del DN 161

Gráfico 7. Formas generales de sujeto explícito en DR............................ 172

Gráfico 8. Modalidad oracional del contenido citado.............................. 179

Gráfico 9. Significados de *decir*.. 181

Gráfico 10. Ausencia~presencia de marcador en el interior del DR...... 183

Gráfico 11. DD y marcador discursivo.. 184

Gráfico 12. Función pragmática y secuencia discursiva 193

Abreviaturas de los tipos de citas analizados en la investigación

CITAS PROPIAS
  i)   Discurso directo (DD)
      DDT = discurso directo tradicional
      DDL = discurso directo libre
      DDSN = discurso directo con sintagma nominal
      DDM = discurso directo con marcador
      DDQ = discurso directo con (*y*) + *que*
      DDA = discurso directo con *así*

  ii) Discurso indirecto (DI)
      DIT = discurso indirecto tradicional
      DIL = discurso indirecto libre
      DCI = discurso cuasi indirecto

  iii) Cita mixta (CM)
  iv) Cita de paralenguaje (CP)
  v) Cita de gestos (CG)
  vi) Eco (E)

CITAS IMPROPIAS
  i)   Discurso narrativizado (DN)
  ii) Cita abstracta (CA)

Introducción

A diferencia de otras especies, el ser humano ha desarrollado un sistema de signos –la lengua– que diferencia la comunicación humana del lenguaje animal. En el marco de este sistema, los hablantes también pueden usar el código para hacer referencia al mismo código, es decir, pueden hacer uso de la función metalingüística del lenguaje (Jakobson 1975). Esta función, ampliamente relacionada con la denominada *reflexividad del lenguaje* (Lucy 1993), individualiza a las lenguas naturales frente a otros sistemas comunicativos (Hockett 1958). Se trata de una herramienta discursiva fundamental, consciente, reformuladora y (re)creativa (Marcuschi 1997: 188) que, como un *continuum* (Girón Alconchel 1988, 2006; Tannen 1989; Rosier 1997, 1999; Semino, Short y Culpeper 1997; Méndez-García de Paredes 2009; Fludernik 2013), permite considerar el discurso referido (en adelante, DR) como recurso y categoría lingüística.

Como recurso, el DR permite que los hablantes puedan recrear una situación discursiva determinada, sobre todo pasada, pero también futura (como ocurre con las denominadas *citas prospectivas*). Esta recreación se materializa a través de la reproducción de enunciados proferidos por las voces que intervienen en la situación evocada (San Martín 2015: 74) y la reconstrucción, casi nunca exacta y tampoco fiel, del correspondiente contexto de enunciación. Los enunciados que constituyen el DR son el resultado de un acto de enunciación de carácter citativo en el que el hablante «convoca en su propio discurso estructuras lingüísticas que tienen como referencia actos de habla proferidos por otro hablante en el marco de una situación enunciativa diferente» (Méndez-García de Paredes 2009: 483).

Como categoría el DR es un fenómeno especialmente complejo. Aunque a simple vista la inserción de una situación de enunciación en otra y las relaciones intersubjetivas que se producen en el discurso podrían considerarse como una tarea con pocas dificultades, esto es apenas la parte visible de una gran cantidad de fenómenos lingüísticos que provienen de una problemática más general, la de la heterogeneidad del discurso, es decir, del encuentro en la misma unidad discursiva de elementos originarios de diferentes fuentes de enunciación (García Negroni y Tordesillas 2001: 162). Por esta razón, es necesario estudiar, en intercambios comunicativos reales, las distintas posibilidades que ofrece el sistema de la lengua para inscribir varias voces en la misma enunciación, las diferentes escenas enunciativas que se generan, la responsabilidad del hablante con su discurso y los contextos en los que tiene lugar (*op. cit.*, 162-163).

Hasta hace muy pocos años, el análisis del discurso referido en español se había centrado, casi exclusivamente, en textos escritos, sobre todo del ámbito académico, periodístico y literario; lo cual ha dificultado la comprensión cabal –y real– de este fenómeno en la oralidad. Sin embargo, destacan algunos estudios sobre el uso de los procedimientos citativos en este último registro que representan valiosos aportes. Las investigaciones que se han llevado a cabo con muestras orales se han centrado en el análisis específico del verbo *decir* (Malavé 1990; Bolívar 1998-1999); en la prosodia (Waltereit 2005); en el estudio del habla infantil (Mahler 1997; Shiro 2012; Pinto 2014); en el ámbito de la enseñanza del español como lengua extranjera (Sánchez 2010) o han abordado únicamente el estilo directo e indirecto tradicionales, como es el caso de la mayoría de los trabajos que se han emprendido en este sentido en distintas variedades del español de América y de España.

Los estudios sobre el español americano se han ocupado de la variedad de San Juan de Puerto Rico (Cameron 1998); Ciudad de México (van der Houwen 1998, 2000); Caracas (Mateus 2005 y Gallucci 2010, 2013); Mérida-Venezuela (Fernández 2011, 2012); Santiago de Chile (San Martín y Guerrero 2012, 2013, 2017; Guerrero 2014; San Martín 2015); y Medellín (Grajales 2017). En el caso del español peninsular, el DR se ha estudiado en las variedades de Madrid (Girón Alconchel 1988); Valencia (Benavent Payá 2002, 2003, 2015); Cuenca y Alcalá de Henares (Camargo Fernández 2004) y, más recientemente, en el español sevillano (Repede 2017, 2019a, 2019b).

A pesar de que estas investigaciones sobre el español oral constituyen un paso importante en el estudio del discurso referido en este contexto, gran parte de estos trabajos suelen centrarse, como ya se ha adelantado, en el análisis del estilo directo (ED) e indirecto (EI) en cada una de las variedades mencionadas. Se hace necesario entonces ir más allá del ED y el EI y analizar con profundidad todo el abanico de formas disponibles para referir el discurso propio y ajeno en la interacción oral conversacional.

A partir del panorama descrito, el objetivo de esta monografía ha sido describir y explicar el funcionamiento del discurso referido en un conjunto de entrevistas a caraqueños que se han recogido en el marco del *Proyecto para el Estudio Sociolingüístico del Español de España y de América* (PRESEEA) (Moreno Fernández 2004, 2016, 2021; Moreno Fernández *et al.* 2001), con el fin de conocer de qué manera se construyen los distintos procedimientos de cita como manifestación de la polifonía en un contexto particular: la entrevista sociolingüística.

Las preguntas a las que se pretende dar respuesta en esta monografía son las siguientes: i) ¿a través de qué fenómenos se manifiesta el DR en este tipo de intercambio comunicativo?; ii) ¿qué elementos introductores se emplean para incorporar el DR en las entrevistas?; iii) ¿con qué finalidad se emplea el DR en las interacciones orales descritas?; y iv) ¿en qué medida las variables extralingüísticas condicionan los tipos de citas empleados?

Como el discurso referido comprende lo gramatical y, también, lo discursivo, en este trabajo se ha abordado desde una perspectiva pluridimensional en la que se combinan metapragmática, análisis de la conversación y sociolingüística.

En consonancia con el objetivo general propuesto, se ha llevado a cabo un estudio descriptivo cualitativo de todas las formas de heterogeneidad mostrada (Authier-Revuz 1982), es decir, aquellas que corresponden a la presencia localizable de otros discursos en una enunciación dada; y un estudio cuantitativo de las formas del DR más empleadas en la muestra analizada. De esta manera, se ofrece aquí, al mismo tiempo, un estudio cualitativo y cuantitativo; enfoques que no se han considerado excluyentes, sino complementarios.

Tanto la identificación de los fenómenos del discurso referido como el establecimiento de las categorías de análisis han sido producto de la combinación del enfoque *guiado por el corpus*, en el que las categorías seleccionadas son el producto de la evidencia resultante del análisis de las entrevistas; y del enfoque *basado en el corpus*, en el que se utilizan las muestras del corpus para explicar o ejemplificar teorías o categorías predeterminadas (Tognini-Bonelli 2004).

Polifonía y oralidad: el discurso referido en la entrevista sociolingüística en español se divide en cuatro capítulos. En el primero, se describen diferentes teorías vinculadas con la reproducción del discurso como manifestación de la polifonía lingüística, haciendo especial énfasis en aquellas que han servido como marco teórico y conceptual de la investigación. En el segundo, se da cuenta de los antecedentes del estudio, es decir, de los distintos trabajos que, tomando como base interacciones orales estratificadas sociolingüísticamente, se han llevado a cabo a propósito del DR en español, sobre todo en América y en España. En el tercero, se describe el PRESEEA (corpus, muestra, metodología empleada, etc.) y el modelo análisis propuesto para estudiar el DR como categoría lingüística y *continuum*. Este modelo incluye distintos niveles de análisis de la lengua (sintáctico y semántico-discursivo) y, dada su amplitud, es aplicable a otras muestras orales conversacionales en español. En el cuarto capítulo, se analizan, a partir del modelo propuesto, los datos del español caraqueño que dan cuenta del funcionamiento del discurso referido como fenómeno polifónico complejo y multimodal en el marco de la entrevista sociolingüística.

Capítulo 1

Marco teórico y conceptual para el estudio del discurso referido

Como ya se ha apuntado, una de las características que distingue al lenguaje humano frente a la llamada comunicación animal es, entre otras propiedades del simbolismo, la reflexividad (Hockett 1958): el lenguaje permite que las expresiones lingüísticas puedan denotar también, en diversas situaciones y con finalidades discursivas distintas, esas mismas expresiones lingüísticas. De esta forma, la lengua se denota a sí misma y, por tanto, el enunciado se convierte en un objeto lingüístico transportable que puede ser citado en otro(s) contextos.

Al igual que Hockett, Jakobson (1975) también se refirió a esta propiedad, pero no exactamente de esta manera, sino como una función del lenguaje, la metalingüística, que se desprende de uno de los elementos de la comunicación: el código. En esta función se incluyen aquellos enunciados en los que se emplea la lengua para referirse a la lengua misma. Estos casos son, a juicio del autor, una parte pertinente e indispensable en la configuración de cualquier lenguaje humano: Jakobson considera que el discurso referido constituye un fenómeno lingüístico y estilístico crucial en la comunicación humana.

La reflexividad suele estar presente en todo tipo de textos, bien sean orales o escritos, pero, especialmente, en los relatos cotidianos. El interés por estudiar la reflexividad lingüística y, en especial, la incorporación de otras voces en el discurso –aunque no propiamente aunada a la oralidad– surge en los años setenta, aunque ya medio siglo antes Bajtín había dado algunas pistas al respecto (Beltrán Almería 1989). Los aportes más conocidos sobre este particular corresponden al *dialogismo* propuesto por Bajtín (1979, 1981), a la teoría polifónica de la enunciación postulada por Ducrot (1986), y a la *heterogeneidad mostrada* planteada por Authier-Revuz (1984, 1995, 1996). En los apartados que siguen se hará referencia, a los fines de esta investigación, a las propuestas teóricas de varios autores a propósito de las distintas voces que se manifiestan en el discurso. Vale la pena precisar que, dado todo lo que se ha teorizado sobre el tema, en este capítulo se ha hecho una selección que no pretende ser exhaustiva. Por tanto, se han tomado en cuenta primordialmente aquellos autores cuyos planteamientos se vinculan más estrechamente con los objetivos de este estudio y que, en consecuencia, constituyen el marco conceptual de este último. Por ejemplo, el complejo entramado de la enunciación no se limita a Benveniste, pues Bronckart (1985, 1996) y Kerbrat-Orecchioni (1986), entre otros, también se han encargado de replantear de qué manera se materializa este proceso en la interacción comunicativa. En el caso de autores como Banfield (1979), se han mencionado muy sucintamente, ya que la corriente en la que se inscriben –en este caso, de corte generativista– dista mucho del enfoque teórico-metodológico que se ha tomado como punto de partida en esta investigación. Lo mismo ocurre también con Fauconnier (1984) y su orientación cognitivista de los *espacios mentales* o con aquellas investigaciones que han abordado la incorporación de otras voces en el discurso desde la semiolingüística (Genette 1972, Eco 1996); la retórica (Albaladejo 1998, 2002); la filosofía (Cappelen y Lepore 2007) o el análisis crítico del discurso (Fairclough 1992, Martín Rojo 1997, entre otros).

Así pues, el punto de partida de este recorrido teórico y conceptual será Bajtín (1979, 1981) y el de llegada, las aportaciones más recientes al tema objeto de estudio de Reyes (1984, 1990, 1994a, 1994b, 2002); Donaire (2000, 2001, 2005, 2015); Tordesillas (1997, 1998) y Espuny (1999, 2001, 2002).

1.1. Bajtín, la no unicidad del sujeto hablante y el dialogismo

> En la vida cotidiana las personas hablan principalmente de lo que otros hablan. Transmiten, recuerdan, sopesan y juzgan las opiniones, afirmaciones e informaciones de otros; la gente se molesta por las palabras de otros, o está de acuerdo con ellas, las cuestiona, se refiere a ellas, etc. (Bajtín 1981: 338)

Bajtín es uno de los primeros autores que llama la atención sobre la importancia de la incorporación de distintas voces en el discurso y que teoriza de forma sistemática en torno a esta idea. A pesar de que el autor se interesa sobre todo por los géneros literarios y que, por tanto, sus reflexiones surgieron fundamentalmente a partir de su estudio sobre la poética de Dostoievski[1], Bajtín es una figura clave que, ya en 1929 y en oposición al estructuralismo, consideraba que el objeto de la lingüística era el discurso como interacción verbal. Para Bajtín (1979: 248),

---

1. Bajtín (1970) [1929] consideraba al escritor ruso como el exponente más importante de la novela polifónica. A su juicio, al leer las obras de Dostoievski se tenía la impresión de no estar ante un solo autor, sino ante una galería de autores, cada uno con un pensamiento propio.

«el uso de la lengua se lleva a cabo en forma de enunciados (orales y escritos) concretos y singulares que pertenecen a los participantes de una u otra esfera de la praxis humana». Esta afirmación ha hecho que el autor sea considerado como uno de los precursores de la pragmática. A pesar de la importancia de este planteamiento y de sus ideas sobre la conversación y la oralidad, el lingüista soviético es más conocido por oponerse a la unicidad del sujeto hablante, concepción que postula que en un enunciado solamente se manifiesta la voz de la persona que habla o escribe[2].

Una de las ideas centrales introducidas por Bajtín a propósito de la reflexividad del lenguaje y de la no unicidad del sujeto hablante es la noción de *dialogismo*. Para el autor, la palabra, además de estar determinada por quien la emite y a quien se dirige, se llena de voces anteriores que están en pleno diálogo. Desde esta perspectiva, los enunciados constituyen unidades que están en estrecha conexión con aquellos que han sido emitidos anterior o posteriormente.

Al concebir el texto como un entramado de voces que se superponen, Bajtín introduce también, aunque no de forma sistemática, el término *polifonía*, que posteriormente será retomado por Oswald Ducrot. Bajtín considera la polifonía como un caso de dialogismo en el sentido más amplio del término, es decir, como una muestra de la multiplicidad de voces presentes en el discurso. Sucintamente se podría decir que la distinción fundamental entre ambas nociones se centra en que el dialogismo hace referencia a la presencia e interacción en el discurso de distintas voces que no suelen estar integradas ni gramatical ni contextualmente, mientras que la polifonía se traduce en la integración de esas voces en un contexto unificado. Ambos conceptos asociados originalmente a la teoría literaria han despertado un gran interés a la hora de estudiar la articulación del discurso y dan cuenta de una complejidad estructural que combina independencia e interacción de los discursos de los personajes.

Haciéndose eco de la metáfora musical Donaire (2008: 923) explica que el término *polifonía* remite a una «pluralidad de voces» que, en el texto literario, se corresponden con la autonomía discursiva de los personajes. En la polifonía bajtiniana, por lo tanto, como señala la autora, no solamente es cuestión de coexistencia de «voces» o de pluralidad, sino sobre todo de contrarios, de relaciones complejas que configuran una unidad hecha de diferencias, de polifonía dialógica.

---

2. Para Bajtín, tanto el contexto como los interlocutores adquieren un papel decisivo en la comunicación. El receptor es una figura clave en la configuración del sentido del discurso. Los enunciados responden a una clave dialógica, es decir, se espera una respuesta por parte del oyente. Los enunciados se construyen entonces en intercoordinación con el receptor y su significado y su forma están acuñados pensando en él como instancia coautora (García Negroni y Tordesillas 2001: 154).

Por otra parte, como también apunta esta autora, mientras que para Bajtín el dialogismo sería un fenómeno de la lengua en uso, la polifonía sería un efecto literario de este fenómeno:

> Dialogismo, en Bajtín, remite a la carga discursiva que conlleva todo discurso, al hecho de que este se sitúa necesariamente en la encrucijada de otros discursos sobre el mismo objeto, y de que esos otros discursos son constitutivos de su propio significado. Pero dialogismo supone además que todo enunciado se construye en interacción con otro enunciado que constituye su continuación, lo que hace intervenir la interrelación locutor-enunciado (Bajtín 1981: 924).

Otro de los aportes más importantes de Bajtín relacionados estrechamente con la presente investigación tiene que ver, en primer lugar, con la definición de discurso referido, entendido como «discurso dentro del discurso, enunciado dentro del enunciado [...] discurso sobre el discurso y enunciado sobre otro enunciado» y, en segundo lugar, con el hecho de que este autor reconoce que el acto de citar no es solamente un asunto gramatical o estilístico, sino un fenómeno discursivo en el que intervienen al menos dos factores: i) el discurso de otra persona que está siendo referido; y ii) el discurso de la persona que refiere (Voloshinov 1929: 155). A partir de estos dos factores, Bajtín (1981: 340) subraya la necesidad de ir más allá de la sintaxis del discurso referido, entendido como la combinación de dos oraciones, para describirlo, en cambio, como la interrelación entre dos enunciados diferentes que supone cambios de significado durante la transmisión del mensaje.

1.2. La teoría de la enunciación de Benveniste

Si bien es cierto que se habla de enunciación, es decir, de las condiciones de producción de un enunciado (quién lo emite, para quién, cuándo, dónde) sobre todo a partir de Bally (1932), es Benveniste (1971 y 1977) quien desarrolla una teoría en torno a la noción de enunciación que supone una nueva etapa en el desarrollo del pensamiento lingüístico. A diferencia de otros autores, el lingüista francés no considera que el discurso responda a una organización formal preconstruida: el enunciado solamente existe en el momento en que es dicho y no se puede separar del contexto que lo rodea ni de la intención comunicativa del hablante que lo emite.

A pesar de que el propio Benveniste indica que la enunciación supone un acto de apropiación individual de la lengua, que introduce al que habla en su habla, sus planteamientos contemplan un estudio sistemático de la deixis que se pone de manifiesto en el acto concreto del decir. Las personas gramaticales y los pronombres personales son el punto de partida del análisis del autor. Por ejemplo, los pronombres *yo* y *tú* son entendidos por el lingüista francés como elementos pragmáticos que fuera de la específica realización en el acto de enunciación no hacen referencia ni a un contexto ni a un individuo predeterminado. Una vez que son enunciados o actualizados, los elementos de la lengua se identifican en función de la situación de enunciación (persona, tiempo, lugar) y, en consecuencia, reflejan la estrecha relación que existe entre lenguaje y contexto, indispensable para la construcción del significado y del sentido.

A partir de Benveniste, el concepto de sujeto productor del discurso –o voz enunciativa– se relaciona con la observación de su presencia en su propio discurso. Esto quiere decir que por medio de la enunciación el sujeto no solamente construye el mundo como objeto, sino que se construye a sí mismo.

En la lingüística europea francesa, estos planteamientos tuvieron repercusiones importantes, ya que se empezó a teorizar a propósito de la huella del locutor en el discurso y de qué manera se introducen en este último otras voces o enunciadores; también, a analizar el discurso referido. Ducrot, cuyos principales aportes se recogen en § 1.3., ocupa un lugar importante en este sentido. Su teoría de la polifonía parte de la noción de *enunciación*, término que, según el propio autor (1986: 183), tiene al menos tres acepciones: i) actividad psicofisiológica implicada por la producción del enunciado; ii) producto de la actividad del sujeto hablante, es decir, un segmento de discurso o enunciado; iii) acontecimiento constituido por la aparición de un enunciado. En consonancia con la idea de base de Benveniste, Ducrot se inclina por la tercera definición: «La realización de un enunciado es, en efecto, un acontecimiento histórico: se da existencia a algo que no existía antes de que se hablara y que no existirá después». Una vez que ofrece esta definición, aclara que caracterizar la enunciación no ofrece, en principio, ninguna participación a la noción de acto, ni introduce la idea de un sujeto autor del habla y de los actos de habla: «Yo no digo que la enunciación es el acto de alguien que produce un enunciado: para mí, es simplemente el hecho de que un enunciado aparezca»[3]. Esto obedece a que, como se apreciará en el siguiente apartado (§ 1.3.), Ducrot se dedicará a dilucidar estas cuestiones ya en el desarrollo de su teoría polifónica de la enunciación y no en los prolegómenos de esta.

---

3. Ducrot (1986: 199) se refiere a esta decisión de la siguiente manera: «Es manifiesto por qué he elegido una definición de la enunciación que no contiene ninguna alusión a una persona que sería su autor, ni tampoco a una persona a quien esa enunciación estaría dirigida. Porque para mí es esencial que la enunciación, en tanto tema del sentido, en tanto objeto de estas cualificaciones, como algo que necesariamente debe tener una fuente y una destinación. […] la existencia de una fuente y de una destinación se hallan entre las cualificaciones que el sentido da (o no da) a la enunciación».

1.3. La teoría polifónica de la enunciación de Ducrot

Una vez perfilada con Anscombre la teoría de la argumentación en la lengua (1983), ampliando los postulados de Bajtín y rescatando algunos planteamientos de Benveniste (1971 y 1977) sobre la enunciación, Ducrot (1986) se opone a la idea de unicidad del sujeto hablante y, a partir de allí, sostiene que en un enunciado este último no se expresa directamente, sino que pone en escena, en el enunciado mismo, un cierto número de personajes (o figuras discursivas) que tienen estatutos lingüísticos diferentes e incluso funciones textuales también distintas.

> Considero [...] que las investigaciones desarrolladas sobre el lenguaje desde hace por lo menos dos siglos, dan por sentada la idea de que cada enunciado posee un solo autor y sólo uno, idea que les parece tan evidente que ni siquiera se plantean reformularla.
>
> En la teoría literaria reinó largo tiempo una creencia análoga, que no se cuestionó explícitamente hasta hace unos cincuenta años, sobre todo cuando Bakhtine (Bajtín) elaboró el concepto de polifonía. Para Bakhtine hay toda una categoría de textos, y en particular textos literarios, en los cuales es preciso reconocer la existencia de varias voces que hablan simultáneamente, y donde no hay ninguna que sea preponderante y que juzgue a las demás: se trata de lo que él llama, por oposición a la literatura clásica o dogmática, literatura popular o incluso carnavalesca, y que él califica a veces de mascarada, significando con ello que el autor asume en esta literatura una serie de máscaras diferentes. Pero, que yo sepa, esta teoría de Bakhtine se aplicó siempre a textos, es decir a series de enunciados, y nunca a los propios enunciados que componían esos textos (Ducrot 1986: 175-176).

En principio, Ducrot toma como objeto de impugnación la teoría propuesta por Ann Banfield (1979) a propósito del estilo indirecto libre, según la cual un enunciado aislado hace oír una sola voz[4]. A partir de allí establece el marco contextual

---

4. Banfield, contraponiéndose a la descripción habitual del estilo indirecto libre como una forma entre otras del discurso transmitido, encuentra que en ese estilo la expresión de un punto de vista no puede ser el de la persona que efectiva y empíricamente es autora del enunciado. La fuente de este punto de vista se designa con el término *sujeto de conciencia*. Sin embargo, explica Ducrot, llegada a este estadio, es decir, en el momento en el que se podrían introducir en el enunciado una pluralidad de sujetos, Banfield formula dos principios que hacen la amenaza a un lado. En primer lugar, plantea que para un enunciado dado no puede haber más que un solo sujeto de conciencia, expulsando de entrada al terreno de lo anormal los ejemplos que demostrarían la existencia de una pluralidad de puntos de vista yuxtapuestos o imbricados. Luego, proponiéndose tratar los casos en que el sujeto de conciencia no es el autor empírico del enunciado, señala que en estos enunciados no hay un locutor. Ducrot no reprocha la distinción que hace Banfield entre el locutor –ser que se designa en el enunciado como su autor (por ejemplo, mediante marcas de la primera persona)– y el productor empírico –ser que una descripción lingüística preocupada únicamente por las indicaciones semánticas contenidas en el

necesario para postular la distinción de tres figuras discursivas que se ponen de manifiesto en un enunciado: sujeto hablante, locutor y enunciador.

El sujeto hablante o sujeto empírico es el productor efectivo o agente físico del mensaje. El locutor, también denominado "ser del discurso", es la figura responsable del enunciado; por lo general suele estar reflejado en las marcas de primera persona (*yo, mí, me*).

> En la teoría polifónica de Ducrot, el locutor se comporta como un novelista, como un autor teatral: se expresa usando otras voces, no sólo las que cita de modo ostensible con el auxilio de comillas o códigos gramaticales, sino voces menos visibles, no siempre fáciles de distinguir, pero presentes y actuantes, voces que dicen en su voz, como los personajes literarios dicen en la voz, en la palabra, del que los hace hablar (Reyes 1994a: 134-135).

En el interior de la noción de locutor, Ducrot distingue entre el «locutor como tal» (L) y el «locutor como ser del mundo» (λ). L es el responsable de la enunciación y es considerado así únicamente en virtud de esta propiedad. λ es una persona «completa» que entre otras propiedades posee la de ser el origen del enunciado, lo que no impide que L y λ sean seres del discurso constituidos en el sentido del enunciado y cuyo estatuto metodológico es, por tanto, enteramente distinto del sujeto hablante (que corresponde a una representación «externa» del habla, extraña a la que el enunciado vehiculiza) (Ducrot 1986: 205). De una manera general, el ser que designa el pronombre *yo* es siempre λ, aun si la identidad de ese λ no es accesible más que a través de su aparición como L. Aquello que el orador podría decir de sí mismo en cuanto objeto de la enunciación concierne, en cambio, a λ, el ser del mundo, como aclara Ducrot.

Por su parte, la figura del enunciador incluye los distintos puntos de vista que se manifiestan –implícita o explícitamente– en un enunciado (la voz propia, la voz ajena de un interlocutor, los refranes, las voces anónimas, etc.) sin ser responsables de este. En palabras de Ducrot (1986: 208-210):

> Llamo «enunciadores» a esos seres que supuestamente se expresan a través de la enunciación, sin que por ello se les atribuyan palabras precisas; si ellos «hablan», es sólo en el sentido de que la enunciación aparece como si expresara su punto de vista, su posición, su actitud, pero no, en el sentido material del término, sus manifestaciones concretas […] Diré que el enunciador es al locutor lo que el personaje es al autor. El autor pone en escena personajes que, en lo que denominé una «primera manifestación» […] ejercen una acción lingüística y extralingüística, acción que no es asumida

___
enunciado no puede tomar en cuenta–; sino el motivo que la mueve a establecer esa distinción, «que no es otro que el afán de mantener a todo precio la unicidad del sujeto hablante» (Banfield 1979: 176).

por el propio autor. Pero éste puede, en una «segunda manifestación» [*seconde parole*], dirigirse al público a través de los personajes, ya sea que se asimile a tal o cual de ellos, del que parece jugar de representante (cuando el teatro es directamente didáctico), ya sea que aparezca como significativo el hecho mismo de que los personajes hablen y se comporten de tal o cual manera. Análogamente, el locutor, responsable del enunciado, da existencia por medio de éste a unos enunciadores cuyos puntos de vista y actitudes él organiza.[5]

Aunque la teoría polifónica de Ducrot ha sido criticada por algunos autores (Kerbrat-Orecchioni o Moeschler) y corrientes (la Escuela de Ginebra, por ejemplo) y la definición de *enunciador* es difícil de introducir en ella, como reconoce el propio autor, la tripartición entre sujeto hablante, locutor y enunciador representa un importante avance en el estudio de la pluralidad enunciativa que le permitió a Ducrot acercarse a fenómenos discursivos como la negación y la ironía.

Al proponer que la polifonía está presente en todos los enunciados, y de forma más o menos visible, Ducrot va más allá que Bajtín porque plantea, de hecho, una extensión de la teoría de Bajtín. En gran parte la originalidad de Ducrot reside, como explica Donaire (2008: 924), en la distinción entre las instancias que entran necesariamente en juego en la enunciación y, también, en haber establecido el principio de que la pluralidad enunciativa es propiedad constitutiva del enunciado.

García Negroni y Tordesillas Colado (2001: 153) consideran que la propuesta teórica de Ducrot no recoge exactamente el planteamiento de Bajtín, ni el de Benveniste –aunque sí presupone ambos, en particular en lo concerniente a la intersubjetividad–, puesto que la hipótesis de base para Ducrot es que la enunciación está compuesta por distintas voces abstractas. Con esta afirmación se asume la máxima subjetividad en la lengua en cualquier tipo de manifestación.

Las autoras enumeran al menos cuatro consecuencias que se derivan de la teoría polifónica de la enunciación de Ducrot (1986: 28). La primera consecuencia es que, como ya se ha comentado al principio de este apartado, rompe el axioma de la unicidad del sujeto hablante. La segunda, que se desprende directamente de la primera, es que el autor de un enunciado no se expresa nunca directamente, aunque así lo parezca. La tercera es que favorece un análisis semántico vertical del enunciado y, por tanto, concede a cada uno de sus componentes autonomía

---

5. Estos planteamientos de Ducrot son similares a los de *autor, narrador y punto de vista* que propone Genette (1972) para la narratología y que se definen, respectiva y sucintamente, como persona física que escribe, ser teórico responsable de la narración y personaje que expresa sus opiniones en el relato. Eco (1996) también se ha interesado por la estructura del relato y ha distinguido a partir de este último las figuras de *autor* (emisor del mensaje), *autor empírico* (escritor como persona real), *autor modelo* (figura que el lector descubre en el texto) y *narrador* (personaje ficticio que, en primera persona, narra la historia).

enunciativa, lo que les permite ser objeto de un discurso posible en contraposición a la descripción horizontal de los enunciados que aplican los filósofos del lenguaje. La cuarta consecuencia consiste en presentar el sentido de un enunciado como la descripción que ese enunciado brinda de su propia enunciación.

Desde este punto de vista, la lengua se entiende entonces como autorreferencial y reflexiva. El hecho de remitir a sí misma cuestiona ya la propia concepción veritativa. El planteamiento de Ducrot niega la idea según la cual la lengua tiene primeramente una función referencial que remite a una materialidad extrema (piénsese, por ejemplo, en las funciones del lenguaje propuestas por Jakobson) y, en consecuencia, que el sentido del enunciado se juzgue en términos de verdad o falsedad.

Por último, es importante destacar también tres ideas de Ducrot que son poco conocidas en comparación con lo que se ha comentado hasta ahora, pero que se vinculan estrechamente con el objeto de estudio de esta monografía: i) la definición de *estilo directo* y sus diferencias con el estilo indirecto, ii) la descripción de los ecos imitativos y iii) el papel de la voz en la conversación cotidiana.

En el primer caso, el autor toma como punto de partida la marca de la primera persona y su relación con el estilo directo:

> La presencia de marcas de la primera persona denuncia que la enunciación es imputable a un locutor, homologado con la persona a la que esas marcas remiten. Tendremos que matizar un poco este principio si queremos dar cuenta de la posibilidad, siempre abierta, de poner a la vista, en una enunciación atribuida a un locutor, una enunciación atribuida a otro locutor. Esto es lo que aparece con toda evidencia en el discurso transmitido en estilo directo. Si Pedro dice «Juan me ha dicho: yo vendré», ¿cómo analizar, en lo que incumbe al locutor, el discurso de Pedro tomado en su totalidad? Hallamos en él dos marcas de primera persona que remiten a dos seres diferentes. Ahora bien, no cabe hablar aquí de dos enunciados sucesivos, pues el segmento *Juan me ha dicho* no satisface la exigencia de independencia contenida en mi definición del enunciado: no podría presentarse como «elegido por él mismo». Así que me veo forzado a decir que un enunciado único presenta aquí dos locutores diferentes, donde el locutor primero es homologado con Pedro y el segundo con Juan. Resulta así posible que una parte de un enunciado que se imputa globalmente a un locutor primero, se impute no obstante a un locutor segundo (así como en una novela, el narrador principal puede insertar en su relato el relato que le ha hecho un narrador secundario) [...] En lugar de considerar la relación en estilo directo (abreviando RSD) como un caso particular de doble enunciación, suele describírsela de manera aislada, independiente de los fenómenos que yo situé en la misma categoría, sin perjuicio de tomarla después por modelo cuando se trata de caracterizar estos otros fenómenos, que entonces se conciben como formas truncas desviadas y hasta anormales de ella. Esta práctica conduce a dar una imagen de la RSD que me parece a la vez banal y nada evidente, y a desfigurar de rebote los hechos, que a mi

juicio también pertenecen a la doble enunciación: aparecen como una copia de mala calidad, sacada de un original ya defectuoso (Ducrot 1986: 200-202).

Para Ducrot, el ED (o RSD) consiste fundamentalmente en una representación doble de la enunciación: el sentido del enunciado atribuiría a la enunciación dos locutores distintos, eventualmente subordinados. El autor sostiene que, aunque desde el punto de vista empírico la enunciación es obra de un solo sujeto hablante, la imagen que el enunciado ofrece sobre ella es la de un intercambio, un diálogo, o incluso una jerarquía de manifestaciones.

Se puede admitir que, para informar sobre el discurso original, el autor de la comunicación pone en escena, hace oír, un habla de la que simplemente supone que tiene ciertos puntos comunes con aquella de la que quiere informar a su interlocutor. Así pues, si la RSD es un caso particular de la doble enunciación, la verdad de la comunicación no implica una conformidad material de las manifestaciones originales con las que aparecen en el discurso del informador. Puesto que éste no apunta necesariamente a una reproducción literal, nada impide por ejemplo que, para hacer conocer los puntos importantes de la manifestación original, ponga en escena una muy diferente pero que conserva o incluso acentúa lo esencial de aquella (en el estilo directo es posible comunicar en dos segundos un discurso de dos minutos: *En una palabra, Pedro me dijo «estoy harto»*) (Ducrot 1986: 203).

Estas acertadas reflexiones sirven como marco para establecer lo que, según Ducrot, no sería la diferencia fundamental entre estilo directo y estilo indirecto, aunque se trate de la distinción que suele emplearse tradicionalmente: que el primero haga conocer la forma y el segundo, solamente el contenido. El autor explica que para hacer saber cuál es este contenido el hablante elige hacer oír una manifestación (es decir, una serie de palabras imputada a un locutor) y, para que la transmisión sea exacta, basta con que lo manifieste efectivamente a través de ciertos rasgos sobresalientes de la emisión transmitida (lo cual explica que los historiadores antiguos y buen número de los historiógrafos modernos no tengan escrúpulos para reescribir los discursos que comunican). Aunque el estilo directo implique entonces hacer hablar a otro y hacerle asumir sus emisiones, esto no significa que su verdad resida en una correspondencia literal, término a término. Con esto se pone de manifiesto que la literalidad no es, necesariamente, un rasgo definitorio del ED.

El autor también se muestra contrario a equiparar, como ocurre en los diccionarios (Gallucci y Ruiz 2018), el ED con la noción lógica de mención; idea que suele aceptarse sin discusión y que establece que el ED pretende reproducir en su materialidad las palabras pronunciadas por una persona determinada.

En el segundo caso, en lo que respecta a los ecos imitativos (es decir, enunciados como A: *Me duele*; B: «*Me duele*»; *no creas que con eso me ablandarás*), Ducrot (1986: 201) explica que se produce un desdoblamiento para hacer conocer, por un lado, el discurso pronunciado por alguien y, por otro, para imitarlo (incluso para poner en escena un discurso imaginario, como en *Si alguien me dijera «Me marcho», yo le respondería…*). Esto permite organizar una especie de teatro del habla en el que se representan tanto las preguntas como las respuestas de los interlocutores, a manera de diálogo reconstruido (ver Gallucci 2021). Este mismo desdoblamiento del locutor hace posible, igualmente, que alguien se haga portavoz de otro y emplee, en el mismo discurso, diversos *yo* que remiten al portavoz o a la persona de quien él es el portavoz.

Por último, en lo que tiene que ver con la conversación cotidiana, Ducrot (1986: 199) especifica las funciones que puede cumplir la voz en este contexto. Por una parte, puede servir para hacer saber quién es el locutor, es decir, a quién designan los morfemas de primera persona (como en el diálogo —*¿Quién está ahí?* —*Soy yo*). Por otra, autentifica la homologación del locutor con un individuo empírico particular: aquel que produce efectivamente el habla.

1.4. Authier-Revuz y la heterogeneidad enunciativa

Al igual que Bajtín y Ducrot, Authier-Revuz (1984, 1995, 1996) no comparte la idea de la unicidad del sujeto hablante. Desde el estructuralismo gramatical francés aunado al psicoanálisis de Lacan, la autora destaca la desigualdad e irreductibilidad de las formas de estilo directo e indirecto y critica el punto de vista que diferencia ambos mecanismos tomando en cuenta la supuesta reproducción de palabras exactas que tiene lugar en el ED, así como la no fidelidad de la cita indirecta.

En lugar de referirse, como sus predecesores, al dialogismo y a la polifonía, Authier-Revuz introduce la noción de *subjetividad dividida del hablante* según la cual el emisor es capaz de expresar en su discurso, de forma inconsciente y simultánea, puntos de vista que están en conflicto. De esta propiedad se desprende el concepto de *heterogeneidad enunciativa* que refleja aquellos fenómenos en los que entra en juego el interdiscurso. A partir de esta noción, Authier-Revuz (1984) distingue entre dos formas: *heterogeneidad constitutiva* y *heterogeneidad mostrada*. La primera es inherente a toda manifestación comunicativa, a la relación del sujeto con todo discurso, y no se encuentra marcada explícitamente en la superficie textual. La segunda sirve para explicar la inserción del discurso de otros en el propio. Pendones (1992: 10) señala que los dos niveles propuestos por Authier-Revuz mantienen cierta simetría con oposiciones conocidas: el locutor psicoanalítico frente al locutor narrador; la heterogeneidad que «constituye» un discurso, en el sentido de cómo está hecho su tejido, frente a la heterogeneidad mostrada, que «constituye» un discurso en el sentido de cómo se relaciona con el exterior.

A propósito de la *heterogeneidad mostrada*, Authier-Revuz distingue un conjunto de formas marcadas y no marcadas. Las primeras, las que interesan en esta monografía, señalan la voz del otro mediante marcas particulares y explícitas (como las comillas en el discurso directo escrito); mientras que en las segundas se reconoce la voz del otro sin ayuda de marcas (como ocurre con la ironía, los ecos encubiertos o el discurso indirecto libre en los textos literarios) (*cf.* Reyes 1994b, Camargo Fernández 2008b).

En el grupo de las formas marcadas de heterogeneidad mostrada, la lengua puede ser utilizada, entonces, para hacer referencia a:

  i) otra lengua –o variedad diatópica–: *la pasábamos «bomba», como dicen los españoles* (c33mb.04)[6];

  ii) otro registro (familiar, coloquial, juvenil): *como dicen por ahí vulgarmente, cuarenta y pa' la cola* (c31ma.04);

  iii) otro discurso, que puede caracterizarse como el discurso de un grupo dado o de algunas personas concretas: *el evangelio no fue interpuesto ni obligado, como dicen algunos historiadores* (c33hb.05);

  iv) otra modalidad de captar el sentido (*el contexto, en el sentido de los analistas del discurso…*);

  v) otra palabra, potencial o explícita, que manifiesta duda, rectificación o confirmación de una palabra precedente (*Llegó a la fiesta muy maquillada; de hecho, como un payaso*);

  vi) otro interlocutor que, a juicio del emisor, no comprende o no admite lo que este va a decir (*¿Sabes a lo que me refiero?; Sin que te ofendas, pienso que…*).

En lo que respecta al estilo directo y al estilo indirecto, las manifestaciones más conocidas o tradicionales del DR, Authier-Revuz (1984: 47) las describe como dos formas lingüísticas introducidas por *decir*, archilexema de los verbos de comunicación. Mientras que en el ED la cita transmite la forma y el significado de las palabras reproducidas, en el EI se transmite, a través de una paráfrasis, el sentido de las palabras reproducidas. Tal como apunta Pendones (1992: 13), considerar de esta forma el ED y el EI no está exento de problemas de interpretación. Como se apreciará en el capítulo 4 de la presente investigación, la presencia de *decir* no es condición *sine qua non* para que aparezca una cita en el discurso. De la misma manera, el ED no siempre reproduce la forma de manera exacta.

---

6. Los ejemplos identificados con código corresponden a muestras orales del español de Caracas extraídas de diferentes corpus sociolingüísticos que se han recogido en esta ciudad.

1.5. Roulet y la diafonía

Aunque aquí no se profundizará en los distintos integrantes de la Escuela de Ginebra y sus aportaciones, Roulet y su noción de *diafonía* deben formar parte, necesariamente, del marco teórico y conceptual del DR como objeto de estudio. Como bien explica Vásquez (2008: 915-916), ya en Roulet *et al.* (1985), obra pionera del autor, emerge la idea de estructuras jerárquicas y polifónicas del discurso tomando como base las distintas maneras de entender la polifonía planteada por Bajtín: desde la diversidad de voces que se manifiestan en los enunciados de un discurso, pasando por la pluralidad de voces en el seno de un enunciado –como en el estilo indirecto libre– hasta llegar a la integración del discurso del interlocutor en el discurso del locutor.

El modelo desarrollado por los lingüistas ginebrinos busca descomponer el complejo discursivo en *módulos* y agruparlo en *dimensiones*; e interesa especialmente aquí, pues tiene como objetivo último el análisis de la enunciación en discursos reales. En el modelo se distinguen varios módulos: *lingüístico* (con sus dimensiones léxica y sintáctica), *textual* (con su dimensión jerárquica) y *el de la situación* (con las dimensiones interaccional y referencial). Conviene describir especialmente las dimensiones de los módulos textual y de la situación y, seguidamente, las *organizaciones*, segundo nivel de vinculación entre las diferentes informaciones provenientes de las dimensiones que el analista va reconstruyendo.

La dimensión jerárquica del módulo textual determina el conjunto de estructuras textuales posibles. Los constituyentes de base del texto serían, *grosso modo*, el intercambio (pares adyacentes), la intervención (constituyente del intercambio) y el acto (que introduce un argumento a favor de su enunciación o de su contenido, un contraargumento o bien una reformulación).

La dimensión interaccional del módulo de la situación, en cambio, se caracteriza por el papel fundamental que juegan los aspectos materiales del discurso: el número de personas que participan, la proxémica (si están o no presentes en el espacio y en el tiempo), el sistema de toma de turnos (ocupación del canal), si el destinatario es mediato o inmediato, etc.

Por su parte, la dimensión referencial, como la interaccional, también se encuentra anclada en la situación. En este caso, alude al universo de referencia del discurso que se esté analizando y permite observar de qué manera dicho discurso está determinado por el primero, tanto en los términos de los campos semánticos utilizados como en función de los objetivos que se persiguen con el discurso desarrollado.

En lo que tiene que ver con las organizaciones, si bien es cierto que todas las descritas en el modelo ginebrino son necesarias y se implican mutuamente para que el texto pueda erigirse como tal, en esta exposición teórica se dejará de lado la relacional (conexión de informaciones), la periódica (partes del texto) y la informacional (progresión temática del discurso) y se pondrá el foco en las organizaciones enunciativa y polifónica.

La organización enunciativa se ocupa de reflejar la dicotomía entre el discurso producido y el discurso representado, es decir, reúne todas las informaciones que tienen relevancia en la posición del enunciador (el que habla). Para ello, es necesario recurrir a informaciones del módulo lingüístico –verbos de habla, deícticos, sustantivos, vocativos, conectores que implican discursos implícitos (*pero [tú me lo habías preguntado] hace un siglo*)–. Como señalan Cortés y Camacho (2003: 120), de los que se extrae el ejemplo anterior, estas informaciones no se pueden comprender sin la ayuda del módulo referencial, que nos remite a aquello que los participantes establecen a partir de las relaciones entre los constituyentes de las secuencias (tiempo, espacio, entre otras). La organización, por ejemplo, es especialmente fructífera en narraciones, dada la continua mezcolanza entre personas, y es prácticamente imposible completarla sin informaciones de la dimensión relacional.

Por su parte, la organización polifónica establece, siguiendo las ideas de Bajtín, que en cualquier discurso –tanto en el diálogo como en el monólogo– hablan o se manifiestan varias personas. En el marco de la enunciación, tomando en cuenta la figura del interlocutor y su presencia respecto al locutor, así como el origen de las voces que se manifiestan en el discurso, surge la distinción de Roulet entre *polifonía* propiamente dicha, que actúa en los niveles de la frase y del enunciado incorporando discursos de otras fuentes, y *diafonía*, resultado de las representaciones del discurso del interlocutor. Fuentes Rodríguez (2000: 27) aclara que en sentido restringido la polifonía consiste en retomar el discurso de otros enunciadores que no sean el interlocutor, mientras que la diafonía juega un papel distinto, ya que en ella también se retoma un discurso, pero para introducir una oposición argumentativa. Entonces, en la polifonía se superponen voces y propósitos de terceros, voces supuestas o sugeridas distintas a la del interlocutor o destinatario, o incluso una tercera voz que puede o no estar presente, pero nunca participando de manera inmediata; en la diafonía, se recoge e integra el discurso del interlocutor en el discurso del locutor, siempre que ese otro esté presente. A su vez, los discursos diafónicos pueden ser designados, implicitados o formulados y pueden ser locales o a distancia (si el locutor retoma la última intervención del interlocutor o intervenciones anteriores) (*cf.* García Negroni y Tordesillas 2001: 190-191).

Ahora bien, ¿cómo diferenciar la organización polifónica de la enunciativa? Cortés y Camacho (2003: 120-121) arrojan luz sobre esta cuestión:

> La organización polifónica se distingue de la enunciativa –aunque sus vínculos son innegables– en que las informaciones que recoge son más complejas: hay que

partir de una serie de «acoplamientos» entre las dimensiones para dar cuenta de esa organización. En primer lugar, se relacionan la dimensión interaccional y la organización enunciativa porque determinan a qué planos de enunciación se pueden adscribir las voces (los discursos, a fin de cuentas); se explicarán, por tanto, los actos, intervenciones, etc. y no se obviarán, por ejemplo, los diálogos dentro de los diálogos o las historias dentro de historias; se tendrá en cuenta, asimismo, si el discurso está producido o retomado, independientemente de que se realice de forma directa o indirecta, con lo cual se estará determinando si hay una o más situaciones de interacción y cómo unas encajan dentro de otras. En el «encaje» entre estas dos dimensiones, son piezas fundamentales los conceptos de diafonía y polifonía porque delimitan a los receptores inmediatos y mediatos. En segundo lugar, se constata la interrelación entre las dimensiones lingüística y enunciativa porque permite caracterizar de forma precisa las distintas formas de los discursos «representados» (de otros, en boca de uno o de uno mismo que se formuló antes), sobre todo, en los estilos directo e indirecto y lo que estos conllevan lingüísticamente.

De la explicación ofrecida por los autores es pertinente rescatar tres aspectos a los fines de esta monografía: i) la referencia a los diálogos dentro de los diálogos, tan frecuentes en la conversación (Gallucci 2021); ii) la diafonía y la polifonía como nociones delimitadoras de los receptores o destinarios; y iii) el hecho de que, aunque a simple vista parezca una obviedad, se reconozca que se pueden reproducir discursos del propio hablante.

Interesa, igualmente, además de la diafonía, la distinción entre discurso reproducido *efectivo* o *potencial* (Roulet 1999) que hace posible la inclusión de aquellos casos de DR en los que no se recupera lo que dijo alguien en una situación pasada («efectivo»), sino lo que creemos (o decimos) que dirá en una situación que todavía no ha tenido lugar («potencial»); y las dicotomías *monologal/dialogal* y *monológico/dialógico* (Roulet *et al.* 1985). Estas últimas son producto de la distinción tradicional entre discurso monologal (de un solo locutor) y discurso dialogal (de más de un locutor). En el *discurso monológico* interviene un enunciador principal (es decir, con estructura de intervención); mientras que en el *discurso dialógico* intervienen al menos dos enunciadores principales. El monólogo y el diálogo tradicionales serían, respectivamente, estructuras monológico/monologal y dialógico/dialogal.

Si se extrapola la dicotomía monológico/dialógico a su uso citativo en el relato dramatizado oral, concretamente en lo que respecta al estilo directo e indirecto, el primero suele ser monológico cuando posee una estructura de intervención, pero también es dialogal cuando supone intercambios entre varios interlocutores; mientras que, en el segundo, en el que habla un solo locutor que recoge la voz de varios enunciadores, se trataría simultáneamente de estructuras monologales y dialógicas (*cf.* Benavent Payá 2000).

1.6. Sperber y Wilson y el lenguaje interpretativo

La conocida teoría sobre la relevancia de Sperber y Wilson (1986) –principio que dirige la actividad comunicativa del locutor y del destinatario, por medio del cual todo enunciado debe manifestar estímulos ostensibles que atraigan la atención de este último– es la única que, desde la pragmática, se ha planteado el problema de la reproducción del discurso (Recanati 1993, 2000; Reyes 2002).

Tomando como punto de partida la noción de *representación* y frente a los enunciados descriptivos, o sea, aquellos que, como su nombre indica, describen un estado de cosas y que pueden ser verdaderos o falsos, los autores distinguen algunos enunciados que, en cambio, son *interpretativos* y no son representaciones de estados de cosas sino de otros enunciados. En estos casos, su relevancia depende de que se interpreten de esta manera. De esta forma, un enunciado con determinado contenido proposicional puede ser utilizado, también, para representar otro enunciado compuesto por palabras o pensamientos.

Reyes (2002: 54) afirma que, aunque esta noción es fundamental para la teoría de la relevancia,

> No es necesario, sin embargo, aceptar el concepto de relevancia (con todas sus implicaciones de innatismo y de interpretación garantizada [...]) para utilizar la noción relevantista de interpretación, que nos da acceso a la cualidad esencial de todas las citas: su condición de imágenes (de ser presentadas como imágenes) y nos permite salir del corsé gramatical: hay cita donde el lenguaje es interpretativo, no solamente en los conocidos casos de discurso directo y discurso indirecto, dos categorías gramaticales que no abarcan la extensión real del fenómeno. No es necesario, además, que las palabras citadas hayan sido pronunciadas o pensadas por nadie realmente, basta con que se presenten así.

Se trata entonces, como subraya la misma autora, de la única noción pragmática disponible, con la ventaja de que muestra la propiedad central del fenómeno de la reproducción de palabras y sus dimensiones, que, como se mostrará en esta monografía, va más allá de los aspectos meramente gramaticales.

1.7. Goffman y la noción de *footing*

A partir de la perspectiva teórico-metodológica del interaccionismo sociológico, uno de los pilares en los que se apoyó la Escuela de Ginebra en su fundación, Goffman (1981) propone la idea de que el sujeto es un actor que busca transmitir, a través de distintas máscaras, una imagen positiva ante el auditorio al cual se dirige. En el marco de esta denominada *metáfora teatral*, la identidad del sujeto viene dada entonces por el conjunto de interacciones –y máscaras– que se activan en función de los destinatarios de la comunicación y que, en estrecha relación con la noción de polifonía lingüística, implican puntos de vista diferentes o cambios de posición (*footing*) tanto en el enunciador como en el enunciatario. En este punto interesan, a los fines de esta investigación, los cambios de posición o los roles del enunciador como sujeto múltiple que distingue Goffman (1981: 144-145) y que constituyen el formato de producción de la cita: *animator*, *author* y *principal*.

El animador sería aquel que «mov[ing] his lips up and down to the accompaniment of his facial (and often bodily) gesticulations, and words can be heard issuing from the locus of his mouth» (Goffman 1981, 145); mientras que el autor correspondería a «someone who has selected the sentiments that are being expressed and the words in which they are encoded» (Goffman 1981, 144); es decir, el animador sería quien produce en realidad un enunciado y el autor, aquel que selecciona los sentimientos y las palabras a través de los cuales se materializan esas palabras. Ambas figuras se corresponderían con el sujeto hablante planteado por Ducrot. Portolés Lázaro (2004: 213) ejemplifica estas dos posiciones como sigue:

> Así, si después de un chaparrón repetimos con ironía lo que otro hablante nos ha dicho antes (*v.gr.* ¡*Qué buen día hace hoy!*), actuaremos como animadores, pero no se nos podría pedir la responsabilidad sobre lo que acabamos de decir, en realidad, a nosotros el día nos parece pésimo. Lo mismo sucede con un estudiante extranjero que repite una oración de un manual de aprendizaje del idioma, él no es el autor de *My taylor is rich*, ni tampoco el responsable, sólo el animador. Asimismo, un traductor ideal sería un animador de las palabras creadas por otro y de las que ese autor es responsable […]. Si leemos *En un lugar de la Mancha, de cuyo nombre no quiero acordarme* seremos los animadores de este discurso, pero no los autores: el autor es Cervantes.

A pesar de la distinción entre estas dos figuras, el mismo Goffman reconoce que bajo muchas circunstancias, por ejemplo, cuando el individuo que anima el discurso es el autor de su propio texto, los dos roles se solapan y el hablante cumple al mismo tiempo el papel de autor y animador. De hecho, en lo que tiene que ver con el objeto de estudio de esta monografía, cuando el hablante cita su propio discurso (autocitación) se constituye, al mismo tiempo, como autor y animador.

En los casos de discurso directo tradicional y discurso directo libre (sin marco introductor), en los que se recoge la palabra ajena, los dos papeles sí se pueden identificar por separado. El hablante anima las palabras de otro que forman parte de una historia, pero no es el autor de esas palabras. Esto suele ser muy común en los diálogos reconstruidos (Gallucci 2021), en los que los turnos de palabra son representados en formas de citas por un hablante que «anima» distintas voces.

Por último, la posición de *principal* o responsable describe el rol de aquel que, como su nombre indica, asume la responsabilidad de las palabras dichas y, por tanto, se compromete con ellas: «someone whose position is established by the words that are spoken, someone whose beliefs have been told, someone who is commited to what the words say» (Goffman 1981: 144). Como explica Goffman, se trata de una persona reconocida en algún rol social, con alguna capacidad especial y que suele formar parte de un grupo, categoría o de una relación basada en la autoidentificación. Portolés Lázaro (2004: 213-214) ilustra el rol de responsable de la siguiente manera:

> Supongamos que un notario lee un contrato en un acto de compraventa delante de las partes, él es el animador, puede que el verdadero autor del contrato sea el oficial de la notaría y, nosotros, que lo firmamos, seremos los responsables, aunque no lo hayamos dicho, no lo hayamos redactado. De igual forma, un cliente que repite en un juicio las palabras que le ha enseñado su abogado no es el autor, pero es el animador y el responsable. Si miente, será él el perjuro no su abogado.

1.8. Culioli y las operaciones enunciativas

En el marco de la lingüística formal francesa, Culioli (1990), discípulo de Benveniste, defiende la relación lenguaje-realidad extralingüística y considera el diálogo como expresión fundamental de la comunicación en la que están presentes coenunciadores que dejan su huella a través de las marcas de aspecto, espacio, modalidad, persona y tiempo. Cada emisor o interlocutor modula su discurso y lo individualiza. El autor parte de la idea general y abstracta de *noción* (lo real que se filtra a través de la lengua), a la que se vinculan una serie de relaciones primitivas, clase cerrada a partir de la que distingue tres tipos: espaciales, entre sujetos y de referencia. En el marco de estas relaciones que se materializan a través de operaciones enunciativas, Culioli hace referencia a un proceso que denomina *instanciación*, mediante el cual se construyen estructuras metalingüísticas (lexis) que definen la ocupación de un lugar potencialmente vacío o enunciable (enunciados virtuales). Locutor y enunciadores son las figuras que se desprenden de los procesos de instanciación de las operaciones enunciativas y son muy parecidas a las que propone Ducrot. Ambas instancias se definen de la siguiente manera:

> locutor: instancia locutiva que remite a acontecimientos diferenciados, individuados, separados, donde no se puede ser el otro. El locutor es aquel sujeto que realiza los actos de locución. Dichos actos se representan en intervalos cerrados («tomar la palabra», «no hablar más»);

enunciadores: son instancias separables y no necesariamente separadas. Son instancias abstractas que Culioli instala en el sistema metalingüístico, lo que le permite: estudiar problemas de argumentación, de representación colectiva, de construcción del sujeto enunciador y, de esta manera, consigue salir del sujeto epistemológico, universal; acceder, con mayor facilidad, a predicados que remiten a estados anteriores (García Negroni y Tordesillas 2001: 186)[7].

1.9. Clark y Gerrig: las citas como demostraciones

Por su parte, Clark y Gerrig (1990) consideran que a través de las citas se pone de manifiesto un uso especial del lenguaje que difiere de otros usos meramente descriptivos, idea similar al planteamiento de Sperber y Wilson (1986), como se ha visto en § 1.6. En este caso, los autores desarrollan la idea de que las citas directas en la conversación son demostraciones y que, como tales, sirven para ejemplificar discursos, experiencias y sensaciones. Además de esta concepción de las citas, Clark y Gerrig afirman que los hablantes pueden citar cualquier aspecto de un discurso –lingüístico o no– que se pueda representar y que pueda ser reconocido por los destinatarios de la comunicación (palabras, prosodia, movimientos, gestos, postura, etc.). Sin duda alguna, esto constituye un planteamiento innovador en cuanto al tema que ocupa esta monografía, ya que los autores van más allá de la concepción tradicional del DR como reproducción de materia verbal y toman en cuenta aquellos aspectos que, en la oralidad, suelen acompañar la reproducción del discurso, sobre todo en lo que respecta al estilo directo en la conversación. A través de estas citas y en ese contexto se pueden representar, entonces (Clark y Gerrig 1990: 775-789):

> i) Las características físicas de la producción de un discurso (lo que Clark y Gerrig denominan *delivery*): el timbre de voz (masculino, femenino, de un niño); la edad de la voz reproducida (si se trata de niño, de un adulto o de una persona mayor); la cualidad de la voz (áspera, nasal, poco clara); algunas particularidades de la forma de hablar (seseo, ceceo, aspiración de sonidos, afasia); el estado emocional (irritación, sarcasmo, excitación); los gestos que acompañan la enunciación (señalar, sonreír, fruncir el ceño, mover las manos de forma determinada, etc.).

---

7. Aunque la exposición se ha centrado fundamentalmente en Authier-Revuz, Ducrot, Culioli y Roulet, las obras sobre la pluralidad enunciativa del sujeto publicadas en Francia no se limitan exclusivamente a estos autores. Recanati (1981), Berrendonner (1982), Trognon (1986), Nølke *et al.* (2004) y Nølke (2003), por ejemplo, son muestra de ello. Aquí se ha hecho una selección de las contribuciones teóricas que se relacionan de forma más o menos directa con el presente estudio.

ii) La lengua: la lengua misma (alemán, español, inglés); la variedad dialectal (español de Caracas o de Pamplona, por ejemplo); el registro (formal, informal)[8].

iii) Actos lingüísticos: acto ilocutivo (pregunta, petición, promesa); contenido proposicional (la proposición expresada); acto locutivo (la oración); acto de enunciación (enunciado emitido con vacilaciones, dudas, etc.).

iv) Citas sin contenido proposicional: expresiones como *no sé qué, y esto y lo otro, y tal y qué sé yo, bla bla blá*, que suelen formar parte de la cláusula reportada en estilo directo y que son muy frecuentes en la conversación. El español de Caracas muestra, por ejemplo, que estas expresiones, en las que en realidad no se expresa explícitamente el contenido citado, como en *Me dijo: «No sé qué y tal»*, pueden utilizarse por sí solas como citas o pueden formar parte de una cita; por ejemplo, cuando sí se especifica el contenido citado y estas expresiones se ubican al final del enunciado, a manera de cierre, como en *Le dije: «Te llamo esta semana y tal»*.

v) Citas no lingüísticas: citas no verbales de gestos, de paralenguaje (onomatopeyas) o de movimientos (cuando imitamos la forma de caminar de alguien, por ejemplo), entre otras.

vi) Citas especializadas: citas que no están introducidas por un verbo de decir. En este grupo Clark y Gerrig distinguen cuatro tipos: i) estilo indirecto libre (empleado sobre todo en las novelas para representar los pensamientos de los personajes); ii) citas de sonidos convencionales (*boom, dingdong*); iii) citas «incorporadas» (aquellas sin marco introductor) y iv) citas híbridas (cuando se reproducen conjuntamente, en un mismo enunciado, al menos dos de las representaciones de las citas directas que reconocen los autores, por ejemplo: *María dijo* [de forma sarcástica y con desánimo]: *Me encanta vivir aquí*).

Todas estas posibilidades de representación que se han recogido en este punto dan cuenta de una concepción del DR como fenómeno complejo y multimodal que, sin duda, traspasa las fronteras meramente gramaticales.

---

8. Cappelen y Lepore (2007: 22) comparten la idea de que el acto de citar no se limita al léxico o a símbolos que se consideran familiares. Los autores comentan que en una lengua como el inglés se pueden citar palabras de otras lenguas, combinaciones lingüísticas que no tienen un significado específico en cualquier lengua natural (como «Kqxf») y también lo que denominan *novel symbols*, aquellos que no son parte del sistema de signos que usamos típicamente (como ☺).

1.10. Fludernik: antimímesis y ficcionalización

En su amplio trabajo sobre el estilo indirecto libre en inglés y algunos fenómenos relacionados (como las preguntas eco, por ejemplo), Fludernik (1993) discute muchas cuestiones relacionadas sobre todo con la teoría narrativa y con la representación del discurso y de los pensamientos en la ficción. Aquí solo se expondrán dos aspectos vinculados especialmente con la discutida –y discutible– literalidad de las citas: la antimímesis y la ficcionalización.

Aunque se trata de un aspecto al que ya se ha hecho alusión a partir del tratamiento que recibe el DR en diccionarios y tratados gramaticales del español (Gallucci 2016, 2017, entre otros), la postura de Fludernik es particularmente interesante. La autora (*op. cit.*, 17) explica que una reproducción «correcta» y «confiable» en términos de parafrasear lo que alguien ha dicho constituye una máxima cooperativa de las citas, a pesar de que en el lenguaje cotidiano ninguna reproducción puede representar cabalmente y sin problemas algo que se ha dicho antes; situación que sería impensable en los géneros escritos. A propósito de esta idea general, la discípula de Dorrit Cohn plantea, acertadamente, que el discurso representado, como imitación, siempre tiene diferencias con el original, del que es apenas una copia. Mientras que la representación (el DR, en este caso) supone una relación entre significante y significado, en la imitación la relación también se establece, pero entre dos significantes. Además, icónicamente la imitación reposa en semejanzas externas, mientras que la representación es una estrategia de recreación del significado, que es un aspecto interno al signo.

Estas reflexiones, diametralmente opuestas a las aproximaciones tradicionales sobre la representación de palabras y pensamientos, dan paso a la orientación antimimética y antimitativa de Fludernik, quien concibe el proceso de representación de las citas como una ficcionalización. Así entendido, el DR es una ficción fabricada a través del lenguaje que guarda relación con las estrategias discursivas requeridas (brevedad, intensidad, verosimilitud, exageración, caracterización irónica, etc.) según la interacción comunicativa en cuestión. La representación incluye inherentemente la ficcionalización y esta última, como toda retórica, tiene sus propios intereses, estrategias y tendencias (*op. cit.*, 22).

1.11. La polifonía como hecho discursivo: desarrollos más recientes

Como suele ocurrir cuando un modelo teórico es muy conocido o trabajado, los planteamientos de Ducrot han sido objeto de reelaboraciones que han permitido que surjan nuevas aproximaciones vinculadas con la polifonía como fenómeno lingüístico. Aunque recoger aquí todo lo que se ha planteado al respecto excede los objetivos de esta investigación, sí es posible destacar algunas ideas más o menos recientes (o contemporáneas, por llamarlas de alguna manera) de cuatro autoras –Graciela Reyes, María Luisa Donaire, Marta Tordesillas y Janina Espuny– que, en el ámbito del español (a veces aplicado también al francés), tienen en común el hecho de considerar que todos los enunciados son en sí mismos polifónicos y que, por tanto, la polifonía constituye una propiedad intrínseca de la lengua:

> Las representaciones que construye la lengua, que constituyen el significado de sus unidades, son polifónicas en la medida en que, al considerar esa alteridad, adoptan la forma de puntos de vista [...] afirmar esto supone afirmar que la lengua es polifónica por definición. Si el discurso es capaz de expresar puntos de vista, es porque la propia lengua se expresa a través de puntos de vista y estos están presentes en el nivel más profundo de la lengua (Donaire 2015: 73).

1.11.1. Reyes

La descripción de todos los aportes de Graciela Reyes en cuanto a la (meta)pragmática (1984, 1990, 1994a, 1994b, 2002, entre otras) trasciende los límites de esta monografía. No obstante, es fundamental referir aquí sus principales contribuciones en lo que respecta al tema de estudio de la presente investigación. Como explica Navarro Domínguez (2002: 534), Reyes es la primera autora en introducir en España el término *polifonía*; específicamente en el libro *Polifonía textual* publicado en Madrid en febrero de 1984, año de la publicación en París de la primera edición de *Le dire et le dit* de Ducrot.

Este apartado se centrará en dar cuenta del modelo general de las actividades reflexivas propuesto por la autora (2002: 72-73), es decir, se detallarán «aquellas prácticas que consisten en la referencia a la estructura o al uso del lenguaje, entre las que se encuentran las que incluyen representación de discurso, ya sea que esta suceda en textos narrativos o no narrativos». El modelo de Reyes incluye las manifestaciones más habituales del discurso representado/referido y las propiedades distintivas de cada procedimiento. Para distinguir las actividades que incluyen representación textual, la autora le atribuye a cada actividad un nivel o grado de reflexividad, según el siguiente esquema: el nivel 1 es el de la referencia metalingüística; el nivel 2, el de la referencia metapragmática; y el nivel 3, el de la referencia metapragmática con representación textual. A este último nivel pertenecen sobre todo las citas concebidas desde un punto de vista tradicional (estilo directo, estilo indirecto). El modelo señalado se ofrece en el cuadro 1.

Cuadro 1. Las actividades reflexivas según Reyes (2002: 73)

Actividad	Manifestaciones	Propiedades	Nivel de reflexividad
Glosa			1
Comentario			2
Conexión intra e intertextual	Deixis discursiva		2
	Patrones temáticos y rítmicos		2
Sumario de acción lingüística	Narración de acción lingüística		2
	Narración de estados internos		2
Reconstrucción mimética	Estilo directo	"Monumental" Explícito/Implícito Atribuido/No atribuido Narrativo	3
	Eco	"Monumental" Implícito Atribuido/No atribuido Interactivo	3
Paráfrasis	Estilo indirecto libre	"Monumental" y "sintético" Implícito Atribuido y no atribuido Narrativo	3
	Estilo indirecto	"Sintético" Explícito Atribuido Narrativo	3
	Estilo cuasi indirecto	"Sintético" Explícito/Implícito Atribuido/No atribuido Narrativo e interactivo	3

La primera actividad reflexiva que se presenta en el cuadro 1 consiste en representar la estructura del código (Lucy 1993: 29). La glosa o cita de lenguaje es un proceso metalingüístico (por ejemplo, *«Zaragoza» se escribe con z*) y suele manifestarse como un componente de otras citas. Dentro de este grupo las más frecuentes son metapragmáticas, porque comentan –y he aquí la segunda actividad reflexiva– *el uso* de las expresiones citadas, es decir, se cita una expresión, a la vez que se comenta su propiedad o adecuación, como en *Había un, digamos, clima favorable* o en *Ese es un asunto desmoralizante, como tú dices* (Reyes 2002: 56).

La tercera actividad, la que corresponde a la conexión intra e intertextual, incluye las *evocaciones* de un elemento lingüístico, aquello que

> puede provocar la presencia más o menos invisible de otro elemento sin que haya propiamente representación, o, al menos, sin que se manifieste la intención de explotar la semejanza entre dos textos para comunicar algo. Así, para poner un ejemplo, el anáforico *tal* evoca una descripción anterior de situación, es decir, evoca una proposición no representada pero sí evocada: *Llegados a tal situación, no les quedó escapatoria* (*op. cit.*, 75).

Reyes explica que estas evocaciones se manifiestan también en algunas expresiones y morfemas que pertenecen a un tipo específico de conectores, los evidenciales, cuya función general es indicar la procedencia del conocimiento del hablante, justificar el alcance de su afirmación y, en consecuencia, su responsabilidad. Dentro de este grupo, la autora llama la atención especialmente sobre los llamados *citativos* (traducción del inglés *quotative*): aquellos que indican que lo afirmado procede de una fuente verbal de lo que otros dijeron. En español cumplen esta función algunos adverbios y ciertas formas verbales, como el imperfecto, que «modalizan la proposición orientándola hacia un discurso ajeno, anterior, que le sirve de origen, aunque quede implícito», como en los siguientes ejemplos que ofrece Reyes (1996: 41):

> *Evidentemente*, esta frase está mal traducida;
> *Parece que* no le aumentaron el sueldo
> Mañana *volvía* Paco de Madrid, ¿no?
> ¡Pero qué bien *hablabas* francés!

El cuarto tipo de actividad reflexiva –*sumario de acción lingüística*– abre paso a lo que es el *continuum* de formas del DR que se ha considerado en esta monografía, pero no exactamente bajo la misma etiqueta, como se verá más adelante, e incluye dos variedades que provienen del relato (Semino, Short y Culpeper 1997): i) la narración de acción lingüística y ii) la narración de voz. La primera consiste en el relato de cualquier acción lingüística, pero no lleva reproducciones de palabras o de contenidos semánticos, como en *Paco se despidió*. La segunda es la mención de una actividad verbal sin más, como en *Ella no le habló*. Estos dos mecanismos tienen un correlato en la narración de estados internos, de allí su mención en el cuadro de esta manera; es decir, se duplican para aplicarse, también, al pensamiento[9].

---

9. Aunque Reyes incluye la narración de acción o de pensamiento dentro del grupo de actividades reflexivas, la autora considera, a diferencia del enfoque adoptado en este trabajo, que se trata de dos categorías útiles, pero que no constituyen, en realidad, citas, pues, a su juicio, no representan

El quinto tipo de actividad reflexiva, la denominada *reconstrucción mimética*, se manifiesta a través de dos mecanismos: el estilo directo y el eco.

> La cita directa es mimética, si entendemos que mimético significa solamente el fingimiento deliberado de la mimesis. No se trata, sin duda, ni nadie lo tomaría por tal, de una reproducción fiel, *ad pedem litterae* […] Lo que importa es la ficción de mimesis, que crea un discurso imaginario, y con él nos da acceso a una voz y a una emoción [...] Aplicando el principio enunciado arriba, esta cita *monumental*, en el sentido de Volosinov (1973), o sea, esta cita directa que mantiene la forma supuestamente original de las palabras citadas, sirve para narrar una voz, recrear una subjetividad y hacernos espectadores directos de una escena. La accesibilidad al drama estaría ausente en una cita indirecta o versión *sintética*, en la terminología de Volosinov, donde solamente se retomara una proposición y se la parafraseara sin fingimiento de la mimesis formal. Por lo general, y siguiendo principios metapragmáticos implícitos derivados del que he llamado «principio de adecuación pragmática», interpretamos automáticamente que una cita indirecta es más fiel que una cita directa, especialmente en la lengua hablada. Pero los discursos indirectos carecen, regularmente, de dramatismo (Reyes 2002: 78-79).

Por su parte, los ecos –la otra manifestación de la reconstrucción mimética– son «monumentales», como todas las representaciones miméticas (en las que, como insiste Reyes, «mimético» nunca significa «copia»), y son, también, implícitos. El contexto será fundamental para indicar si se atribuyen o no a una fuente. En este punto, la autora precisa que, aunque algunos entienden que el eco abarca las representaciones de la forma y del contenido de un texto previo, como Sperber y Wilson (1998: 296), en el modelo presentado en el cuadro 1,

> la noción de eco se restringe a la repetición, más o menos fiel, incompleta y caricaturesca de un texto anterior, y siempre dentro de un diálogo y con el intento de mostrar alguna reacción inmediata: de ahí que en el cuadro haya usado el calificativo «interactivo», que se opone a «narrativo». El eco es una forma de repetición propia de la lengua hablada (Reyes 2002: 81):

---

interpretativamente lenguaje o pensamiento, sino que se limitan a mencionar hechos (externos o internos) de índole lingüística, clasificando el acto, aunque sin reproducir ni su forma, ni su contenido, ni ninguna combinación de ambos. Nótese, a manera de ejemplo, las diferencias entre *Paco se despidió* vs. *Paco se despidió. Dijo: «Adiós, mi amor» con lágrimas en los ojos*. Reyes apunta que mientras que en el primer caso se trata de un enunciado reflexivo porque categoriza la acción lingüística de Paco mediante el léxico disponible, la segunda oración es reflexiva porque crea otra instancia de un enunciado anterior, reproduciendo, en este caso, su forma (Reyes 2002: 71-72). Dicho de otra manera, habría reflexividad en ambos casos, pero cita –en el sentido restringido del término– solamente en el segundo.

—*Y entonces se cubre con crema pastelera.*
—*Con la crema pastelera.*

—*Se van a casar.*
—*¿Casar?*

Sobre los ecos es menester destacar dos señalamientos importantes que hace Reyes: i) cuando la pregunta eco no respeta el sistema deíctico original –rasgo típico de este procedimiento– y ii) la diferencia entre eco y estilo indirecto libre; este último ya en el terreno de la paráfrasis, según lo ha ubicado la autora en el modelo de las actividades reflexivas que se reproduce en el cuadro 1. En el primer caso, cuando el pronombre interrogativo *qué* es una reformulación, y no una repetición, no se podría decir, a juicio de Reyes, que el eco sea exactamente formal, sino semántico. Aunque esto contradice la descripción que propone, la autora sostiene que el rasgo de repetición formal podría seguir siendo prototípico y estos casos de reformulación formarían parte de la categoría *eco*, siempre que sean reacciones inmediatas a un texto previo y generalmente oral. En el segundo caso, se debe tomar en cuenta que tanto ecos como EIL comparten prácticamente todos sus rasgos menos el que tiene que ver con el tipo de contexto –el eco es oral e interactivo y no narrativo–. La autora manifiesta que el EIL, aunque sea coloquial, es propio de la narración; y esto es lo que lo distingue de los ecos. No obstante, «si extendemos el término y lo acercamos al uso corriente, podemos decir que en las secuencias narradas en estilo indirecto libre encontraremos ecos o resonancias de la palabra o el pensamiento de los personajes» (Reyes 2002: 82).

Por último, la sexta categoría de actividades reflexivas, aquella agrupada bajo la denominación de *paráfrasis*, incluye tres mecanismos de citación: el estilo indirecto libre, el estilo indirecto y el estilo cuasi indirecto; todos del nivel 3, es decir, el de la referencia metapragmática con representación textual; la que interesa fundamentalmente en esta monografía.

Parafrasear consiste en reformular palabras y es un procedimiento citativo que está presente en casi cualquier tipo de discurso. Las reformulaciones que más se han estudiado como actividades reflexivas han sido, tradicionalmente, el EIL (sobre todo en textos literarios) y el estilo indirecto tradicional, es decir, aquel que suele ir introducido mediante un verbo de comunicación, como en *La profesora dijo que nos avisaría esta semana.*

Un enunciado como *Ahora los TFG se pueden presentar por Zoom [según Pedro]* sería, por ejemplo, un caso de estilo cuasi indirecto. Reyes explica que, a diferencia del estilo indirecto tradicional, este mecanismo de citación se caracteriza por no tener soporte sintáctico alguno. Sin embargo, como ocurre en muestras como las analizadas en esta investigación, pueden llevar expresiones evidenciales del tipo *según X,* o bien están respaldadas por alguna mención de la fuente en el texto contiguo o en la memoria de los hablantes. Estas citas comparten con el estilo indirecto libre la propiedad de ser implícitas, en el sentido de que no se menciona un acto de habla o un estado interno del hablante citado. Se pueden definir como paráfrasis no explícitas, interpretaciones más o menos libres del contenido de palabras ajenas, o bien pensamientos, actitudes o voliciones (Reyes 2002: 84).

Estas citas de estilo cuasi indirecto, encubiertas o de discurso implícito (Reyes 1984, 1994b) también pueden aparecer después de la mención de un acontecimiento verbal, como en *Me llamó Irma. En mayo vendrá a Pamplona*, donde la segunda oración es una paráfrasis de lo que dijo alguien y que se puede inferir gracias al contexto. Como los límites entre unas categorías de las actividades reflexivas y otras son borrosos, el estilo cuasi indirecto puede confundirse con los ecos y el estilo indirecto libre, aunque el primero suele aparecer en contextos interactivos particulares, como ya se ha visto. Se distinguen del EIL por no aparecer siempre en contextos narrativos, no tener necesariamente rasgos miméticos y por la ausencia de yuxtaposiciones de deícticos y tiempos verbales que se materializan en la mezcla de perspectivas prototípica del relato. En todo caso, es fundamental recordar que el estilo cuasi indirecto es el más encubierto de los agrupados bajo la paráfrasis. Esto obedece a que no contiene señales explícitas de citas y, en ocasiones, no se mencionan las fuentes, lo que la mayoría de las veces no permite inferir la fuente de atribución del discurso citado. En la presente investigación, por las características de las muestras de habla analizadas, solo se han podido identificar aquellos casos de estilo cuasi indirecto marcados explícitamente en las entrevistas a través de, por ejemplo, *según*.

1.11.2. Donaire

Donaire, al igual que Tordesillas, enmarca sus planteamientos en la teoría de la argumentación de Anscombre y Ducrot (1983) y, como Espuny, toma como punto de partida los principios de Ducrot. Sus investigaciones se han centrado sobre todo en el análisis de los modos verbales en español y en francés (Donaire 2001, 2005, 2015). Uno de sus aportes más importantes (Donaire 2000, 2001) ha sido la distinción entre *locutor* (instancia a quien el enunciado atribuye su responsabilidad); *punto de vista* (instrucciones semánticas que no conducen directamente al sentido del enunciado, sino indirectamente por la relación que mantienen entre sí y con el conjunto del enunciado); y *enunciadores* (instancias discursivas que permiten reconocer una determinada forma de discurso, el punto de vista, y que supone la inscripción de un punto de vista en el enunciado, un punto de vista enunciador) (García Negroni y Tordesillas Colado 2001: 179)[10].

García Negroni y Tordesillas Colado (2001: 180-181) explican que, para la autora, de la misma manera que el locutor es indisociable del enunciado, los enunciadores son indisociables de los puntos de vista:

> Enunciado y puntos de vista remiten a discurso, locutor y enunciador a responsabilidad de discurso, entendida esta no como responsabilidad consciente, sino en tanto que punto de referencia. Para Donaire, enunciador y punto de vista no constituyen dos instancias diferentes, sino que son dos aspectos de una misma realidad discursiva, de la misma manera que lo son locutor y enunciado. [...] Enunciado y punto de vista, en tanto que formas de discurso, tienen en común su carácter dialógico. [...] Donaire plantea el punto de vista como una forma de argumentación que presenta el significado como resultado de una selección y, en este sentido, distingue entre punto de vista favorable o desfavorable, según instruya una argumentación a favor del discurso seleccionado o a favor del discurso excluido. En tanto que resultado de una selección, el punto de vista sería, en ausencia de marca, por defecto, favorable.

Esta idea de la selección/exclusión ya aparece en la definición que ofrece Donaire (2008: 928) sobre dialogismo:

> El dialogismo, a mi modo de ver, se manifiesta desde las capas más profundas de la lengua, es constitutivo del significado, lo que determina la configuración polifónica del enunciado. El reconocimiento de la alteridad como primitivo semántico, como molde básico del significado, permite explicar el fenómeno polifónico en toda su extensión, su manifestación no solamente en lo que podríamos llamar niveles productivos de la lengua (discurso, enunciado, frase), los más estudiados hasta ahora, sino también y sobre todo en las unidades constitutivas (unidades del léxico, morfemas), así como la relación que se establece entre ellas.
>
> Para explicar, de forma unitaria, el carácter dialógico de los mecanismos enunciativos, de la construcción del enunciado, de la elaboración del sentido, de la configuración del significado, y de la propia lengua, propongo la noción –dialógica– de selección/exclusión. El sentido del discurso resulta de la confrontación de puntos de vista, siguiendo una dinámica dialógica de selección / exclusión, básica en la lengua, representada en el enunciado mediante el diálogo locutor-enunciadores: el locutor

---

10. En su intento de reelaborar la teoría de Ducrot y de precisar los distintos roles que puede asumir el enunciador, Donaire considera que el punto de vista es «la unidad polifónica básica que conforma el significado profundo de las unidades de la lengua, adoptando representaciones diversas en las producciones lingüísticas» (Donaire 2015: 74) y que, en consecuencia, recorre los distintos niveles del lenguaje (lingüístico, frástico, enunciativo y discursivo). Para la descripción de cada uno de estos niveles, véase Donaire (2004). Para una valoración crítica de este modelo conformado por cuatro niveles, consúltese Bertorello (2005).

convoca a los enunciadores como centros de perspectiva de selección o de exclusión. Esta misma dinámica explicaría la configuración dialógica del punto de vista en tanto que instrucción semántica constitutiva del significado de las palabras: el punto de vista, entidad semántica direccional, dialógica, resulta de una operación de selección por exclusión o de exclusión por selección de un punto de perspectiva que construye el significado. Cobra sentido así la posibilidad abierta por Ducrot de definir la polifonía como un diálogo de voces que son en sí mismas dialógicas. Y se abren vías para explicar la relación locutor-enunciadores, la función de los enunciadores y la noción de punto de vista.

Los aportes de la autora no se agotan aquí. Su concepción de la polifonía como forma de subjetividad plural en la que se inscribe el sujeto es particularmente interesante en lo que respecta a esta investigación.

> La polifonía constituye una forma de «subjetividad plural» en la medida en que consiste en representaciones subjetivas de una alteridad que se construye desde el «yo» del locutor, y que pueden ir desde el desdoblamiento del propio «yo» hasta la representación de personajes que debaten con el locutor, oponiendo puntos de vista, confirmándolos, reforzándolos, urdiendo estrategias que van hilando el tejido de la enunciación (Donaire 2015: 82).

Como bien apunta Donaire (2015: 71) en estrecha relación con lo que se ha comentado hasta ahora, la lengua construye una representación de la actividad que le da existencia –es decir, la enunciación– y esa representación constituye el significado de las palabras. Como en los procedimientos de cita se manifiesta, por una parte, el sentido del enunciado como imagen de su propia enunciación (imagen que revela la presencia central de una subjetividad que construye y organiza) y, por otra, ese mismo centro subjetivo de referencia constituye el significado de las palabras, el DR sería entonces, desde este punto de vista, un mecanismo más de inscripción del sujeto, autor de la enunciación, en la lengua.

1.11.3. Tordesillas Colado

A propósito de las diferentes voces abstractas que se pueden poner de manifiesto en la enunciación, Tordesillas Colado (1997, 1998) distingue cuatro figuras enunciativas, a saber: el sujeto empírico, el locutor, el enunciador y el punto de vista. Aunque estas instancias tengan una designación similar a las de Ducrot, la autora –a excepción de la figura del sujeto empírico– redefine las nociones mencionadas de la siguiente manera:

Locutor: figura del discurso a la que el enunciado atribuye la responsabilidad de su enunciación y susceptible de proferir/coordinar un discurso bajo distintos prismas lingüísticos que pueden ser implícitos y/o explícitos. Para ello podrá recurrir a diferentes instrumentos lingüísticos y mostrarlos en superficie o no, entre otros introducir en la escena enunciativa tantos puntos de vista como enunciadores.

Enunciador: figura del discurso a la que el enunciado atribuye los principios generales convocados por un lado y los actos de discurso por otro. Actúan como bisagra en la proyección de la lengua en el discurso.

Punto de vista: concepción/calificación positiva, negativa o neutra relacionada con la significación de la noción vinculada con el léxico (García Negroni y Tordesillas Colado 2001: 181-182).

Vásquez (2008: 917) destaca que desde este punto de vista la relación entre las figuras discursivas –locutor, enunciador y punto de vista– que Tordesillas redefine es doble: el locutor mantiene una relación unilateral con el resto de las figuras, ya que es quien atribuye los principales papeles (o roles) en el discurso, y los enunciadores se vinculan entre sí jerárquica, progresiva y dialógicamente, a modo de turno de palabra. A su vez, los puntos de vista recogidos por los enunciadores contienen una concepción o calificación positiva, negativa o neutra en relación con la significación de una noción léxica.

Desde la concepción de Tordesillas Colado, el locutor no es un simple transmisor del mensaje, pues toma posición y se sitúa en el discurso, al menos a través de un enunciador a partir del cual adopta distintas actitudes: se identifica, lo rechaza, se mantiene neutro, etc., lo que genera, como es esperable, distintos posicionamientos (García Negroni y Tordesillas Colado 2001: 182).

1.11.4. Espuny

De las diversas aportaciones de esta autora al tema objeto de estudio (1999, 2001, 2002, entre otras), se comentará un artículo publicado 2008, en el que Espuny afirma que «polifonía en la lengua, y en el habla, parece que tiene que haber obligatoriamente. Polifonía en el sentido de pluralidad (de voces, puntos de vista, sentidos, posiciones, que adopta el hablante)» (Espuny 2008: 931). La autora defiende que esta pluralidad permite diferentes perspectivas y clasificaciones de los hechos polifónicos: i) polifonía porque los enunciados pueden querer decir varias cosas a la vez, potencialmente («potencialidad de la lengua»); ii) porque quieren decir, en efecto, varias cosas al mismo tiempo («dualidad enunciativa»); y iii) porque remiten al discurso (posible o real) de otra persona o situación («polifonía discursiva»). En esta monografía interesa el último punto, es decir, el que corresponde a los casos más evidentes de polifonía discursiva: cuando hay una superposición de discursos y el hablante convoca en su enunciación, de forma visible, otro discurso sostenido (o sostenible) en una ocasión distinta. Como Espuny (2008: 933), el enfoque adaptado aquí se decanta por la concepción de la polifonía como un hecho discursivo, es decir,

> como una representación de otro discurso (de otra voz o de otro referente), y como un fenómeno que nos permite decir si un discurso es personal (original, claro) o impersonal (de otra persona, ambiguo). Esa concepción es la que permite hablar de segmentos subjetivos y de segmentos polifónicos (como hace Roulet, 1985), y también la que permite analizar la función comunicativa de los últimos en el discurso.

A propósito de las funciones de esa otra voz en el propio discurso, la autora relaciona esta presencia con diferentes intenciones (*cf.* Espuny 1999 y 2002): manifestar acuerdo, expresar desacuerdo, polemizar, etc. Otra intención que destaca la autora, quizás más general, es que «el hablante se quiere esconder a sí mismo, es decir, no quiere o no puede (porque esa decisión no siempre es consciente y voluntaria) hablar en su nombre y/o mostrarse claramente» (Espuny 2008: 934). Esto último ocurre, como se verá en el capítulo 4, con la heterocitación (§ 4.5.3.), esto es, cuando el locutor refiere palabras ajenas en detrimento de las propias.

1.12. Reflexión final

Los distintos postulados teóricos que se han recogido en este capítulo han servido como marco conceptual para el estudio del DR, es decir, como soporte teórico de la parte práctica y, por tanto, aplicada de esta monografía. La propuesta de un modelo que trascienda las fronteras oracionales para analizar el funcionamiento del DR en un contexto particular –el de la entrevista sociolingüística– se ha nutrido significativamente de la revisión teórica presentada en este capítulo. La selección de un conjunto de trabajos especializados que dan cuenta de la dimensión discursiva del DR obedece, precisamente, a este último aspecto.

Asimismo, las principales contribuciones que se han presentado resumidamente en este capítulo se traducen, a su vez, en teorías que han tenido influencia también diversa en el ámbito de la presente investigación. Por un lado, los planteamientos clásicos de Bajtín, Ducrot y Authier-Revuz a propósito del dialogismo, la polifonía y la heterogeneidad enunciativa, respectivamente. Por otro, la teoría de la enunciación de Benveniste y la teoría de la relevancia propuesta por Sperber y Wilson y los postulados de Roulet desde la Escuela de Ginebra; además de una serie de trabajos más recientes que en cierta manera toman como base aquellos que se acaban de señalar y que, sin abandonar el ámbito de la enunciación discursiva, suponen nuevas aportaciones relacionadas directamente con el DR (Culioli, Clark y Gerrig, Fludernik, Goffman). Piénsese, por ejemplo, en las implicaciones que supone entender las citas como demostraciones (Clark y Gerrig 1990) o en el cambio de puntos de vista cuando se reconstruye un diálogo y se animan teatralmente distintas voces (Goffman 1981).

Por último, se han recogido igualmente las contribuciones más recientes a propósito del funcionamiento general de la polifonía discursiva, sobre todo en español, pero también con aplicaciones al francés. Las investigaciones de Reyes, como ya se ha afirmado, han sido de capital importancia en este sentido.

Como se apreciará en el cuarto capítulo de la presente monografía, de todo este compendio de trabajos se han privilegiado, especialmente, las ideas de Ducrot, Authier-Revuz, Clark y Gerrig, Goffman y Reyes que, como es bien sabido, tienen como trasfondo teórico los planteamientos fundacionales de Bajtín a propósito de la incorporación de otras voces en el discurso. La concepción de las citas como demostraciones (Clark y Gerrig 1990) y la noción de *footing* (Goffman 1974, 1989) han servido para describir la configuración de los distintos tipos de enunciados citativos presentes en las muestras de habla analizadas.

Por último, a la par de las contribuciones teóricas y conceptuales comentadas en esta sección, es necesario completar el estado de la cuestión del DR dando cuenta, en el capítulo que sigue, de una serie de trabajos aplicados que constituyen los antecedentes de estudio de esta investigación.

Capítulo 2

El discurso referido en interacciones orales: estudios previos

Hasta hace muy pocos años, el estudio sobre el DR en español se había centrado, fundamentalmente, en textos escritos del ámbito académico (Masi 2005; Beke 2011; Castelló *et al.* 2011; Angulo 2013; Castro y Sánchez 2013); periodístico (Bruña Cuevas 1993; Méndez-García de Paredes 1999, 2000, 2001; Betancourt y Bolívar 2002; López Pan 2002; Johnson Barella 2005; Escribano 2007; Vicente 2007; Frías 2012; Casado Velarde y De Lucas 2013; Repede 2015) o literario (Beltrán Almería 1989, 1990, 1992; Jordan 1999; Girón Alconchel 2000, 2006; Prieto y San Martín 2002-2003; Puig 2004, 2013; Pluta 2004; Álamo 2013). Quizá esto se deba, entre otras cuestiones, a la dificultad que supone recolectar corpus orales (Bentivoglio y Sedano 1993; Bentivoglio y Malaver 2006, 2012; Gallucci *et al.* 2013; Guirado 2014). Aunado a esto, el análisis de las conversaciones siempre suele ser más complejo en virtud del alto grado de indefinición, imprevisibilidad e improvisación por parte de quienes intervienen en ellas (Kerbrat-Orecchioni 1996). Todas estas circunstancias han dificultado la comprensión cabal de la reproducción del discurso en la oralidad que, como es bien sabido, constituye la primera etapa en el proceso de evolución de la lengua y el registro fundamental a través del cual nos comunicamos en la vida cotidiana.

En este capítulo se describirán las investigaciones más recientes que se han llevado a cabo sobre el DR en el ámbito hispánico tomando como corpus de estudio muestras de habla de adultos; por lo general estratificadas sociolingüísticamente[11].

---

11. Este recorrido no abordará las investigaciones que se han acercado al fenómeno del discurso referido a partir de su caracterización prosódica. Para obtener más información en este sentido, consúltese, por ejemplo, Mora y Álvarez (2003), Waltereit (2005), Cabedo Nebot (2007) y Fernández (2015). También puede ser útil el trabajo de Klewitz y Couper-Kuhlen (1999). Asimismo, a pesar de que se trata

Como se apreciará a lo largo de este capítulo, en su mayoría las investigaciones se han centrado en el estilo directo e indirecto; procedimientos tradicionales del DR que también se analizan en este trabajo, además de otros mecanismos citativos empleados en el marco de la entrevista sociolingüística. Vale la pena acotar, igualmente, que no se expondrán todos los aspectos o resultados obtenidos en cada estudio, sino aquellos que, en alguna medida, guardan relación con los objetivos y las categorías analizadas en la presente monografía.

2.1. Estudios sobre el español americano

El DR ha sido analizado en distintas variedades del español de América: San Juan de Puerto Rico (Cameron 1998); Ciudad de México (van der Houwen 1998, 2000); Puebla (García 2009); Caracas (Mateus 2005; Gallucci 2010, 2013; Vargas 2014); Mérida-Venezuela (Fernández 2011); Santiago de Chile (San Martín y Guerrero 2013; San Martín 2015); Medellín (Grajales 2017) y Lima (Klee y Caravedo 2017).

2.1.1. Estilo directo en el español de Puerto Rico

Desde una perspectiva variacionista, Cameron (1998) analiza las formas del estilo directo en una muestra de habla de 62 hablantes nativos de San Juan, Puerto Rico, estratificada según edad, sexo y clase social. A su juicio, el ED y el EI son sistemas independientes y no variantes de una variable sociolingüística[12].

El autor distingue tres usos variables para introducir el discurso directo en la conversación: i) mediante un verbo de decir (*Entonces yo DIGO, «¡Ahora prepárate, que te voy a quitar un montón de cosas!»*); ii) y + frase nominal (FN) (*Y ELLA, «¡Ah no, mijo!»*); y iii) sin marco o *freestanding quotation* (*Entonces me metía escapado y qué sé yo para la tienda Ø «¿Qué pasó?» «No tengo clase»*). En este estudio, Cameron encuentra un total de 1249 casos, de los cuales 774 (62 %) se introducen mediante un verbo de decir, 310 (25 %) sin marca y 165 (13 %) mediante la conjunción y seguida

---

de estudios que no se recogen en esta monografía, el discurso referido también se ha analizado como estrategia discursiva en hablantes bilingües (Berenguer 1994; Fairclough 1999), en el portugués de Brasil (Marcuschi 1997) y en el habla infantil (Shiro 2007, 2012; Pinto 2014; Gallucci y Pinto 2017).

12. Cameron (1998) se apoya en los planteamientos de Dines (1980: 15) sobre el hecho de que las variantes de un fenómeno deben cumplir la misma función para ser consideradas como tales. A juicio del autor, el ED tiene funciones diferentes que no tiene el EI y, por tanto, se trataría de sistemas independientes. Como se apreciará más adelante, el caso contrario es el de van der Houwen (1998 y 2000), quien apunta, como se considera en esta investigación, que en ambos procedimientos subyace la función común de reproducir el habla y, por tanto, pueden funcionar como variantes de una misma variable.

de una frase nominal. Los tipos de verbos encontrados en la muestra y su frecuencia en el corpus estudiado son: *decir* (643 casos, 83 %); *hacer* (50 casos, 6 %); verbos de movimiento (22 casos, 2 %); *gritar* (9 casos, 1 %); *preguntar* y *cuestionar* (8 casos, 1 %); *pensar* (8 casos, 1 %); *venir* + *así* (7 casos, 1 %); entre otros (*quedarse, avisar, predecir, contestar, llamar, empezar* y *responder*) (26 casos, 3 %).

Otro de los hallazgos de Cameron tiene que ver con la persona a quien se le atribuye la cita, el contenido de esta, el contexto narrativo y el tópico como variables lingüísticas que inciden en el uso de las tres formas del ED propuestas por el autor:

i) *A quién se atribuye la cita*. Cameron señala que cuando las citas se introducen mediante un verbo de decir o de *y* + FN, los hablantes privilegian el uso de la primera persona del singular (*Yo dije*), seguida de la tercera persona del singular (*Él/Ella dijo*). El autor también encuentra que la fuente de la cita suele ser un ente animado, mientras que el rasgo inanimado se ve favorecido, sobre todo, por las citas sin marco.

ii) *Contenido de la cita*. El autor establece una triple distinción en este sentido: si se trata de una cita de palabras (*Juan me dijo que yo era muy bonita*); solamente de interjecciones, exclamaciones o risas (*¡Ay, Dios mío!*); o de un gesto acompañado de un sonido (*porque hice así: «[gesto] fuuuuuuum»*). Cameron explica que la cita de palabras se ve favorecida por el empleo de un verbo de decir; el uso de interjecciones, por la estructura *y* + FN; y las citas sin marco introductor, por los gestos acompañados de sonidos.

iii) *Incidencia de los contextos narrativos*. El autor muestra que los contextos narrativos favorecen el uso de *y* + FN, mientras que los no narrativos favorecen la ausencia de marco introductor.

iv) *Tópico de la cláusula*. Cameron señala que el miedo, el humor o la sorpresa contribuyen a la presencia de *y* + FN, y que la categoría «otros» favorece la presencia de un verbo de decir para introducir la cláusula reportada.

En lo que respecta al análisis de las tres variables extralingüísticas consideradas por el autor y sus respectivas variantes –edad (preadolescentes, adolescentes, de 20 a 39 años, y de más de 40 años); sexo (hombres y mujeres) y clase social (alta y baja)–, Cameron obtuvo como resultados que: i) los dos grupos de más edad favorecen la presencia de un verbo de reporte y desfavorecen tanto la presencia de *y* + FN como la cita sin marco; ii) la estructura *y* + FN y las citas directas sin marco se correlacionan con la edad de los hablantes, en este caso, con la de los jóvenes; iii) cuando se trata de *y* + FN la clase social de los hablantes no influye en la variación, mientras que la presencia de un verbo para introducir la cita y la cita sin marco sí lo hacen, y están en distribución complementaria, es decir, la clase baja contribuye a la presencia del verbo y la alta, a la ausencia, mientras que sucede lo contrario con la cita directa sin marco; iv) la variable sexo-género no influye en la presencia de un verbo para introducir la cita directa, pero son las mujeres, y no los hombres, las que prefieren usar *y* + FN; el efecto contrario se observa con las citas directas sin marco introductor (Cameron 1998: 70-71).

2.1.2. Habla directa e indirecta en el español de México

En el español de México, específicamente en el habla de la Ciudad de México, se han llevado a cabo dos estudios relacionados con el uso del DR en interacciones orales (van der Houwen 1998, 2000).

Van der Houwen (1998 y 2000) analiza cualitativa y cuantitativamente el uso del ED y del EI –entendidos como estrategias comunicativas– en un corpus de 15 conversaciones transcritas, de treinta minutos de duración, de mujeres entre 20 y 80 años, pertenecientes al nivel culto y al popular. En estas entrevistas las informantes hablan con un encuestador sobre su vida y su familia, entre otros temas.

Estas muestras, que suman en total siete horas y media de conversaciones, fueron extraídas de dos corpus publicados por el Centro de Lingüística Hispánica de la Universidad Nacional Autónoma de México (*cf.* Lope Blanch 1972, 1976). Aquí se referirá sobre todo la investigación publicada por la autora en el año 2000, en la que intenta mostrar que los distintos estilos de habla reproducida tienen, cada uno, una función propia y que su distribución no es azarosa, sino que depende del objetivo comunicativo del hablante. A juicio de van der Houwen (2000), el hablante tiene un papel activo, pues decide, según el mensaje que quiere transmitir, si usa el ED o el EI. La autora discute si ambos mecanismos de citación pueden considerarse como variantes de una variable lingüística o si hay que considerarlos como sistemas independientes.

A partir del hecho de que tanto el ED como el EI le sirven al hablante para reproducir habla, y de que el ED se usa también para cumplir funciones adicionales, la autora da cuenta de algunas diferencias básicas entre ambos procedimientos de cita (van der Houwen 2000: 28):

a) La diferencia más obvia entre ambos estilos es el punto de vista que el hablante adopta cuando reproduce; sea habla desde su propio punto de vista, *Juan dijo* QUE IBA *al cine* (momento comunicativo actual), sea habla desde el punto de vista del hablante original, *Juan dijo: «VOY al cine»* (nivel 2, momento comunicativo original pasado).

b) El ED, en contraste con el EI, sirve para reproducir gestos y sonidos (Cameron 1998).

c) Kvavik (1986: 337) afirma con respecto a la entonación que subordination of exclamatory, interrogative, and imperative sentences [in indirect speech] cause their respective intonations to be lost; vocatives are also absent, being a feature of direct speech.

d) El EI necesita un *verbum dicendi* y la conjunción *que*. El ED no necesariamente tiene un *verbum dicendi* y, además, el hablante tiene más libertad en cuanto a la posición (y cantidad) de este último.

A partir de estas diferencias, van der Houwen concluye que el ED tiene las características del habla actual, con excepción de la posible presencia de un verbo de decir. En cambio, el EI no le sirve al hablante para reproducir sonidos, gestos o vocativos; preguntas, imperativos y exclamaciones tampoco se dejan reproducir en EI sin que pierdan sus respectivas entonaciones.

El hecho de que tengan una función en común –reproducir el habla– es la razón por la que la autora, como se ha hecho aquí (§ 4.6.1), considera que se trata de variantes de una misma variable y, por esta razón, los compara, con el fin de conocer si la variación es en realidad libre o si surge algún patrón en la distribución de las formas.

En esta misma línea, van der Houwen propone que el hablante usa el ED para indicarle al oyente que lo reproducido es de gran importancia para la historia que cuenta, y que lo hace en un momento central en la narrativa; en cambio, se reproducen en EI las partes que considera como menos salientes. De esta manera, el hablante usaría el EI para introducir un tema nuevo, cuando no se ha establecido el nuevo punto de referencia o cuando puede ser difícil para el oyente, por alguna razón, encontrar el punto de referencia. El ED, por su parte, se esperaría en contextos en los que el nuevo punto de referencia está bien establecido, facilitándole al interlocutor seguir al hablante y permitiéndole a este último expresarse de forma más exacta y, por tanto, más fiel a las ideas que tiene en mente.

La autora quiere demostrar entonces que: i) hay una relación recíproca entre forma y significado, es decir, el ED y el EI tienen un efecto comunicativo diferente; ii) el ED significa *high deixis* (instrucción fuerte al oyente de prestar atención) y el EI significa *low deixis* (instrucción menos fuerte al oyente de prestar atención); iii) una forma y su contexto son recíprocamente dependientes, es decir, si el ED significa *high deixis* y el EI significa *low deixis*, esto se ve reflejado en el contexto.

En total la autora encuentra 597 casos, de los cuales 90 son de EI, 381 de ED con verbo *decir* y 126 de ED sin verbo. Del total de casos 85 % corresponde a citas en ED y 15 %, a EI. Esto permite afirmar que el ED sería el procedimiento de cita no marcado y el EI, el marcado. Con respecto a estos resultados, van der Houwen (1998: 133) destaca que se debe tomar en cuenta que en las conversaciones analizadas los tópicos son informales y que esto es un reflejo de la confianza entre los participantes, lo que podría suponer –y, de hecho, supone– un incremento considerable de citas en ED.

Cuando la cita se introduce con un verbo, van der Houwen especifica que este suele estar fundamentalmente en presente (*dice, está diciendo*) o en pasado (*decía, estaba diciendo, dijo, ha dicho*). La autora afirma que hay una relación entre el EI y el *verbum dicendi* en pasado –62 casos (29 %) vs. 28 casos (11 %) en presente– y el ED y el presente –227 casos (89 %) vs. 154 (71 %) en pasado–. La lingüista explica que el uso de verbos de decir en presente con los estilos directos y el uso de este mismo tipo de verbos en pasado, pero con los estilos indirectos, sería consistente con la hipótesis de que el ED significa *high deixis*, y el EI, *low deixis*.

Por último, la autora se interesa por la presencia o no de un sujeto explícito que acompañe al verbo. Como es bien sabido, en español no es obligatoria la mención del sujeto, a menos que su referente no quede claro en el contexto. En van der Houwen (1998), donde se mantiene la hipótesis de que el EI introduce al interlocutor en un nuevo marco comunicativo y que el ED sirve para desarrollarlo, la autora encuentra correlación entre verbos con sujeto explícito y EI, por un lado, y entre sujetos elípticos con ED, por otro.

2.1.3. Las citas conversacionales en el español de Venezuela

En el español venezolano, el DR ha sido analizado únicamente en el habla de Caracas (Mateus 2005; Gallucci 2010, 2013; Vargas 2014) y de Mérida (Fernández 2011).

Mateus (2005) analiza cualitativa y cuantitativamente el estilo directo e indirecto en un corpus oral de 32 grabaciones de entrevistas, 27 tomadas del *Corpus sociolingüístico de Caracas* de 1987 (Bentivoglio y Sedano 1993) y 5 recogidas por la autora en estilo informal y espontáneo a hombres caraqueños de nivel socioeconómico alto, medio y bajo. El objetivo principal de la autora ha sido corroborar la hipótesis de van der Houwen (1998 y 2000) –a la que ya se ha hecho alusión en § 2.1.2.– en cuanto a que tanto el ED como el EI tienen una función comunicativa propia que obedece a factores pragmático-discursivos. Los principales resultados del análisis de Mateus (2005) muestran que los hablantes: i) usan sobre todo el verbo *decir* como marco introductor de las citas; ii) prefieren narrar más en ED que en EI (80 % de los casos vs. 20 %) y, en especial, en los momentos estelares del relato; iii) cuando narran utilizan más el presente histórico (es decir, emplean el tiempo verbal presente en la narración de hechos pasados), especialmente con el ED y en los momentos de clímax del relato; y iv) eliden el verbo introductor de cita cuando narran en ED los pasajes dramáticos de sus historias. Los datos obtenidos son similares a los encontrados por van der Houwen (2000) y, por tanto, corroborarían la hipótesis de esta última.

Gallucci (2010) analiza una muestra de 16 hablantes de grado de instrucción universitario del *Corpus sociolingüístico de Caracas 2004-2008* (Bentivoglio y Malaver 2006) estratificados según edad, sexo y grado de instrucción.

Los resultados obtenidos a partir del análisis de 12 horas de grabación muestran que el ED supera ampliamente al EI; de 1192 casos, 1057 son de ED y 135, de EI (89 % vs. 11 %, respectivamente).

A propósito del marco introductor, las citas se introducen a través de cinco formas distintas: verbo, Ø verbo, (*y*) + SN –sintagma nominal–, marcadores discursivos e (*y*) + *que*. Los marcos más empleados por los hablantes para citar un enunciado son: cláusula reportada introducida por un verbo generalmente conjugado (537 casos, 45 %) y cláusula reportada sin verbo (416 casos, 35 %). A estas dos formas le sigue (*y*) + SN con 158 casos en total (13 %).

También se observa que el verbo *decir* es el más empleado para citar un enunciado. De 537 casos en los que los hablantes usan un verbo para introducir estas citas, en 457 (85 %) se trata de *decir*. Este verbo se usa, sobre todo, con el significado de «manifestar mediante palabras una idea». En 361 de 457 casos se observa este uso, lo que representa 79 % del total. A este le siguen en frecuencia *pensar*, *contar* y *rezar* con 65, 28 y 3 casos, respectivamente. *Decir* se emplea como «manifestar» (75 casos) y «contar» (17 casos). Sobre el uso del verbo *decir* como «contar», vale la pena acotar que, según los datos extraídos de la muestra, los hablantes usan más *decir* con este significado léxico cuando la cita es indirecta.

La distribución de los casos analizados según el parámetro *desplazamiento* (Labov y Waletzky 1967), que ofrece información sobre la (in)dependencia cotextual de las citas, muestra que 69 % (764 de ED y 58 casos de EI) corresponde a cláusulas narrativas (dependientes de otras y relacionadas temáticamente con aquellas), mientras que en un 31 % de los casos (293 de ED y 77 de EI) se trata de cláusulas libres, es decir, que son prescindibles en el desarrollo del relato que narra el hablante. En este sentido, aunque el porcentaje total indica que las citas analizadas suelen ser, sobre todo, narrativas, la autora explica que las cláusulas libres estarían más relacionadas con el EI.

Los resultados del estudio en el nivel de análisis discursivo muestran, por un lado, una leve preferencia de los hablantes por citar lo que otros han dicho (629 casos, 53 %). En los casos en ED, el uso de la autocitación y de la heterocitación es muy similar: 529 casos frente a 528. Los datos evidencian que el EI está más vinculado con la heterocitación (101 casos de un total de 135). Por otro lado, el análisis de las funciones muestra que los hablantes emplean los mecanismos de cita estudiados fundamentalmente para relatar una anécdota (629 casos, 53 %). En segundo lugar, citan a fin de ejemplificar una circunstancia (219 casos, lo que equivale al 18 % de las citas objeto de estudio). En orden decreciente le siguen, con frecuencias no tan disímiles, las funciones discursivas *argumentar* (189 casos, 16 %) y *reportar un pensamiento* (155 casos, 13 %). En el caso del ED, los hablantes suelen citar para relatar (563 casos) y ejemplificar (204 casos), mientras que en el EI lo hacen para relatar y argumentar (66 y 41 casos, respectivamente).

El análisis de los factores sociales edad y sexo inherentes al corpus analizado mostró que: i) el uso del ED y EI según la edad es muy similar tanto en el grupo etario 1 (20-34 años) como en el grupo etario 3 (55 años y más): de 1192 casos, 51 % (604) corresponde a los jóvenes, y 49 % (588), a los hablantes de 55 años en adelante; ii) según el factor *sexo* o género, los hombres de la muestra utilizan mucho más los procedimientos de cita que las mujeres (63 % vs. 37 %, es decir, 754 casos frente a 438).

En la misma línea, Gallucci (2013) afina la metodología del estudio anterior y amplía la muestra objeto de análisis, en este caso a 32 transcripciones del *Corpus sociolingüístico del habla de Caracas, PRESEEA-Caracas 2004-2010* (Bentivoglio y Malaver 2006; Gallucci *et al.* 2013) estratificadas según edad, sexo y, esta vez, también en función del grado de instrucción. De este estudio se desprenden las siguientes conclusiones generales: i) el ED sigue siendo la forma de DR más usada por los hablantes y el discurso citado suele introducirse con un verbo que por lo general es *decir;* ii) los hablantes disponen de al menos cinco opciones para introducir el DR en ED y EI, como se comprobaba también en el estudio anterior; iii) los hablantes prefieren introducir las citas sobre todo con un verbo o sin él; iv) las citas, especialmente las directas, son narrativas y forman parte de diálogos reconstruidos; v) las cláusulas en estilo indirecto suelen ser libres; vi) los hablantes prefieren la heterocitación y el EI está más vinculado con esta última; vii) los hablantes utilizan las citas más que todo para relatar una anécdota. En cuanto al ED, suelen hacerlo con las funciones pragmáticas de *relatar* y *ejemplificar*, y en EI, para relatar, argumentar y ejemplificar; viii) las mujeres citan más que los hombres y usan más el EI; ix) las variables edad y grado de instrucción inherentes a la muestra objeto de estudio no condicionan el uso de ambos mecanismos de citación.

Aunque la autora ha seguido investigando el tema (Gallucci 2018b y 2021), en lo que tiene que ver con el habla de Caracas ha encontrado resultados disímiles a propósito de la influencia de los factores sociales en el uso de las citas. Esto la ha llevado a afirmar que, al menos de momento, no es posible establecer claramente que exista una relación entre el uso de las citas en ED y EI y estas variables (Gallucci 2014: 68-69). La presente monografía pretende, entre otras cosas, tratar de dilucidar, en la medida de lo posible, lo concerniente a las variables extralingüísticas y su influencia –o no– en lo que respecta al DR.

Por su parte, Vargas (2014) replica el análisis de Gallucci (2010) en 12 entrevistas, pero del *Corpus sociolingüístico de Caracas* de 1987 (Bentivoglio y Sedano 1993) estratificadas según el sexo de los hablantes[13]. A pesar de que este corpus fue explorado parcialmente por Mateus (2005), Vargas no emplea las mismas categorías de análisis. La autora encuentra también que el ED es más empleado que el EI (292 casos vs. 84) y que los marcos introductores más frecuentes son un verbo conjugado (234 casos) y sin verbo (120 casos). Con respecto a esto último, Vargas apunta una tendencia por parte de las mujeres de la muestra a citar con un verbo conjugado como marco introductor, mientras que los hombres suelen elidir este marco en más oportunidades. En esta investigación, el verbo *decir* es, nuevamente, el más empleado para introducir tanto ED como EI: de los 234 casos de la muestra que fueron introducidos con un verbo conjugado, 220 son citas en las que se emplea *decir* como marco. Además, se hallaron 14 casos introducidos por otros verbos como *preguntar, contar, hablar, llamar, salir* y *explicar*. En cuanto a la atribución de la palabra, en esta oportunidad los hablantes prefieren citar el discurso de otros (241 casos vs. 135) y suelen hacerlo empleando el ED (292 casos vs. 84). Este resultado reflejaría que los hablantes prefieren comprometerse menos con lo que dicen. Es decir, al atribuir cierto mensaje a otra persona, la responsabilidad de lo que se dice no recae sobre el locutor de la cita, sino en uno de sus enunciadores. Estos hallazgos se corresponden con los del estudio de Marcuschi (1997) sobre el portugués de Brasil, autor que señala que en su muestra es más frecuente la heterocitación (70 % de los casos objeto de análisis).

En cuanto a la función pragmática de las citas, la más frecuente en el estudio de Vargas (2014) fue relatar una anécdota (277 casos), seguida por ejemplificar (53 casos), argumentar (33) y manifestar un pensamiento (13); resultado que permitiría asociar especialmente el uso de las citas con la narración de historias por parte del hablante.

En lo que se refiere a la única variable social considerada, en la investigación de Vargas (2014) las mujeres citaron más que los hombres, pero la diferencia es muy pequeña –apenas 4 casos– (190 casos de las mujeres y 186 de los hombres). Estos datos muestran cierta disparidad con trabajos previos, ya que, si bien hay estudios en los que hablantes de cualquiera de los dos géneros citan más, en todos se pudo observar un margen de diferencia considerable en una u otra dirección. Los datos de Vargas (2014) serían, nuevamente, un indicio de que el sexo-género no condicionaría el uso que hacen los hablantes del DR.

Por último, Fernández (2011), quien también emplea algunas de las categorías propuestas por Gallucci (2010), analiza 6 transcripciones del *Corpus sociolingüístico de Mérida 2009-2010* correspondientes a tres hombres y tres mujeres de

---

13. Una versión resumida de los hallazgos más importantes de Vargas (2014) puede consultarse en Gallucci y Vargas (2015).

distintos grupos generacionales[14]. La autora analiza la frecuencia con la que los hablantes usan el ED y el EI, los verbos introductores, la presencia de la conjunción *que*, la preferencia por la autocita o la heterocita, el uso del ED y el EI según la edad y el sexo de los hablantes y, por último, las funciones pragmáticas de los enunciados citativos.

En total, Fernández encontró 80 casos de DR. De estos, 56 corresponden al ED y 24, al EI. Los resultados más importantes del estudio muestran que: i) los hablantes prefieren usar el ED (70% de los casos) y que la mayoría de las veces lo hacen a través de un verbo de comunicación (71% del total de casos); ii) el verbo más empleado como marco introductor es *decir* tanto en el ED (92%) como en el EI (90% de los casos); iii) en relación con la presencia y la ausencia de la conjunción *que*, en el ED los hablantes tienden a elidir la conjunción en un 88%, mientras que cuando citan en EI se observa la tendencia opuesta: emplean la conjunción en 87% de los casos de EI encontrados; iv) hay mayor empleo de la heterocita que de la autocita en hombres y mujeres; v) en cuanto a las funciones pragmáticas, la más empleada en ED es ejemplificar y en EI, relatar. En relación con el sexo y la edad de los hablantes, tanto hombres como mujeres de los tres grupos generacionales emplean con mayor frecuencia el ED.

2.1.4. El discurso referido en el habla de Santiago de Chile

San Martín y Guerrero (2013) analizan el empleo del DR en el habla de Santiago de Chile; específicamente en 54 entrevistas que forman parte del Corpus Sociolingüístico PRESEEA de dicha ciudad (PRESEEA-SA). A diferencia de Cameron (1998) y, como se ha planteado en la presente monografía, los autores consideran el DR como un caso de variable sociolingüística, en un sentido amplio del concepto, con dos valores o variantes generales que los hablantes pueden escoger cuando citan: el ED y el EI que incluyen, a su vez, diferentes subtipos o variantes específicas de acuerdo con distintos niveles o grados de reformulación y distanciamiento del sujeto respecto de su enunciado: discurso directo libre (DDL), discurso directo con pronombre (DDPRO), discurso directo convencional (DDC), discurso indirecto convencional (DIC) y discurso indirecto narrativizado (DIN). Tal como se ha enfocado en este estudio, en su análisis los autores han adoptado una perspectiva amplia que considera el DR como la función mediante la cual se evoca el discurso enunciado en otras situaciones de habla, que incluye desde la reproducción de citas literales hasta la referencia general a otros actos de comunicación.

---

14. En Fernández (2012) se ofrece una versión resumida de la investigación reseñada aquí.

En relación con el empleo de las variantes generales del DR en el corpus PRE-SEEA-SA, San Martín y Guerrero encuentran un empleo preponderante de ED (74,2 %) en comparación con la frecuencia de EI (25,8 %). El ED suele utilizarse en su variante específica más convencional (DDC), esto es, mediante el uso de un verbo de habla como introductor de la cita (51 %); en tanto que la variante específica sin verbo (DDL) presenta una frecuencia menor (21,5 %). Aquella en la que se utiliza un pronombre personal para introducir la cita (DDPRO) registra un empleo casi irrelevante en el corpus analizado (1,7 %). Por otra parte, en lo que respecta al EI, su variante específica convencional (DIC), en la que se usa *que* como complementizador, fue la más usada por los informantes (16,1 %), en comparación con la variante específica del discurso indirecto narrativizado (DIN) (9,7 %).

En cuanto a la secuencia discursiva en la que se utiliza el DR, los hablantes lo emplearon sobre todo en fragmentos narrativos (61,8 % para el ED y 19,2 % para el EI), mientras que en los argumentativos, el empleo del DR disminuye de manera ostensible en el caso del ED (13 %) y es aún más escaso en el EI (6 %). Al correlacionar la frecuencia de empleo del DR con las variables extralingüísticas de los sujetos de la muestra, San Martín y Guerrero (2013) llegan a las siguientes conclusiones: a) hubo una frecuencia similar de empleo de las variantes generales de DR según el sexo de los informantes, aunque se registró un mayor porcentaje de aparición en las mujeres con un 40,8 % de ED y un 14,6 % de EI, frente al 33,5 % de ED y el 11,1 % de EI en los hombres; b) en relación con el grupo de edad, el ED se manifiesta con porcentajes similares en el primer y tercer grupo etario, es decir, entre 20-34 años de edad y entre 55 y más años (25,8 % y 27,1 %, respectivamente), mientras que en el segundo grupo de edad (35 a 54 años) la frecuencia de ED baja, aunque no de manera ostensible (21 %); el empleo de EI, por su parte, disminuye conforme avanza la edad de los sujetos: 11 % (20-34 años), 9,6 % (35-54 años) y 5,5 % (55 años y más); c) con respecto al grado de instrucción de los informantes, el ED presenta una mayor frecuencia en el nivel medio (31,8 %) y disminuye en los niveles bajo (23 %) y alto (19,5 %), mientras que el empleo del EI se manifiesta de manera más o menos constante en los tres niveles educacionales: 7,9 % (bajo), 7,8 % (medio) y 10 % (alto).

Más recientemente, San Martín (2015) somete a análisis la clasificación propuesta en San Martín y Guerrero (2013) y amplía la muestra a 120 hablantes del habla santiaguina. El objetivo general de la investigación del autor consiste en determinar, en esta variedad dialectal, cuáles aspectos del empleo del queísmo, el dequeísmo y el discurso referido pueden ser descritos en términos de variación lingüística. A pesar de que el trabajo contempla el estudio de otros fenómenos a la luz del análisis sociolingüístico, aquí se apuntarán únicamente los hallazgos del autor en lo que respecta al DR.

San Martín (2015) analiza el DD y el DI en dos niveles: uno general y otro específico. En el nivel general, es decir, considerando todos los casos como DD o DI, sin importar el tipo específico, identifica 4226 ocurrencias, de las cuales 2985 (70,6 %) corresponden al DD y 1241 (29,4 %), al DI; resultado que coincide prácticamente con todas las investigaciones que se han llevado a cabo hasta el momento sobre el DR.

Con respecto a los factores sociales, el autor encontró que las mujeres usan más el DD (73,1 %) y los hombres el DI (33,1 %), aunque las mujeres emplean más el DR en general. En lo que tiene que ver con la edad de los informantes, esta variable no resultó significativa en ninguno de los tres grupos (20-34 años, 35-55 años y 55 y + años). El autor tampoco encontró que el uso del DD o del DI esté relacionado con el nivel socioeconómico del hablante (bajo, medio bajo, medio, medio alto).

En el nivel específico, es decir, el de los factores lingüísticos (los tipos de DD y DI), el autor emplea la clasificación descrita en San Martín y Guerrero (2013) y encuentra las siguientes frecuencias de uso: a) DDL = Discurso Directo Libre (25,4 %), b) DDPro = Discurso Directo con Pronombre Personal (1,1 %), c) DDC = Discurso Directo Convencional (44,1 %), d) DIC = Discurso Indirecto Convencional (12,9 %) y e) DIN = Discurso Indirecto Narrativizado (16,5 %) (San Martín 2015: 376). En la determinación de la relación de estos usos con los factores sociales de la muestra, el autor encuentra que el DDC es más empleado por las mujeres y el DIN por los hombres. No obstante, las diferencias de sexo resultaron ser estadísticamente significativas únicamente para el DDL, el DDC y el DIC, a favor de una mayor tendencia en el empleo de estos recursos en el habla femenina. San Martín (2015: 377) explica que las diferencias en cuanto a la variable sexo en el empleo del DR tienen que ver con el hecho de que el habla reportada forma parte de los recursos del componente evaluativo de las narraciones contenidas en las entrevistas del corpus. A juicio del autor, al parecer, las mujeres asignan una mayor importancia al empleo de los procedimientos de cita –sobre todo del DD– en la elaboración de sus relatos.

El factor edad de los sujetos fue significativo en el DDPro, que es más empleado por el primer grupo etario (de 20 a 34 años). Como en el nivel general, en los distintos tipos de DD y DI el nivel socioeconómico de los hablantes no fue significativo.

2.1.5. Formas de expresión del discurso referido en el español de Medellín

Grajales (2017) analiza el discurso directo e indirecto en el corpus PRESEEA-Medellín. El autor toma como fuente de estudio las transcripciones completas de las 72 entrevistas que conforman este corpus y únicamente selecciona aquellos casos que constituyen citas de palabras, y no de pensamientos, sentimientos o percepciones;

tampoco los casos de discurso narrativizado en los que simplemente se menciona un acto comunicativo.

Del análisis se obtienen 946 ocurrencias de DR: 73 % de DD y 27 % de DI. De acuerdo con la forma de introducir las citas, el autor encuentra tres realizaciones del discurso directo y una del discurso indirecto: el Discurso Directo Convencional (DDC), el Discurso Directo con Pronombre Personal (DDPP), el Discurso Directo Libre (DDL) y el Discurso Indirecto Convencional (DIC). La forma más frecuente es el DDC (51 %), seguido en orden descendente por el DIC (27 %), el DDL (11 %) y el DDPP (10 %) (Grajales 2017: 240-241).

A pesar de tratarse de una muestra sociolingüísticamente estratificada, no se ofrecen datos sobre las variables sociales correspondientes, pues en el análisis estadístico no se obtuvieron resultados significativos en este sentido (Grajales 2017: 232).

2.1.6. El discurso directo en la narración oral de hablantes limeños

Tomando como punto de partida dos reflexiones de Labov (Labov y Waletzky 1967; Labov 1983), Klee y Caravedo (2017) destacan dos rasgos fundamentales que, según este lingüista, se contraponen en la narración oral como base de la expresión de una cadena de causalidad: la narrabilidad y la credibilidad.

Los fragmentos en DD implican siempre una acción complicante en el contexto de la narración. Las autoras parten de este planteamiento para interpretar de otro modo la función del DD en la narración oral. La motivación central del análisis descansa en una constatación empírica (la presencia del DD como acción complicante en un corpus de Lima) y en una constatación teórica: la inserción del DD altera los principios organizadores de la narración oral en el modelo de Labov.

A partir del análisis de tres fragmentos del habla de Lima (i. intento de robo en un autobús; ii. observación desde un autobús del intento de limpieza fallido del limpiaparabrisas de un coche; iii. subida a un autobús de una mudita a la que el narrador trata de darle un dinero que ella devuelve) se ofrece una interpretación propia del sentido de la inclusión del DD en una narración oral: el DD recupera la relación sensorial frente a la narración. De esta forma, tiende un puente entre las dimensiones de la narrabilidad y de la credibilidad disolviendo la antítesis entre ambos polos. Representa entonces que lo que se dijo se oiga: «Así se dijo y así se oye». Con el DD la representación del 'decir', más que del 'hacer', constituye el centro del relato. Las autoras llegan a la conclusión general de que el DD no es un mero recurso estilístico. Gracias al DD la recuperación de la realidad se produce a través del traslado que hace el hablante de la temporalidad al proceso de comunicación.

2.2. Estudios sobre el español peninsular

En el español peninsular, han estudiado el DR como fenómeno lingüístico, entre otros, Girón Alconchel (1988), Benavent Payá (2003, 2015), Camargo Fernández (2004) y Repede (2019a).

2.2.1. Heterogeneidad discursiva en el habla culta de Madrid

Girón Alconchel (1988) compara la reproducción del discurso en la lengua hablada con el modelo semiótico de reproducción de la narración literaria que el mismo autor ha presentado y desarrollado en otros trabajos (Girón Alconchel 1985, 1986).

El autor toma como corpus de estudio 24 encuestas del habla culta de la ciudad de Madrid (Esgueva y Cantarero 1981) recogidas en tres estilos de lengua distintos y en las que se incluyen entrevistados de ambos sexos y de diferentes edades. A pesar de la estratificación sociolingüística de la muestra, el autor no hace referencia a la distribución de las citas en función de estas variables sociales.

En la lengua hablada de Madrid, el autor encuentra que las tres formas reproductoras más frecuentes son el DD, el DI y el DIL y las analiza separadamente teniendo en cuenta dos aspectos: i) la referencia al modelo semiótico propuesto y ii) la funcionalidad discursiva del parágrafo reproductor en cada caso. El autor explica que este último aspecto está determinado por el hecho, bien conocido, de que cada discurso elige sus propias citas: la configuración formal de la cita y su función textual varía de un género discursivo a otro, tanto en los géneros simples como en los complejos.

A propósito del marco reproductor, Girón Alconchel (1988) apunta que suele reducirse al verbo introductor (casi siempre *decir*, con muy pocas excepciones) y al sujeto enunciante. A veces, como explica el autor, el verbo no es de comunicación, sino de movimiento, como *llegar* y *entrar*, precedidos por la conjunción *y*. En el habla de Madrid estas construcciones se dan, sobre todo, en el relato de escenas de gran movimiento, en las que el locutor combina la narración de palabras y de acciones y la cita directa sirve para reproducir en enunciados sucesivos diálogos, monólogos, estados de opinión colectivos, etc. En otros casos, el marco reproductor se reduce a la mera mención del enunciante (*y nosotros*) o del enunciante y su interlocutor, que puede ser el propio hablante-locutor (*todo el mundo conmigo: Y ¿qué de tal? y ¡eh!... ¿vamos a tomar algo?*); a un adverbio temporal (*y entonces*) o incluso a la forma de realce expresivo *es que*. Como era de esperar, en la muestra el autor también encontró muchos casos de DD sin marco, «como en la épica medieval y en los pasajes dialogados de la novela moderna» en los que se pone de manifiesto la relevancia de la entonación como significante lingüístico (*op. cit.*, 207).

Por último, en lo que concierne a la cita directa, Girón Alconchel (1988) identifica la funcionalidad discursiva de estas construcciones. A su juicio, en el marco de la reproducción de citas más dramáticas estas últimas sirven bien para autentificar la narración de escenas diversas (típicas o habituales, autobiográficas, etc.), o bien como *prueba* o pretendido *argumento de autoridad*. En este sentido, el autor subraya que, en uno y otro caso, la cita es puramente ficticia, ya que el locutor recurre a un enunciante ficticio por medio del *tú* impersonal o de otro recurso.

Tomando como punto de partida lo anterior, el autor concluye que el DD, además de ser la forma que más se emplea en la lengua hablada, es la que sufre más modificación en comparación con su uso en la lengua literaria.

La segunda forma de heterogeneidad discursiva, el estilo indirecto, la menos mimética y la más verosímil, es también la menos empleada en la comunicación oral, en virtud de que requiere una capacidad de abstracción que no siempre resulta favorecida por las condiciones situacionales específicas del discurso hablado.

Como ocurría con la cita directa, el verbo de comunicación es, casi siempre, *decir*. En la muestra, solamente cuando se produce modificación analítica del contenido (del referente del discurso) aparecen otros verbos como *insinuar* y *ofrecer*. Los indicios externos de reproducción son muy escasos. El autor no encuentra casos de DI reducido a secuencia paralingüística, como ocurre en el DD, lo cual se relaciona con el hecho de que el DI reproduce contenidos suboracionales y no enunciados completos. Girón Alconchel concluye que apenas hay diferencias entre el DI en la lengua hablada y en la escrita.

Finalmente, en lo que respecta a la tercera forma de reproducción, el discurso indirecto libre, la opinión de Girón Alconchel es innovadora y hasta controvertida. Según el autor, la lengua hablada ofrece pruebas para refutar la caracterización exclusiva y tradicionalmente aceptada del DIL como artificio novelesco.

El autor asegura que el DIL de la lengua hablada, entendido como forma de la cita disimulada, de la intertextualidad no marcada, apenas presenta variación con el DIL de la lengua literaria; fundamentalmente porque se trata de un fenómeno propio de la comunicación oral, tomado en préstamo y elaborado artísticamente por la comunicación literaria.

2.2.2. Polifonía en la conversación coloquial

Benavent Payá (2003) estudia el DR en el corpus del español coloquial publicado por el grupo Val.Es.Co (Briz 1995). El objetivo principal de la autora es analizar el uso de algunas estructuras sintácticas propias de la citación que podrían deberse a factores cognoscitivos. La investigación está motivada por la constatación de que en español hay un claro predominio del discurso directo frente al indirecto cuando contamos nuestras vivencias, tal como ha quedado reflejado en todos los estudios comentados en la presente monografía. Para explicar las razones que favorecen este uso en los relatos conversacionales, Benavent Payá (2003) aplica la perspectiva cognitiva de Fauconnier (1984) sobre los espacios mentales y las ideas de Achard (1998) y Delbecque (2000) sobre el discurso reproducido. La investigación se centra en tres aspectos: el significado del verbo *decir*, la estructura de la cita y la relación que se establece entre ambos. Entre las conclusiones a las que llega la autora destacan dos aspectos que contribuyen a la explicación del uso del ED y del EI en la interacción: i) cuando el hablante usa el EI (perspectiva unificada) solamente pretende comunicar a su interlocutor el contenido básico de la situación enunciativa reproducida; en cambio, cuando usa el ED (perspectiva desdoblada) persigue un objetivo añadido relacionado con el papel del oyente que escucha la historia; y ii) los mecanismos que estructuran estas historias parecen reflejar no un modo particular de percibir el mundo, sino una estrategia para implicar al oyente de la historia y persuadirlo sobre la veracidad de la misma.

Más allá del trabajo anterior, en su tesis doctoral Benavent Payá (2015) aborda con mayor profundidad el estudio del DD en los relatos coloquiales y su eje vertebrador: el verbo *decir*. En este caso, la autora adopta una perspectiva gramatical, pragmática y conversacional en un corpus de 19 conversaciones coloquiales obtenidas de la última versión en soporte escrito del corpus de Val.Es.Co (Briz y Grupo Val.Es.Co 2002).

De un total de 235 relatos identificados en una primera fase, 163 (69 %) contienen alguna forma de DR. La autora clasifica estos datos de la siguiente manera: i) *formas dramatizadas* (DD y DD-p o cita de pensamiento), ii) *narración de palabras* (DI, DIL) y iii) confluencia de ambos procedimientos (*dramatización* y *narración de palabras*) en un mismo relato.

La distribución general de las citas en el corpus muestra que un 77 % de los relatos que contienen DR (es decir, 126 relatos) actualizan como única forma de representación el DD, mientras que el 23 % restante de relatos combina DD de los personajes con DI o DIL (30 relatos; 19 %) o registra solo DI (7 relatos; 4 %). Estos datos le permiten afirmar a Benavent Payá (2015: 264) que la variación de DI a DD domina cuando ambos confluyen en un mismo relato. A su juicio, esto obedecería a que el DD es una táctica ventajosa en términos de procesamiento cognitivo.

En una segunda fase, Benavent Payá se centra en la construcción de todas las citas en el corpus. En este caso, la autora encuentra 584 registros de DR, distribuidos entre los 163 relatos que incluían alguna de estas formas.

Desde el punto de vista conversacional, en la mayor parte de los registros considerados (559 casos) el DR es introducido por el propio interlocutor responsable de la narración y es, por tanto, monológico. Sin embargo, en ocasiones, también participan sus interlocutores en la conversación principal (25 casos), lo que se traduciría en DR dialógico.

Desde el punto de vista enunciativo, como ocurre prácticamente en todos los trabajos reseñados en este capítulo, el DD predomina como modo de representación de palabras y pensamientos. En este punto, la autora distingue entre las intervenciones que se actualizan mediante solo uno de estos tipos (DD, DDL, DI o DIL) o aquellas formas mixtas que combinan más de uno (DI + DD, DI + DIL, DD + DI). Después del DD con marco introductor, con 457 casos, el DDL aparece en segundo lugar, con 68 registros documentados. El DI ocupa la tercera posición en esta línea, con 44 apariciones como intervención completa, seguida por apenas 2 intervenciones en DIL (0,34 %), y por las formas de discurso mixto en las que concurren normalmente dos formas de citación para la misma intervención de un personaje. En ese último grupo se registran 8 casos (1,36 %) que combinan DI + DD y 2 casos en los que se combina DD + DI.

Los datos muestran que el DD se presenta en forma de *diálogos reconstruidos*, dialógicos en su propia configuración, pero en el límite con lo monológico, pues en una parte considerable de las muestras se materializan mediante una intervención única. Las 584 intervenciones registradas en el corpus de la autora se reparten entre 250 (43 %) que aparecen aisladamente como tales en un relato dado, y en 334 (57 %) que forman parte de un diálogo reconstruido.

En lo que respecta al marco introductor del DD, la información general de los casos apunta a la preponderancia de *decir* como *verbum dicendi*. De las 584 intervenciones registradas, 430 (73,6 %) se desarrollan en DD, ya sea con *decir* como verbo introductor (383 intervenciones), con otros verbos (28 intervenciones) o sin verbo de *decir,* pero con otros índices contextuales, como la referencia al locutor o al alocutario (19 intervenciones). Cuando no se emplea *decir* para introducir el DD, los hablantes de la muestra optan por *preguntar, mosquear, leer, pensar, poner, contestar, mirar, estar, hacer, chillar, empezar, llamar, saltar* y *explicar*. De este grupo de verbos, *leer* y *poner* se emplean para indicar que se profieren oralmente textos escritos.

En el DD, el verbo suele emplearse en tiempo presente, aunque alterna de forma relativa con otros tiempos de pasado: 66 intervenciones en pretérito indefinido, 20 en pretérito imperfecto y 8 en pretérito perfecto compuesto. Otros tiempos menos representados en las conversaciones analizadas son el futuro simple (2 casos), el condicional (1 caso) y el imperfecto de subjuntivo (1 caso); en el caso de las formas no personales, el infinitivo (4 casos) y el gerundio (1 caso).

Tomando como punto de partida que el estilo directo suele introducirse, por lo general, a través de *decir* en presente y en tercera persona (*dice*), la autora refiere los planteamientos de González Ollé (1964: 38-39) y asoma la posibilidad de que este verbo llegue a convertirse en un morfema de estilo directo, en virtud de su empleo para cualquier persona, número y tiempo, incluso tras la forma de *decir* exigida por la concordancia. Por ejemplo: *Cuando llegué, me dijeron, dice…* En esta misma línea, y en relación con un posible proceso de gramaticalización de *decir*, la autora destaca que resuenan con fuerza las voces que defienden la función de *decir* como partícula discursiva, ya desde las primeras formulaciones en torno a esta clase de elementos para el español (Briz 1998; Llorente Arcocha y Prieto de los Mozos 1999; Prieto de los Mozos 2001) o de forma más reciente y desde una visión flexible de esta clase funcional (Martín Zorraquino 2010). Para Benavent Payá resulta llamativa la tendencia de usar el tiempo presente para narrar hechos pertenecientes al pasado a través del DR, así como el predominio de la primera y tercera persona del singular en los relatos conversacionales. La autora considera plausible la hipótesis de que *decir* se encuentre en pleno proceso de gramaticalización en virtud de su doble valor enunciativo y demarcativo (Benavent Payá 2003: 109). Se profundizará sobre este particular en el apartado § 4.2.1. de esta monografía.

2.2.3. La representación del discurso desde la sociopragmática

Camargo Fernández (2004), una de las autoras que más ha profundizado en el estudio de la reflexividad lingüística en español peninsular (Camargo Fernández 2005, 2008a, 2008b, 2010, 2011) –y, por tanto, referencia fundamental en la presente investigación– analiza, desde la sociopragmática, diferentes formas de representación del discurso en la narración oral conversacional: i) cita directa lingüística (*una señora de Madrid dice: «¡madre mía yo me pongo un abrigo de piel, y al día siguiente me han robado!»*); ii) citas no lingüísticas: a) cita de paralenguaje (*el plato se cayó, pero no se cayó «plin»*) y b) cita de gestos (*yo me tengo que ver así [gesto con la cabeza mirándose el cuerpo]*); iii) citas indirectas (*y se acercó uno, que le diésemos dinero*)[15]; iv) citas cuasi indirectas (*según te dicen, traen aquí pero cargamentos*); v) comentarios metadiscursivos (*lo que te hablaba antes o te ponías en una tienda a trabajar o hacías cualquier cosa porque más no se podía hacer*); vi) narración de acción lingüística (*solo hablaba de él y el tatuaje*) y viii) narración de voz (*no te dicen nada*)[16].

La autora analiza 12 muestras del *AleCMan-Cuenca* (corpus conformado por entrevistas de formalidad máxima, media y mínima) y 9 grabaciones del *Corpus*

---

15. En este grupo, Camargo Fernández (2004: 223-224) incluye también las citas indirectas sin contenido proposicional del tipo: *allí estaban mis tíos en la casa y estaban comentando con mis padres pues que habían bombardeado que no sé qué que no sé cuántos.*

16. Aquí se debe especificar, sin embargo, que en el análisis de los casos Camargo Fernández no contabiliza las categorías *narración de acción lingüística* y *narración de voz*, pues, a su juicio y siguiendo a Reyes (2002), no constituirían propiamente una cita; aunque lo mismo se podría aplicar a propósito de los comentarios metadiscursivos que serían casos de discurso referido y no propiamente de discurso reproducido.

Espontáneo (con entrevistas de formalidad mínima) recogido por la misma autora con grabadora oculta. En el primer caso, se trata del *Atlas Lingüístico (y etnográfico) de Castilla-La Mancha* (García Mouton y Moreno Fernández 2003) y las muestras están estratificadas según edad (menores de 20 años, entre 21 y 35 años, entre 36 y 55 años, y mayores de 56); sexo (masculino, femenino) y grado de instrucción (i. sin estudios o con estudios primarios, ii. con estudios secundarios y iii. con estudios superiores). En el segundo caso, las grabaciones corresponden a mujeres, en su mayoría, de grado de instrucción universitario.

El total de formas de representación del discurso analizadas por Camargo Fernández (2004: 244) en los dos corpus fue de 821, de las cuales 512 pertenecen al *ALeCMan-Cuenca* y 309, al *Corpus Espontáneo*. Del total de formas identificadas 745 son citas de lenguaje, paralenguaje y gestos (en este grupo se incluyen las citas directas, las no lingüísticas y las indirectas), y 76 son comentarios metadiscursivos. De los 512 casos del *Atlas*, 347 son citas directas lingüísticas, 9 son citas no lingüísticas, 99 son citas indirectas y 57 son comentarios metadiscursivos. En el *Corpus Espontáneo*, de los 309 casos hallados, 224 son citas directas; 57, demostraciones, no lingüísticas; 9 son citas indirectas; y 19, comentarios metadiscursivos. Estos resultados le permiten afirmar a la autora, como ya se ha señalado en este capítulo, que la cita conversacional es primordialmente directa, al menos en las secuencias narrativas orales.

Algunas de las conclusiones generales más importantes a las que llega Camargo Fernández (2004: 250-253) son las siguientes: i) las citas de paralenguaje del *Corpus Espontáneo* (respiración audible, risas, gritos, etc.) siempre aparecen en los relatos dramatizados acompañando a citas lingüísticas, mientras que las citas de elementos cuasiléxicos en el *Atlas* (*cucucucucú, pum ta ta pum pum pum*, etc.) aparecen de forma aislada, pero no como parte de una representación dramatizada de enunciados; ii) en el *AlecMan-Cuenca,* el comportamiento de las mujeres es muy similar en cuanto al uso de las citas y los distintos modos de citar de estas últimas no están relacionados con la edad ni presentan tendencia al cambio; iii) los datos extraídos del *Corpus Espontáneo* revelan que, en lugar del grado de instrucción, los factores que más influyen en los modos de citar son el auditorio y la situación comunicativa; iv) en el caso de los informantes de sexo masculino del *AleMan-Cuenca*, el nivel de instrucción y la edad sí influyen en el uso que hacen los hombres de las citas.

2.2.4. El discurso reproducido en el PRESEEA-Sevilla

Repede también ha dedicado parte importante de sus investigaciones (Repede 2017, 2019a, 2019b, 2020) al estudio del DR. A los fines de esta monografía se detallará el análisis sociolingüístico de este fenómeno en el PRESEEA-Sevilla (2019a). En el trabajo citado, la autora describe el uso del discurso reproducido en las 72 entrevistas semidirigidas que conforman el corpus oral hispalense. Como se ha hecho en la presente investigación, Repede concibe el DR como variable dependiente, con dos variantes (DD y DI), y considera una serie de criterios lingüísticos, pragmáticos y sociales.

Con respecto a los factores lingüísticos, Repede (2019a) se centra en: i) el marco introductor (si es canónico, es decir, introducido con verbo conjugado, o no canónico, esto es, sin verbo, con marcador, *y + que*, etc.); ii) tipo de verbo (*decir* vs. otros verbos); iii) duplicación del DR (catafórica, anafórica o sin repetición) y iv) presencia/ausencia de conjunción *que*.

En lo que tiene que ver con los criterios pragmáticos, la autora analiza la atribución de la palabra (ajena, propia, impersonal y encubierta) y, a partir de Gallucci (2009), las funciones discursivas de los enunciados citativos (relatar, ejemplificar, expresar opiniones o creencias y argumentar).

En cuanto a los factores extralingüísticos, además de los inherentes a los corpus PRESEEA (edad, sexo e instrucción), también se centra en el tenor, es decir, si los participantes en la interacción se conocen previamente o, por el contrario, si son desconocidos.

Los resultados generales muestran un total de 1420 ocurrencias que se traducen en un uso mayoritario de DD (71,13 %) en comparación con la frecuencia registrada por el DI (28,87 %) (Repede 2019a: 211).

Según los factores lingüístico-pragmáticos considerados, se observa que el marco introductor preferido por los sujetos entrevistados es el canónico, esto es, mediante un verbo generalmente conjugado, y que *decir* es, de nuevo, el más empleado para introducir tanto el DD como el DI. Además, los hablantes sevillanos prefieren referir las palabras propias y/o ajenas de forma directa con el fin de relatar experiencias personales, anécdotas, etc. En cambio, la cita impersonal aparece más en contextos argumentativos.

Por lo que se refiere a los criterios extralingüísticos, en el estudio se ha visto que están relacionados con el empleo de los mecanismos de cita en contextos semiformales: la segunda generación (35 a 55 años) y las mujeres son los que hacen más uso del discurso referido. Según el nivel de instrucción, el DR se emplea mayoritariamente en el sociolecto bajo. En cuanto al tenor como factor estilístico, en las entrevistas se han registrado más enunciados citativos cuando los dos hablantes que participan en la interacción se conocen (Repede 2019: 212).

2.3. Síntesis

El recorrido anterior sobre los antecedentes de estudio del DR ha mostrado que, en la entrevista sociolingüística, independientemente de la variedad dialectal y del espacio variacional, domina en porcentajes muy altos la cita en estilo directo y el verbo *decir* como marco introductor prototípico.

Más allá de los resultados generales coincidentes, resulta fundamental destacar las contribuciones de las investigaciones reseñadas que han servido como foco de interés para el desarrollo de la presente monografía.

En primer lugar, aquellos estudios de corte variacionista y la consideración de distintos procedimientos citativos como variantes de una variable lingüística o como sistemas independientes. Por ejemplo, mientras Cameron (1998) distingue tres usos variables para el DD, para van der Houwen (1998 y 2000) y Repede (2019a) tanto el DD como el DI son variantes de una misma variable, ya que comparten la función común de reproducir el habla. En una línea similar a estas últimas autoras se sitúan San Martín y Guerrero (2013), para quienes el DR constituye, en sí mismo, un caso de variable sociolingüística en un sentido amplio del concepto y que, partiendo del DD y el DI, incluye diferentes variables específicas, tal como se ha enfocado en esta monografía.

En segundo lugar, parte importante de los trabajos comentados han favorecido la inclusión de categorías específicas del DR que van más allá de las formas tradicionales de cita directa e indirecta. Es el caso de Camargo Fernández (2004), Gallucci (2009), San Martín y Guerrero (2013) y San Martín (2015). De los estudios de estos últimos sobre el español chileno se ha rescatado y afinado la idea de que el DR es una categoría lingüística que se manifiesta a través de un *continuum* escalar (§ 3.2.3.). Esto ha permitido la posterior construcción de un modelo amplio y abarcador que da cuenta de todas las manifestaciones del DR en el contexto de las entrevistas sociolingüísticas analizadas que puede extrapolarse a otras interacciones orales.

En tercer lugar, los antecedentes de estudio recogidos en este capítulo han favorecido la inclusión y revisión de distintas categorías de análisis sintácticas y semántico-discursivas para su posterior análisis en la muestra de habla del español de Caracas. Es el caso de la atribución de la cita y el contenido citado (Cameron 1998) o de las funciones discursivas de los procedimientos citativos (Camargo Fernández 2004; Gallucci 2009; Fernández 2011; Vargas 2014; Repede 2019a).

Asimismo, esta monografía se ha nutrido de los estudios de corte más cualitativo, como los de Girón Alconchel (1988), Benavent Payá (2003), Grajales (2017) y Klee y Caravedo (2017). Piénsese, por ejemplo, en la descripción del relato dramatizado y de los diálogos reconstruidos que ofrecen los dos primeros autores, así como en las consideraciones de narrabilidad y credibilidad a propósito del planteamiento de Labov y Waletzky (1967) que apuntan Klee y Caravedo (2017).

Por último, las investigaciones que toman en consideración variables extralingüísticas como la edad, el sexo o el grado de instrucción han encontrado resultados divergentes en este sentido, lo cual apuntaría, al menos en principio, que el uso del DR no está condicionado por las características sociales de los hablantes. La última parte de esta monografía (§ 4.6.) pretende arrojar luz sobre este aspecto.

Capítulo 3
Corpus y metodología

La muestra de estudio de esta monografía forma parte de un corpus que, a su vez, se inscribe en un proyecto panhispánico de mayor alcance. Por esta razón, en este capítulo la descripción correspondiente se ha organizado de lo macro a lo micro, es decir, desde el *Proyecto para el Estudio Sociolingüístico del Español de España y de América* (PRESEEA), que sería el macrocorpus; pasando por el corpus específico (o subcorpus) del habla de Caracas –el PRESEEA-CA–, para luego especificar la muestra que se ha seleccionado a partir de este último. Antes de llegar a este punto es necesario detallar también el proceso de creación y desarrollo del PRESEEA-CA: la comunidad de habla de Caracas, las diferencias y similitudes entre entrevista semidirigida y conversación y de qué manera se ha llevado a cabo la transcripción y posterior revisión de los materiales. La finalidad no es otra que ofrecer, a manera de bitácora, la experiencia que supone escoger hablantes con características específicas, grabar entrevistas y transcribirlas; en definitiva, todo el proceso necesario para conseguir muestras orales representativas y de calidad que estén disponibles para su explotación abierta.

3.1. El PRESEEA

El *Proyecto para el Estudio Sociolingüístico del Español de España y de América*, cuyo antecedente principal es el *Estudio coordinado de la norma culta de las principales ciudades de Iberoamérica y de la Península Ibérica* (Lope Blanch 1986), surgió en 1993 durante la celebración del X Congreso Internacional de la Asociación de Lingüística y Filología de América Latina (ALFAL). En la Comisión de Sociolingüística del evento se planteó la necesidad de «coordinar las investigaciones sociolingüísticas de Iberoamérica y de la Península Ibérica para facilitar la comparabilidad de los estudios y el intercambio de información básica» (Moreno Fernández 2021a), a través de la conformación de equipos de investigación en varios países. Para tal fin fue necesaria una metodología común de recolección, transcripción y etiquetado de muestras orales. También unicidad en cuanto a las variables extralingüísticas consideradas en cada subcorpus como producto de la recolección de muestras en un núcleo monolingüe urbano: edad (tres grupos etarios: 20-34 años, 35-54 años, 55 y + años); sexo o género (masculino y femenino) e instrucción (tres grados o niveles: 1 [sin instrucción], 2 [enseñanza media] y 3 [instrucción universitaria]). Esta estratificación «gruesa», que se traduce en cuotas de afijación uniforme en cada subcorpus, ha sido diseñada con estas características con la finalidad de que sea aplicable a cualquier comunidad de habla, ya que, si se considerara una variable como el nivel socioeconómico o la profesión, siguiendo este criterio difícilmente serían comparables los hablantes de América y de España.

Hoy en día este proyecto panhispánico coordinado por Francisco Moreno Fernández, quien actualmente ocupa la Cátedra Alexander von Humboldt en la Ruprecht-Karls-Universität de Heidelberg, cuenta con la colaboración de más de 40 equipos, tanto de España como de América, y, a partir de él, además del valioso material que permite analizar el uso real de la lengua en distintas variedades dialectales, se han organizado sesiones especiales en congresos y publicaciones monográficas relacionadas con el PRESEEA, tal como se puede apreciar en la página web https://preseea.linguas.net/[17].

3.1.1. *Corpus sociolingüístico de Caracas 2004-2013* o **PRESEEA-CA**

En consonancia con la larga tradición de recolección de corpus iniciada en el Instituto de Filología «Andrés Bello» de Caracas, la Universidad Central de Venezuela, a través de la profesora Paola Bentivoglio, también quiso formar parte del PRESEEA. Así empezó la adscripción del equipo caraqueño, al que luego se incorporaron las investigadoras Irania Malaver, María José Gallucci y Carla González, además de alumnos de grado y postgrado, pasantes y otros colaboradores.

Como indica el mismo nombre del corpus, la recolección de muestras empezó en el año 2004 y culminó en 2013. Además del financiamiento recibido por el Consejo de Desarrollo Científico y Humanístico de la Universidad Central de Venezuela, la tarea de grabar y transcribir entrevistas semidirigidas de caraqueños de

---

17. Para obtener más información sobre el proyecto, consúltese Moreno Fernández (2004, 2005a, 2005b, 2016, 2021a); Moreno Fernández *et al.* (2001). Sobre PRESEEA-Caracas, véase Bentivoglio y Malaver (2006 y 2012), y Gallucci *et al.* (2013). En este capítulo se ha preferido hacer énfasis en la descripción del aporte al PRESEEA a través del *Corpus sociolingüístico de Caracas 2004-2013* (CSC 2004-2013) y en la experiencia derivada en este sentido (§ 3.1.1.).

padres caraqueños (difíciles de encontrar, pues en Caracas hay muchos caraqueños, pero de padres que nacieron y vivieron en otras regiones del país), no hubiera sido posible sin una serie de seminarios sobre lingüística de corpus, de la asignatura Idioma Español de América, que ofrecieron las profesoras Gallucci y González durante 2008 y 2010. Una parte importante de las muestras es producto de estos seminarios y, también, de una pasantía académica posterior que se creó en el Departamento de Lenguaje de la Escuela de Letras. Esta pasantía, modalidad análoga a la de los tradicionales trabajos de fin de grado, permitió que los estudiantes interesados recogieran y transcribieran cinco entrevistas e hicieran un informe detallado sobre todo el proceso (dificultades, recomendaciones, algunos fenómenos encontrados en las muestras, etc.).

3.1.2. Comunidad de habla

Tanto por lo que conserva como por sus innovaciones, el castellano de Venezuela tiene fisonomía propia, estilo propio, dentro del castellano general de América. Un venezolano no se confundirá nunca con un colombiano, un cubano, un mejicano o un argentino. En sus giros, en sus comparaciones, en sus expresiones pintorescas y metafóricas, en sus preferencias y sus gustos, en su imaginería verbal, se retrata el venezolano (Rosenblat 1989: XLI).

Antes de comenzar con la recolección de muestras se llevó a cabo un estudio previo de la ciudad de Caracas como núcleo urbano[18], con la finalidad de que los hablantes que se iban a grabar cumplieran con una serie de condiciones. Además de la cuidadosa selección de caraqueños de padres caraqueños con características sociales específicas (edad, sexo y grado de instrucción) que permitieran ir «llenando» las casillas del corpus, era importante asegurarse de que los hablantes no pertenecieran a un mismo municipio –de los cinco que conforman la ciudad– o a una misma parroquia, pues ya no serían reflejo de Caracas, sino de determinadas zonas de la ciudad. Fue necesario entonces distribuir el número de muestras en función de la población total de cada municipio y tratar, a su vez, de que los barrios en los que se buscaban informantes fuesen, también, variados. Todo este procedimiento, así como las decisiones metodológicas derivadas de él, se han descrito en detalle en Bentivoglio y Malaver (2006).

---

18. Para una descripción detallada del español venezolano con especial referencia a las características del habla de Caracas, ver, entre otros, Álvarez *et al.* (1992), Bentivoglio y Sedano (1992, 1996), Álvarez y Chumaceiro (2004), Frago Gracia (2006), así como el número especial de *Español Actual* (69/1998) dedicado al español de Venezuela.

En el cuadro 2 se reproduce la distribución del corpus por cuotas. Como se puede apreciar, el PRESEEA-CA tiene, en función de la densidad poblacional de la ciudad, 108 hablantes distribuidos en números iguales según el sexo, la edad y el grado de instrucción de los hablantes.

Cuadro 2. Distribución por cuotas del PRESEEA-CA

Grupo generacional /	20 a 34 años		35 a 54 años		55 años y +		Total
Instrucción/Sexo	H	M	H	M	H	M	
1	6	6	6	6	6	6	36
2	6	6	6	6	6	6	36
3	6	6	6	6	6	6	36
Subtotal	18	18	18	18	18	18	108
Total	36		36		36		108

3.1.3. Entrevista semidirigida y conversación

Cada una de las 108 muestras que forman parte del corpus tiene una duración mínima de 45 minutos. En las entrevistas siempre participaron tres personas: dos entrevistadores y un entrevistado. De estos dos participantes, uno (el principal, por lo general investigador o colaborador experimentado del equipo) se encarga de dirigir la entrevista y el otro (estudiante o pasante) está atento al funcionamiento de la grabadora. Este último interviene en el intercambio cuando es estrictamente necesario para apoyar la labor del primero; por ejemplo, cuando se agotan los temas de conversación o disminuye el interés del entrevistado.

La recogida de datos se hizo mediante la técnica de la entrevista semidirigida (Silva-Corvalán 2001: 57-62), el método de recogida de datos más idóneo –aunque perfectible– para estudiar la variación y el cambio sociolingüístico (Labov 1982). Las entrevistas de este tipo buscan conseguir, en lugar de respuestas breves, muestras de habla extensas (de entre 30 minutos y dos horas de duración) que, en la medida de lo posible, reproduzcan el estilo utilizado espontáneamente por los hablantes en situaciones familiares en las que la presión de la norma de prestigio es mínima (Recalde *et al.* 2008: 3).

Dentro del grupo de las denominadas *técnicas de encuestas* (Moreno Fernández 1990), la entrevista de este tipo supone menor estructuración que las dirigidas y, por su propia naturaleza, más flexibilidad en la obtención de los datos que reflejan la actuación lingüística; esto ha ocurrido de manera especial en el PRESEEA-CA, como se apreciará enseguida.

Labov (1983) ha sido una figura esencial en este sentido, pues el autor, interesado en dar cuenta del habla vernácula (habla espontánea que emplean los sujetos en situaciones en las que el autocontrol lingüístico es mínimo), propone, bajo la premisa de la implicación emocional, una serie de módulos temáticos para la entrevista (infancia, familia, peligro de muerte, etc.) que se traducen en un conjunto de preguntas relacionadas bajo un tronco temático común. El PRESEEA ha establecido entre sus directrices que las entrevistas deben contemplar nueve módulos temáticos (saludos, el tiempo, lugar donde vive, familia y amistad, costumbres, peligro de muerte, anécdotas importantes de la vida, deseo de mejora económica y final). En la metodología del proyecto se especifican las preguntas que deberían hacer los entrevistadores en cada módulo (Moreno Fernández 2021a).

Aunque en su mayoría los equipos adscritos al proyecto han seguido estas orientaciones en cuanto a los módulos temáticos que debían surgir en el marco de las entrevistas, no todos las han llevado a cabo de esta manera; y esto es importante, porque se traduce en la obtención de datos divergentes y, por tanto, en entrevistas que no siempre son comparables del todo.

> Labov (1981) recurrió a los módulos temáticos y a una formulación concreta de las preguntas, con la esperanza de reducir así ciertos efectos contextuales, aunque permitía variaciones en el orden de introducción para buscar el momento más adecuado. Resulta previsible que, si se habla de lo mismo y se formulan las preguntas de la misma forma en todas las entrevistas, puedan evitarse los efectos de estos dos factores en las respuestas del informante, y que, para compensar, la libertad de organización de los temas proporcione cierta apariencia de «espontaneidad». Además de esto, ciertas aplicaciones muy estructuradas de la entrevista sociolingüística tienen como objetivo documentar fenómenos sintácticos que se cree que no se producirían (o no con la frecuencia «deseable») si no se preguntan con formulaciones precisas, tal es el caso de algunos corpus de PRESEEA. Pese a las consideraciones anteriores, creemos que una rígida estructuración no sólo no es sinónimo de control, sino que trae consigo ciertos inconvenientes (Recalde *et al.* 2008: 20).

En lo que respecta a los equipos de América, en Caracas (y también en Ciudad de México, a diferencia de La Habana, por ejemplo) las entrevistas no se han limitado estrictamente a estos módulos y a las preguntas sugeridas. En primer lugar, porque de esta manera se rebaja, aunque no se resuelve, la *paradoja del observador* (Labov 1982); es decir, el entrevistado se sentirá más cómodo hablando de temas que le interesen (o de los que quiera hablar en el momento de la entrevista). Por esta razón, si bien se han privilegiado algunos temas (la familia, costumbres y tradiciones, etc.), se han abordado especialmente aquellos tópicos que eran productivos, según cada hablante, y a medida que avanzaba la conversación, tomando en cuenta que «cada entrevista es un universo autónomo que desarrolla su propia dinámica interaccional»

(Recalde *et al.* 2008). Se procuró entonces, la mayoría de las veces, que las preguntas surgieran a partir de lo que contaba el propio hablante en la entrevista. Si un entrevistado era productivo en su discurso hablando de la familia o de las relaciones de pareja, no se le interrumpía para introducir un tema distinto de la lista propuesta por el proyecto. Los entrevistadores buscaron, de cierta manera, no imponerse –intentando mayor simetría en las relaciones de poder entre los participantes del acto comunicativo– y modificaron la dinámica interaccional dejando que la pauta en cuanto a los temas de la conversación la tuviera, también, el entrevistado.

Igualmente, por la propia configuración del corpus se privilegió la narración en detrimento de otras secuencias discursivas, es decir, como si de una conversación coloquial se tratara, se promovieron las narraciones a partir de los temas que iban surgiendo a medida que avanzaba el intercambio comunicativo. Esto permitió contar con segmentos narrativos pormenorizados y no a modo de sumario, como suele ocurrir en entrevistas estrictamente dirigidas. También se procuró, de forma consciente, no incluir el tema político en virtud de polarización que ha reinado en Venezuela en los últimos 20 años. En el país esto genera controversia y se quería evitar que los entrevistados se sintieran intimidados o se concentraran únicamente en este aspecto.

Al menos en cuanto al DR como fenómeno de estudio, las dos decisiones metodológicas que se acaban de señalar han traído consigo diferencias entre la frecuencia de casos encontrada en las muestras del español caraqueño y la de otros subcorpus del PRESEEA que sí se han ceñido a la propuesta de los módulos temáticos, como el recogido en Santiago de Chile. Este aspecto se comentará con más detalle en el capítulo 4 de esta monografía.

Como se ha mencionado en varias ocasiones, a pesar de que se ha intentado que los intercambios con los entrevistados fluyeran como una conversación, se hace necesario dar cuenta, a partir de los interlocutores y de las metas interaccionales, de la diferencia –al menos teórica– entre *entrevista sociolingüística* y conversación informal:

> La entrevista sociolingüística es un intercambio comunicativo entre desconocidos con una relación de poder desigual. En este tipo de evento, la autoridad descansa típicamente sobre el entrevistador, un «*outsider*» de elevado nivel académico, vinculado a una institución de prestigio (generalmente la universidad) y perteneciente a un grupo socialmente privilegiado. Además de encargarse de hacer las preguntas e introducir los temas, habla una variedad lingüística de reconocido prestigio muy influida por la lengua escrita (generalmente conocida como estándar). Por otra parte, la finalidad del intercambio se aleja mucho de la que es propia de la conversación coloquial. Los participantes de la entrevista sociolingüística no se reúnen para conversar, sino para que el investigador pueda registrar, grabadora en mano, el habla del informante con el objetivo de analizarla después […] la tradición variacionista ha recurrido

a modificar sustancialmente la «identidad» del evento comunicativo «entrevista» y ha creado, en laboratorio, la «entrevista sociolingüística», un género híbrido que pretende participar de las características propias de la entrevista común y de la conversación coloquial, a lo que se debe añadir cierta dosis de contenido metalingüístico. Si con la entrevista estructurada se pretende obtener un material lingüístico suficientemente amplio y comparable de una muestra de hablantes representativa de la comunidad, disfrazándola de conversación se busca neutralizar los efectos que tal estructuración pueda tener en el estilo de habla (Recalde *et al.* 2008: 4 y ss.).

En una línea similar, el equipo PRESEEA-Valencia o PRESEVAL (Gómez Molina 2007), a partir de las definiciones lexicográficas de *entrevista* y *conversación*, explica que la entrevista, como actividad lingüística, es una conversación, ya que los interlocutores que hablan se encuentran implicados voluntariamente y participan en la construcción global del texto; y que *conversación* vendría a funcionar entonces como hiperónimo de *entrevista*. Sin embargo, como se ha visto a partir de Recalde *et al.* (2008), en el ámbito sociolingüístico es conveniente distinguirlas como géneros de discurso.

Vigara (1992: 35) define *conversación* como «una forma de interacción verbal puntual, determinada por tres características que le son consustanciales: la actualización oral, su inmediatez y la interdependencia dinámica de todos los elementos en el proceso de la comunicación». Como tipo de discurso, la conversación se caracteriza por ser: i) una interlocución en presencia (conversación cara a cara); ii) inmediata, actual (aquí y ahora); iii) con toma de turno no predeterminada; iv) dinámica, con alternancia de turnos; y v) cooperativa en relación con el tema de conversación y la intervención del otro (Briz 1998: 42).

De la serie de características apuntadas por Briz (1998), podría decirse que, en líneas generales, las entrevistas del habla caraqueña podrían considerarse, en un sentido muy amplio, conversaciones, si se flexibiliza el tercer punto (toma de turnos) y se toma en cuenta el papel del entrevistador en el intercambio comunicativo. No obstante, se debe dar cuenta de algunas cuestiones fundamentales a propósito de las condiciones necesarias para hablar propiamente de conversación.

En las entrevistas tiene lugar, obviamente, la alternancia de turnos, a pesar de que el entrevistador evita expresar sus puntos de vista para interrumpir lo menos posible al entrevistado, algo que no suele ocurrir en la conversación espontánea. Esto se conecta directamente con la quinta característica comentada, pues a pesar de que los entrevistados suelen ser cooperativos, las intervenciones del entrevistador suelen estar intencionalmente acotadas, como se acaba de señalar.

Ahora bien, para que una conversación sea, además, coloquial (prototípica), debe: no estar preparada de antemano, tener fines interpersonales, desarrollarse en un marco de interacción familiar entre iguales (sociales o funcionales) que comparten experiencias comunes, así como estar centrada en temas cotidianos (Briz 1998: 43). Si no cumple con alguno de estos rasgos, se trataría, más bien, de una conversación coloquial periférica, como explica Briz.

Las entrevistas del PRESEEA-CA, «disfrazadas de conversación», no serían coloquiales, si se consideran estrictamente estos parámetros. Como la intención ha sido que las entrevistas se desarrollaran a manera de conversación coloquial, se tomaron algunas medidas al respecto.

En primer lugar, no se prepararon estrictamente de antemano, como ya se ha descrito a propósito de los módulos temáticos, y siempre se trataron temas cotidianos vinculados con la realidad del hablante. Estos temas se pudieron conocer a través de los contactos previos de los estudiantes o pasantes con los futuros entrevistados y a través de la hoja de datos de cada informante que se completa antes de la entrevista.

En segundo lugar, los participantes sí sabían que iba a ser grabados, pero no conocían exactamente los fines reales de la entrevista (analizar el habla). En la mayoría de los casos se les explicaba que la intención era conocer las costumbres y tradiciones familiares de los caraqueños. De esta manera, se evitó nombrar las palabras *análisis*, *lengua*, etc. que podrían predisponer al hablante en su discurso. La idea era que los entrevistados no sintieran que el centro de atención era su actuación lingüística. No obstante, sí estuvieron al tanto, por cuestiones éticas[19], de que la entrevista era anónima (no se comparten datos personales, se eliminan nombres propios, a la entrevista se le asigna un código, etc.).

En tercer lugar, se cuidó la selección del lugar de grabación de las entrevistas para evitar los ruidos externos y favorecer la disponibilidad del entrevistado. Algunas grabaciones se hicieron incluso en la casa de los hablantes (o de algún estudiante), en su lugar de trabajo o en la universidad. En el caso de esta última, se evitaron los despachos de los profesores y las entrevistas se recogían en salas del recinto académico previamente concertadas en las que no pudieran interrumpir otras personas.

En cuarto lugar, aunque los entrevistadores principales solían ser los investigadores jóvenes del proyecto, que eran al mismo tiempo profesores de la universidad, los entrevistados nunca estuvieron al tanto de esta situación. Casi siempre se identificaron como estudiantes de la Escuela de Letras. Esto se hizo con la finalidad de disminuir la posible asimetría o desigualdad entre los participantes del

---

19. Como aval de la adecuación ética de los procedimientos y materiales reunidos y analizados en el PRESEEA, el proyecto general cuenta con la certificación del Comité de Ética de Investigación de la Universidad de Alcalá (España) (Código: CEI/HU/2015/20). Los equipos del PRESEEA que aborden tareas de investigación dentro del marco general del proyecto pueden presentar y mencionar este certificado.

intercambio comunicativo. Se procuró, también, en consonancia con el rol de «estudiantes», que la vestimenta fuese casual. Como explica Briz (1998: 41), la relación de igualdad entre los interlocutores –ya sea social (determinada por el estrato sociocultural, la profesión, etc.) o funcional (el papel que poseen en una situación)– es uno de los rasgos definitorios fundamentales del registro coloquial. A pesar de que en las entrevistas recogidas no se ha logrado la simetría absoluta, sí se procuró, en la medida de lo posible, disminuir la brecha entre entrevistador y entrevistado, al menos en cuanto a la profesión se refiere.

Es de suma importancia, igualmente, no confundir *conversación coloquial* con *español coloquial*, tal como explica Briz (1998: 36-37):

> No rechazamos los términos *lengua* o *lenguaje coloquial*. Sí rehusamos, no obstante, utilizar *conversacional* como sinónimo de *coloquial*, pues se está confundiendo […] un tipo de discurso con el registro informal en que éste puede emplearse, si bien en ningún caso exclusivo; de hecho, hay conversaciones formales. Por otro lado, *familiar* […] sería aceptable siempre que se entienda como hecho cotidiano y no en el sentido de «relación entre personas allegadas», que sería restrictivo: personas que no se conocen pueden hablar coloquialmente (cf. La conversación que se entabla espontáneamente entre dos viajeros en un autobús).
>
> En ocasiones *coloquial* se ha utilizado erróneamente como sinónimo de vulgar y popular. La espontaneidad, la naturalidad y la falta de planificación son los rasgos destacados en la definición de *español coloquial*.

Si se aplica esta distinción, como se ha visto, las muestras del PRESEEA-CA estarían más cerca de la conversación coloquial en sentido amplio que del español coloquial, puesto que los intercambios comunicativos no han estado signados por la espontaneidad y la naturalidad y han sido planificados con antelación tomando en cuenta los objetivos de la entrevista sociolingüística como género oral. Se ha tratado, en todo caso, de interacciones transaccionales en las que la motivación de la alternancia de turnos ha estado orientada a la recogida de datos para la investigación sociolingüística.

3.1.4. Transcripción y revisión de los materiales

Las 108 entrevistas sociolingüísticas obtenidas fueron transcritas siguiendo el formato TEI (Text Encoding Initiative) y etiquetadas de acuerdo con las directrices del PRESEEA, es decir, con los datos de la cabecera y los parámetros de transcripción exigidos por el proyecto (Moreno Fernández 2021b). Cada entrevista, en formato Word, cuenta con dos versiones: una con etiquetas y otra sin etiquetas. La versión sin etiquetas está destinada a facilitar la lectura convencional de las entrevistas.

Todas las versiones descritas han contado, al menos, con cuatro revisiones; las dos últimas a cargo de las investigadoras responsables del proyecto.

Adicionalmente, se ha procurado una versión TXT de cada transcripción, pues es la que suele ser utilizada en programas estadísticos y de búsqueda de palabras.

En la presente investigación se han utilizado las versiones con etiquetas, a pesar de que, en cuanto al DR como fenómeno lingüístico, estas marcas que acompañan al texto solamente distinguen la cita directa y no la indirecta; y mucho menos aquellos otros casos como el discurso narrativizado. Por esta razón fue necesario extraer los casos de forma manual en cada una de las transcripciones. Se volverá sobre este asunto en § 3.2.4., sección que describe el procedimiento de la investigación y el manejo de los datos.

3.2. Metodología

Como ocurre en toda ciencia –y el estudio del lenguaje no podía ser la excepción tomando en cuenta que nuestro objeto de estudio es, al mismo tiempo, el medio a través del cual lo explicamos, es decir, estudiamos el lenguaje y lo describimos a través de él mismo– los límites entre enfoques y perspectivas se desdibujan y, como ocurre en esta monografía, se complementan.

En el caso de esta investigación, el enfoque ha sido pluridimensional y tiene como tronco común el interés por el lenguaje en uso (Coseriu y Loureda 2021); en consecuencia, toma en cuenta la dimensión contextual en la que se enmarcan las prácticas discursivas orales (Edmonson 1981). Este enfoque se materializa a través de la tríada (meta)pragmática (Reyes 2002) – análisis de la conversación (Briz 1995, 2007; Briz y Grupo Val.Es.Co 2003a, 2003b, 2014; Briz y García Ramón 2021) – sociolingüística (Labov 1972; Trudgill 1995; Moreno Fernández 1998; Silva-Corvalán 2001; Hernández Campoy y Almeida 2005).

En este apartado de la monografía se define el discurso referido y se describen en detalle la unidad de análisis seleccionada, los fenómenos del DR escogidos, la muestra, los procedimientos y las categorías de análisis propuestas para llevar a cabo el estudio.

3.2.1. El discurso referido en esta investigación: definición, terminología y precisiones

El discurso referido permite que un texto presente se ponga en contacto con otro anterior (Reyes 1994b) e incluye, desde el punto de vista que se ha adoptado en este trabajo, tanto la reproducción de citas «literales» como la referencia general a otros actos de comunicación, es decir, todos aquellos casos de polifonía que se pueden rastrear en la superficie del texto a través de la evidencia lingüística, y no a otros fenómenos difícilmente reconocibles en las conversaciones si no es a través del contexto compartido y la inferencia, como ocurre, por ejemplo, con la ironía.

Sin embargo, el arqueo bibliográfico aunado al análisis real de enunciados de DR enfrenta al investigador a algunas disyuntivas: i) ¿Son equivalentes los términos *discurso referido*, *discurso reproducido* o *discurso representado*?; ii) ¿Cuáles son los límites del DR? y iii) ¿Los pensamientos constituyen casos de DR? En los tres apartados que siguen se detallarán estas cuestiones y la correspondiente decisión metodológica adoptada en cada caso.

3.2.1.1. ¿Discurso referido, reproducido o representado?

En este punto se identifica un problema terminológico inherente a la citación como objeto de estudio. Las diferentes denominaciones para dar cuenta de la representación del discurso pueden aludir, también, a concepciones diversas del DR. Aquí se distinguen varias tendencias. Mientras los trabajos de corte gramatical suelen decantarse por la etiqueta *discurso referido*, aquellos que abordan el estudio de las citas desde la pragmática suelen hablar de *representación del discurso*, como Reyes (2002: 57-58), quien justifica la elección de esta última etiqueta como sigue:

> La expresión «representación del discurso» me parece más adecuada que «discurso referido», porque esta se limita a los textos narrativos, y mejor que "reproducción del discurso" porque «reproducción» podría dar a entender una versión idéntica a otra, y no meramente similar. El término «traslación» es inaceptable por sugerir un mero cambio de contexto, y la cita es mucho más que eso. «Representación» no carece de connotaciones indeseables; la peor de todas es la de «copia exacta» de un original. Pero no tenemos otra palabra mejor, más amplia y que recubra todo el proceso, el de citar, que puede realizarse de diferentes maneras y con diferentes propósitos, pero que se caracteriza por crear una semejanza (real o ficticia) entre un texto y otro.

Por su parte, Fludernik (2013: 16) considera que el término *representación* tiene la ventaja de admitir el reemplazo por *estrategia* (estrategia retórica, mimética, etc.), lo que se relacionaría más con las funciones de las citas en los textos.

En cambio, Semino, Short y Culpeper (1997) eluden la expresión *representación del discurso* y usan *presentación*, lo que les permite cubrir mejor el campo que estudian: la narrativa.

Maldonado (1991: 20) también se plantea la distinción entre *discurso reproducido* y *discurso referido*. A su juicio, mientras que este último solamente reproduce una acción realizada verbalmente, el primero reproduce esa situación de enunciación. Para la autora, *reproducir* supone siempre *referir*, pero no al contrario. Maldonado ejemplifica su planteamiento con los verbos de manera de decir que ofrecen las dos posibilidades –discurso reproducido y referido, respectivamente–: *Gritó que la mataría* vs. *Gritó durante horas*. A diferencia de la presente investigación, la autora considera que cuando estos verbos aparecen en la oración sin ningún argumento explícito no pueden considerarse verbos de cita, en virtud de que se limitan a describir las características físicas de un sonido, haciendo referencia a un hecho comunicativo que ha tenido lugar en una situación de enunciación distinta a aquella de la emisión del enunciado original.

Otros autores, como Méndez-García de Paredes (2009), consideran que las etiquetas *discurso citado* y *discurso reproducido* funcionan *grosso modo* como sinónimos de *discurso referido*.

Aunque en algunos casos se utilicen indistintamente los términos *representación del discurso* o *discurso reproducido*, en esta investigación se ha preferido el término *discurso referido*, con la finalidad de integrar la multiplicidad de fenómenos que, a nuestro entender, se agrupan bajo esta denominación. Esta decisión metodológica no obedece a que el estudio esté centrado únicamente en lo gramatical o en lo discursivo, ya que aquí ambos niveles se consideran complementarios.

Al hilo de lo anterior, a lo largo de esta monografía se usará también la expresión *cita* en un sentido amplio e inclusivo que engloba tanto la representación como la reproducción del discurso en la superficie textual, tal como ocurre, respectivamente, en los siguientes enunciados: *Entonces me dijo algo ahí* (CARA_H13_077) –representación– vs. *Ya hoy dijeron que no le iban a renovar el contrato* (CARA_M11_011) –reproducción–.

3.2.1.2. ¿Cuáles son los límites del DR?

Como se ha mostrado en el apartado anterior, en cierta manera los límites del DR parecen establecerse incluso desde la selección del término que se emplee para dar cuenta de la incorporación de otras voces en el discurso. Mientras que el discurso reproducido se limitaría a las citas que suelen definirse como «literales» en gramáticas y diccionarios del español (Gallucci 2017, Gallucci y Ruiz 2018), es decir, incluiría sobre todo la distinción tradicional entre estilo directo e indirecto; el discurso referido podría circunscribirse solamente a la mención de un hecho lingüístico; por ejemplo: *Conversamos, Me llamó, Me lo contaron esta mañana*, etc. Los límites del DR los establece el investigador en función de su perspectiva de análisis y de los objetivos que se ha planteado. Si se restringe a lo gramatical, seguramente se limitará a incluir verbos de decir como marco introductor y dejará fuera otros tipos de citas (gestos, paralenguaje, etc.).

En este caso, como el DR se considera una categoría abierta, se ha adoptado una perspectiva amplia que lo concibe como un recurso a través del cual se evoca, de manera más o menos visible –pero siempre en la superficie textual– el discurso enunciado en otras situaciones de habla. En esta monografía, de modo análogo a San Martín (2015), y a diferencia de Maldonado (1999 y 1991) y Reyes (2002), el DR incluye tanto la reproducción de citas, con las diferentes variantes que se recogen en § 3.2.2.2., como la referencia general a otros actos de comunicación en los que no se especifica el contenido citado (qué se dijo), pero sí que se ha llevado a cabo una actividad verbal. Esto permitirá describir de forma exhaustiva el alcance y la extensión real del DR en muestras orales actuales. En consecuencia, hará posible que se corroboren algunas hipótesis teóricas de los investigadores a propósito de la representación del discurso, tema sobre el que no se disponía de muchas descripciones y análisis fundamentados en la lengua española hasta hace muy pocos años (Ruiz Gurillo 2006: 24).

3.2.1.3. ¿Los pensamientos constituyen casos de DR?

En la descripción sobre el DR en gramáticas y diccionarios (Gallucci 2017; Gallucci y Ruiz 2018), se evidencia que la respuesta a la interrogante que titula este apartado difiere de unos textos a otros. Lo mismo ocurre con las investigaciones sobre el tema reseñadas en el capítulo 2 de esta monografía. En un extremo se encuentran autores como Semino, Short y Culpeper (1997: 71), quienes, como Recanati (2000), Tagliamonte y D'Arcy (2004) y Buchstaller *et al.* (2007), duplican sus categorías de estudio para aplicarlas al pensamiento o a la representación de estados internos, frente a otros como Maldonado (1991, 1999), autora que justifica gramaticalmente la exclusión de las citas de pensamiento en el análisis del DR.

Maldonado (1999) sustenta su decisión metodológica en tres hechos: i) el comportamiento semánticamente divergente de los verbos de decir frente a los de pensar y sentir; ii) las relaciones de verdad y falsedad que establecen las completivas cuando van subordinadas a verbos de pensamiento y de creencia no son las mismas; y iii) los verbos de pensamiento, a diferencia de los de decir, son verbos de dos argumentos (alguien piensa algo) y rechazan la presencia de un objeto indirecto que tenga como referente el destinatario de un pensamiento (*alguien piensa algo a alguien).

Aunque es clara la vinculación entre el DR y las citas con función probatoria o «evidencial» que se usan para indicar que el conocimiento de lo dicho proviene de otra fuente y no de la experiencia directa, pretender combinar unas y otras como mecanismos sometibles a estudio dentro de la conversación oral desbordaría los límites de esta monografía. Por ello, ha de advertirse que la investigación aquí presentada se ha limitado al estudio del DR, es decir, al modo de conocimiento procedente de una fuente directa (el propio hablante) e indirecta, pero expresada de forma verbal (y no mental o inferencial). Mientras que la inferencia se revela en *pienso, infiero, deduzco, creo*, etc., la fuente transmitida, que es la que interesa en este estudio, surge en *se dice, dicen, me han dicho, he oído que*, etc. o en verbos como *comentar, contar, preguntar*, etc. Entonces, desde el punto de vista adoptado aquí, en lo que respecta al DR el universo de las palabras es diferente al del pensamiento.

3.2.2. El discurso referido como categoría lingüística y *continuum*

Las reflexiones anteriores sirven de preámbulo para establecer una concepción interoracional del DR aplicable a las ocurrencias de este fenómeno que se manifiestan en la entrevista sociolingüística como género oral. En virtud de que:

> Entre el discurso directo (DD) –tradicionalmente identificado con un esquema paratáctico– y el discurso indirecto (DI) identificado, a su vez, con el esquema de subordinación de la completiva de objeto directo (OD)– se descubre una serie de variantes intermedias que corresponden a determinados esquemas hipotácticos y a otros que son variantes menos prototípicas de la parataxis y de la subordinación prototípicas. En su conjunto todas estas formas y variantes del DR integran también un *continuum* que nos permite hablar de la categoría lingüística de la reproducción o del discurso referido (Girón Alconchel 2006: 395).

Considerar el DR en toda su extensión visible, es decir, aquella de la heterogeneidad mostrada y como categoría en la que se integran, como un *continuum*, diferentes formas de representar y/o reproducir el discurso (Tannen 1989; Girón Alconchel 1988, 2006; Semino, Short y Culpeper 1997; Méndez-García de Paredes 2009; Fludernik 2013) supone también ir más allá de las formas de citación tradicionalmente consideradas (ED, EI, EIL) y restringidas sobre todo a la escritura. Como se ha afirmado antes, en esta investigación esa escala o *continuum* incluye desde la reproducción de citas tradicionalmente definidas como «literales» hasta la referencia general a otros actos de comunicación.

3.2.2.1. La unidad de análisis: el enunciado

Para llevar a cabo esta investigación, se ha seleccionado como unidad de análisis fundamental el enunciado. Bien es sabido que los límites del enunciado, a diferencia de la oración y de otras unidades de análisis gramatical (entidades abstractas y teóricas), suelen ser difusos. Un enunciado puede ser una palabra, un sintagma, una oración, un párrafo, un texto, etc. Esto hace que su definición difiera entre las diferentes escuelas dedicadas al estudio del lenguaje, en especial las que tienen como epicentro la pragmática, ámbito en el que se considera como la unidad de análisis de la lengua en uso, es decir, como una manifestación concreta y real de la actividad verbal (Lamíquiz 1994, Escandell 2011).

En esta monografía se ha considerado como punto de partida la definición general del enunciado desde la perspectiva teórico-metodológica del análisis conversacional (Gallardo Paúls 1991) y se ha entendido entonces como una expresión lingüística producida por uno de los participantes en un evento comunicativo concreto y cuyos límites se establecen por el cambio de emisor. García Negroni y Tordesillas Colado (2001: 155-156) profundizan en las características del enunciado a partir de este último aspecto y de otros más:

— El enunciado tiene fronteras que vienen establecidas por el cambio de sujeto discursivo (se observa de manera más o menos transparente según el tipo de acontecimiento discursivo de que se trate):
— El enunciado está en relación con el contexto extraverbal;
— El enunciado, por su calidad dialógica, tiende a provocar una respuesta en el interlocutor;
— El enunciado presenta una condición de concluso que le viene del cambio de sujeto como límite, así el enunciado conlleva una marca de cierre. La capacidad de respuesta que desencadena el enunciado comporta que sea un enunciado completo y felizmente comprendido.

Como se ha visto, el enunciado está vinculado con un contexto de producción, con la información que comparten los interlocutores y con los elementos paralingüísticos que lo acompañan; todos estos factores son primordiales para interpretar su sentido.

El análisis de los enunciados, a diferencia del análisis de las oraciones, fundamentado en su corrección y su gramaticalidad, permite establecer, entre otras cuestiones, su adecuación, efectividad y eficacia en contextos comunicativos reales.

Sin embargo, el hecho de que un enunciado pueda corresponderse con distintas unidades gramaticales (palabra, sintagma, oración) y textuales (párrafo, texto), y de que su proceso de representación en otro enunciado no tenga límites fijos ni formas estables (Girón Alconchel 1989, Méndez-García de Paredes 1999, 2000, 2009), hace necesario que, en función del objeto de estudio, se restrinja, al menos de cierta manera, el alcance de esta unidad discursiva.

En este caso, se hablará entonces de *enunciado de discurso referido* (en adelante, EDR), entendido como la secuencia textual (o gestual) que resulta de un acto de enunciación de carácter citativo (Méndez-García de Paredes 2009: 501). Al citar, el hablante convoca en su propio discurso estructuras lingüísticas que tienen como referencia actos de habla proferidos por otro hablante –o por él mismo– en el marco de una situación enunciativa diferente que puede ser pasada, futura o imaginaria. Por lo general, en el EDR se ponen en contacto dos universos del discurso y dos partes solidarias (Girón 1989):

> Por un lado, la que está integrada por elementos lingüísticos que tienen como referencia los contenidos proferidos por otro hablante en el marco de una situación enunciativa diferente: *la cita*. Y, por otro, la que tiene como función recontextualizar la cita y atribuir lo dicho a alguien: *secuencia de contextualización* (conocida también con los nombres de expresión introductora, contexto de reproducción o marco).[20] *Recontextualizar* lo dicho es escenificar, a partir de elementos lingüísticos descriptivos, una situación de enunciación, y esto puede hacerse explicitando quién es el que habla y cuándo lo hace,[21] a quién se dirige y con qué objetivo, y de qué manera lo hace. Del mismo modo, la solidaridad de ambas secuencias permite que la sola mención de un elemento lingüístico del que pueda extraerse referencialmente una información relativa al decir o a lo dicho, haga que se active el contexto de reproducción (así sustantivos como *pacto, orden, carta, mensaje*, etc. son fundamentales para el reconocimiento de algunas de las variantes del DIL (Méndez-García de Paredes 2009: 504-505).

Aunque los mecanismos tradicionales del DR suelen incluir claramente las dos partes del enunciado citativo que distingue Méndez-García de Paredes –cita y secuencia de contextualización–, como en (1), en ocasiones el marco o la expresión introductora no suelen estar presentes, como en (2), y el enunciado consta de una sola parte que es la cita (*vamos a ver cuánto hicimos y tal*); en este caso, introducida por una pausa (/). En estos últimos EDR, el cotexto en el que se inserta el enunciado permite identificar que se trata realmente de una cita[22].

(1) yo le digo \<cita\> bueno / vamos a hacerle caso \</cita\> / como persona mayor que es (CARA_H11_005)[23]

---

20. Desde un punto de vista sintáctico, la cita en estilo directo e indirecto suele estar compuesta por una expresión introductora (EI) o cláusula de reporte, que sirve para incluir la voz ajena dentro del discurso propio, y una cláusula reportada (CR) que recoge la cita del hablante (*cf.* Maldonado 1991, 1999). Para más información, consúltese, entre otros, Gallucci (2012).

21. Girón (1989) establece la existencia de dos tipos de elementos que aparecen en el marco y cumplen funciones diferentes: las señales demarcativas (mención a los participantes, descripción del acto de habla y articulación sintáctica) y elementos que funcionan como indicios externos de reproducción y que recrean la situación extralingüística de la escena comunicativa de referencia.

22. El cotexto y el cambio de entonación en el audio de la grabación hace posible el posterior etiquetado del EDR (\</cita\>) en la transcripción. En el PRESEEA, como ya se ha señalado, esta etiqueta se restringe sobre todo al estilo directo tradicional, es decir, aquel introducido por un verbo de comunicación. Por esta razón, como se explica en § 3.2.4., se ha optado por la búsqueda manual de ocurrencias en las transcripciones y el cotejo con el audio ante casos dudosos.

23. De aquí en adelante el subrayado en los ejemplos se utiliza para destacar lo que se quiere ilustrar en cada caso.

(2)   y cuando llega la tarde Ø/ <cita> vamos a ver cuánto hicimos y tal </cita> (CARA_H11_006)

Lo mismo ocurre en el otro extremo de la escala o *continuum*, cuando se alude a un decir o a un modo de decir, o sea, cuando se relata cualquier acción lingüística que no lleva reproducciones de palabras o de contenidos semánticos (3) o cuando se menciona una actividad verbal (4)[24]:

(3)   siempre <u>me decía las cosas</u> (CARA_H31_029)

(4)   ellos dos le <u>contaron</u> a mi mamá (CARA_M11_012)

En una situación similar, es decir, con un enunciado que consta al menos explícitamente de una sola parte, se encuentran las citas de paralenguaje (5):

(5)   bueno / entonces se cambia y se bate <cita> ¡eee! </cita> (CARA_H33_101)

Finalmente, aunque no tienen carácter verbal, se han incluido, de forma exploratoria, las citas de gestos. En las transcripciones los EDR de este tipo se han identificado a partir de las etiquetas de observación complementaria de los transcriptores, que sí son verbales, como en (6):

(6)   entonces el tipo hacia así ¿no? <u><observación complementaria = "se toca la cintura y se sube la camisa"/></u> (CARA_H33_101)

No obstante, un estudio de las citas gestuales en toda su extensión –real y perceptible– solamente es posible a partir de entrevistas filmadas.

3.2.2.2. Formas del DR sometidas a estudio y sus variantes

El epígrafe anterior ha servido para establecer el enunciado citativo como unidad de análisis. Ahora corresponde acotar las formas del EDR que se han considerado como objeto de estudio en este trabajo. Siguiendo el planteamiento de

---

24. Semino, Short y Culpeper (1997: 71), en un estudio de las formas de traslación en textos literarios y periodísticos, han añadido dos variedades que, a su juicio, completan las formas del discurso referido que se pueden encontrar en un relato: la narración de acción lingüística, ejemplificada en (3), y la narración de voz, en (4). Aunque aquí se han mostrado ejemplos de cada una, como las diferencias entre una y otra son tan sutiles, en el análisis se han considerado como partes de un mismo fenómeno: el del discurso narrativizado.

Tognini-Bonelli (2004), en la selección de estas distintas formas del discurso referido se ha adoptado una combinación del enfoque *guiado por el corpus*, puesto que las formas escogidas son el producto de la evidencia resultante del análisis de las muestras del corpus; y del enfoque *basado en el corpus*, en el que se utiliza el corpus (más precisamente los datos extraídos de él) para explicar o ejemplificar teorías o categorías predeterminadas.

Se han identificado seis tipos principales de citas –que se han denominado *propias* o *propiamente de DR*– y dos periféricas –o *impropias*– (Gallucci 2018). Como se expondrá más pormenorizadamente, este segundo tipo de citas se han denominado así porque, aunque en ellas también se manifiesta de alguna manera la reflexividad del lenguaje, ello sucede en menor medida que en las anteriores. Aunque estas refieren otro discurso, no especifican lo dicho, por lo que su inclusión dentro del DR tradicional es discutible; de ahí la etiqueta de *impropias*.

El criterio para que un EDR forme parte de uno u otro grupo se ha establecido en función de tres aspectos: i) su ocurrencia en la muestra, ii) en qué medida se acerca a la heterogeneidad mostrada y iii) de su mayor o menor apego a la definición de DR presentada antes.

En todos los casos, los procedimientos citativos que se describen a continuación se manifiestan en una situación de enunciación diferente a la actual (aquella en la que se materializa la cita en cuestión), es decir, que puede ser pasada, futura o imaginaria.

i) Citas propias

Las citas clasificadas como *propias* son las que más usan los hablantes, constituyen casos claros de heterogeneidad mostrada (Authier-Revuz 1982, 1984) y, también, encajan en la noción de DR propuesta más arriba. Los mecanismos del DR identificados en este grupo tienen en común el hecho de especificar, en todos los casos, un contenido citado, es decir, algo que se reproduce explícitamente (palabras, sonidos o gestos).

a) Discurso directo
Según los datos extraídos de las muestras, en la entrevista sociolingüística la cita directa puede manifestarse al menos de seis formas –o a través de seis marcos introductores distintos–. A continuación, se ofrece la definición de cada uno con sus respectivos ejemplos[25].

---

25. El orden en el que se presentan aquí no está relacionado con su posición dentro de la escala. En los casos de discurso directo tradicional y discurso directo libre, se han seguido parcialmente las

i) Discurso directo tradicional (DDT): reproducción del discurso propio o de otros interlocutores que se formula utilizando un verbo como marco introductor de la cita. Por lo general, aunque no siempre sucede de esta manera (§ 4.2.1.), en el DDT la cita se introduce a través de un verbo de comunicación y las expresiones referenciales, así como el sistema deíctico de la situación original, se mantienen:

(7)   yo le dije <cita> ¡Ay! / ¿Será que mañana podemos ir? </cita> (CARA_M33_107)

ii) Discurso directo libre (DDL) o sin marco (*freestanding quotation*): reproducción del discurso propio o de otros interlocutores sin presencia de elementos introductores (verbos, sintagmas, marcadores, etc.). El DDL consiste en la mera yuxtaposición de la cita sin marcas de tipo gramatical o léxico, solamente prosódicas:

(8)   y mi papá lo fue a buscar Ø/ <cita> No / yo sé dónde está él / él no está muy lejos </cita> (CARA_H31_029)

iii) Discurso directo con sintagma nominal (DDSN) o (*y*) + SN: reproducción del discurso propio o de otros interlocutores a través de un sintagma nominal cuyo núcleo suele ser un pronombre personal (9) o un sustantivo (10):

(9)   y yo / <cita> no<alargamiento/> / pinten ustedes </cita> / porque uno ya está como cansado (CARA_H31_029)

(10) y entonces con ese piquete y ese rollo y mis hijas también <cita> ¡no! esa es mi mamá que está con ese poco de libros ahí </cita> (CARA_H33_101)

iv) Discurso directo con marcador (DDM): reproducción del discurso propio o de otros interlocutores en la que se emplea un marcador discursivo como marco introductor (*entonces, o sea, bueno*, etc.):

(11) entonces /<cita> ¿Mi tío dónde está? </cita> (CARA_H33_101)

(12) o sea / <cita> ¿I? / I. ya no trabaja ni estudia / ¡esa no hace nada! </cita> (CARA_M13_083)

(13) bueno /<cita> si son completamente anormales / usted es tan anormal que raya en la imbecilidad </cita> / (CARA_H33_101)

---

definiciones de San Martín y Guerrero (2013), pero con algunas precisiones, y se han empleado ejemplos del PRESEEA-CA para ilustrar las explicaciones.

v) Discurso directo con *y + que* (DDQ): reproducción del discurso propio o de otros interlocutores que se lleva a cabo a través de la conjunción *y* seguida de *que*, como en (14):

(14) soy la niña santa que va a visitar a su abuela / y que <cita> hola abuela </cita> (CARA_M13_083)

vi) Discurso directo con *así* (DDA): representación o reproducción del discurso propio o de otros interlocutores a través del adverbio *así* (15):

(15) ahora las muchachas se van con los hombres así<alargamiento/> / <cita> ¡vámonos! / nos queremos vivir / ¡y listo! </cita> (CARA_H31_029)

b) Discurso indirecto

Reyes (1993: 20) hace referencia a las variedades del estilo indirecto de la siguiente manera:

> El estilo indirecto se puede presentar por lo menos de tres maneras: como la traslación de una proposición, hecha mediante una oración subordinada precedida de *que* (*Juan le dijo que la iba a llamar esa noche*), o como estilo indirecto encubierto (*Juan la iba a llamar* (*así dijo*); o bien como estilo indirecto libre, una técnica literaria que se caracteriza por presentar el relato del narrador (generalmente en pasado, y en tercera persona) entremezclado con expresiones del personaje, no del narrador (*Oh, sí, él la iba a llamar esta noche*).

En la entrevista sociolingüística el discurso indirecto se ha manifestado también mediante tres formas o variantes, como se explica seguidamente.

i) Discurso indirecto tradicional (DIT): reformulación del discurso propio o de otros interlocutores a través del empleo de un verbo de comunicación y de un *que* complementizador. En el DIT, las expresiones referenciales y el sistema deíctico de la situación original se ajustan al momento de habla actual (16):

(16) Me dijeron que era la bruja bonita (CARA_M13_083)

ii) Discurso indirecto libre (DIL) o sin marco: reformulación del discurso propio o de otros interlocutores en el que se superponen dos situaciones de enunciación, sin presencia de elementos introductores o de verbos de habla y en la que pueden confluir, como en (17), el punto de vista del narrador de la historia y del hablante (que funciona como un personaje), o no, como en (18).

El DIL, identificado por primera vez por Bally (1912), está a medio camino entre el discurso directo y el indirecto prototípicos. Como apunta Verdín Díaz (1970: 10), participa de las características de ambos. Por una parte, conserva, como el DD, las exclamaciones, las admiraciones y toda la expresividad propia de dicho estilo. Por la otra, mantiene la transposición de pronombres, verbos y adverbios propia del DIT. Además, cumple con la característica especial de no estar subordinado a ningún verbo ni de necesitar de un introductor declarativo que lo presente. Aunque es característico de la literatura y no tanto de las interacciones orales, como explica el autor, el español es enormemente rico en maneras de expresión en estilo indirecto libre y

> entre la reproducción directa –tan viva y tan propia del diálogo– y la reproducción indirecta pura con aires de dignidad, sobre todo en las obras de tipo histórico y didáctico [tiene lugar] la reproducción del estilo indirecto libre, que se sale de la fría narración, empapándose en afectividad y en diálogo sin verbos introductores (Verdín Díaz 1970: 5).

En (17), donde un hablante que actúa como narrador reproduce los contenidos de una conciencia del hablante-personaje al que está citando, confluyen ambos puntos de vista, sin marcas introductoras.

(17) bueno / no se pudo comprar / no se puede comprar / hay que esperar / poquito a poco (CARA_H11_006)

A pesar del ejemplo (17), en este punto es fundamental aclarar que en las entrevistas analizadas no todos los EDR de DIL funcionan de la misma manera que en el ámbito literario. Mientras que en este último el DIL se caracteriza, casi siempre, por la confluencia de los puntos de vista del narrador de la historia y del personaje, en esta investigación el requisito fundamental para clasificar un enunciado citativo como DIL ha sido que estuviera estructurado como una cita indirecta, pero sin el elemento introductor prototípico del DI, es decir, un verbo de habla, como en (18). Nótese que en (18) después de la pausa se podría incluir el verbo *decir* en pretérito imperfecto (*me decía que me tranquilizara, me decía que pujara*).

(18) él me ayudaba<alargamiento/> / me<alargamiento/> //Ø que me tranquilizara / Ø que pujara / y yo pujaba / (CARA_M11_012)

iii) Discurso cuasi indirecto (DCI) o estilo indirecto encubierto[26]: reformulación del discurso propio o de otros interlocutores a través de una expresión citativa como *según*. Las citas de DCI

> nunca están sintácticamente articuladas como citas, con verbos introductores y frases yuxtapuestas o subordinadas. Por no ser expresas, muchas de estas citas se interpretan como tales solo en el discurso, gracias a la información contextual, y muy difícilmente en frases aisladas (Reyes 1994b: 10).

Con el DCI, los mensajes aparecen transmitidos más libremente, pues por lo general se obvia la subordinación; también se marca el punto de vista del emisor del mensaje, por lo que pertenecería al módulo semántico del modelo propuesto por Roulet (1991).

A través del DCI,

> Parece como si lo dicho fuera asumido por el propio Locutor. Se puede confundir con el estilo recto, sin citas. Es una repetición de lo que dicen otros, con apropiación. Se adopta pues un sistema conceptual ajeno. Si se adjudica la responsabilidad de la aserción a la voz correspondiente se añade una expresión citativa como: «para X», «según dice», «en palabras de», «así lo ha confirmado»… (casos de la prensa y de los textos teóricos de la ciencia que han de basar lo que dicen en una fuente fidedigna o en una autoridad). Si no se adjudica a ninguna fuente se da lo que se llama una *fusión de voces*, de tal manera que el locutor «reformula los lugares comunes, las visiones, las creencias de la colectividad, fusionando su voz con la de todos y con las voces cristalizadas del lenguaje mismo: fusión sin fisura, sin ironía» (Reyes 1994b: 24).

En lo que respecta a *según*, aunque sí es claro que alude a la fuente de un conocimiento u opinión, no hay unanimidad en cuanto al estatuto de esta unidad y al tipo de mecanismo del DR del que forma parte. Para Verdín Díaz (1970) se trata de una perífrasis nominal equivalente a un verbo de lengua. Alcina y Blecua (1975) indican que comúnmente se entiende como una preposición. Los autores rescatan el paso de la preposición a marcativo de subordinación adverbial de modo por una doble elipsis en la que desaparecerían el sustantivo término de la preposición y el *que* relativo que introduciría la proposición. Los gramáticos citan como ejemplo la frase de *La Celestina* «Aquí nos ha de amanecer, según el espacio con que nuestro

---

26. El DCI suele tratarse como una variedad del DIL por la ausencia de señales sintácticas de subordinación (ambos comparten la ausencia del verbo de habla y subordinante y también la esporádica posposición de expresiones como *según dicen*, etc.). Reyes (1996: 21) destaca una importante diferencia entre ambos, que ha servido en este estudio para considerarlos separadamente: mientras el estilo indirecto libre es propio de la literatura, el cuasi indirecto se presenta con frecuencia en el lenguaje coloquial, en los textos teóricos y en las noticias periodísticas.

amo lo toma, que se traduciría en según nuestro amo lo toma». Thompson (1994) clasifica *según* como una frase preposicional dentro del grupo de los *reporting adjuncts*. Más recientemente, y desde la evidencialidad, González Vásquez (2006: 34) considera que se trata de un marcador léxico citativo, grupo en el que entrarían también *se dice, según dicen, he oído, parece ser que*, etc. que se pueden interpretar como indicaciones de la fuente de información: *dicen que [p], no lo digo yo*. En (19) se ofrece un ejemplo de DCI con *según* tomado de la muestra de estudio:

(19) bueno / <u>según</u> mi sobrinita es porque soy muy divertido (CARA_H13_078)

También se han incluido en esta categoría refranes, dichos y proverbios, aunque estas manifestaciones del llamado *discurso repetido* (Coseriu 1967, 1980) no parecen ser muy comunes en el contexto de la entrevista sociolingüística. No se han tenido en cuenta los llamados *lemas*, porque no se registraron casos de este tipo en el corpus.

En líneas generales, en los refranes, dichos y proverbios el responsable de la cita (o autor) es desconocido y, por tanto, ajeno a la situación de discurso:

> son parte del diccionario cultural de la lengua, verdades inmemoriales que conoce la colectividad. Sin embargo, la fuente de origen es absolutamente desconocida, anónima y, ante todo, no es preciso restablecerla. Todos los hablantes pueden hacer uso de proverbios, pues a todos nos pertenecen […] El proverbio es la repetición de un número ilimitado de enunciados anteriores. El locutor que cita un proverbio hace uso de él, generalmente, para solidarizarse con el mensaje del enunciado. No debemos olvidar que muchos proverbios tienen un carácter didáctico y moralizante, lo que justifica la adhesión de L [el locutor] con el discurso reproducido (Pendones 1992: 17-18).

Al hilo de lo anterior, Verdín Díaz (1970: 26) comenta que el máximo grado de popularidad y olvido total del autor son los refranes y los proverbios. El autor manifiesta que el campo es amplísimo y la generalidad, completa; y que esta última se extiende a dichos, muletillas y canciones populares, entre otras, que el tiempo va despersonalizando y haciendo anónimas, como indica este autor.

Sin embargo, como expresa Pendones (1992: 11), este tipo de manifestaciones de heterogeneidad mostrada pueden ser secuencias no marcables como tales, opción que en último término toma el hablante. En las muestras orales analizadas, los entrevistados suelen especificar que lo que dicen forma parte de un dicho o un refrán, según sea el caso, como ocurre en (20)

(20) todavía tengo ese trabajito ahí / tengo esa papa peladita / gracias a Dios / <risas = "E1"/> <u>como dice el dicho</u> / (CARA_H11_006)

c) Cita mixta (CM)

En la cita mixta se combinan el discurso directo (DDT) e indirecto tradicionales (DIT). La CM se caracteriza por ser en su conjunto una cita indirecta con un verbo de decir y una oración subordinada encabezada por *que*, que contiene en su interior fragmentos en discurso directo; es, como su nombre indica, una forma de citación híbrida (*cf.* Camargo Fernández 2008a: 4). Aunque la CM suele ser más común en textos escritos, sobre todo periodísticos, se han registrado algunos casos de este tipo en las entrevistas, tal como se aprecia en (21) y (22):

(21) ella se echó pa' atrás y dijo que / que <cita> ¡ay no! </cita> porque le hacía daño / <transcripción_dudosa> porque el asma / el frío (CARA_H33_102)

(22) siempre salimos así a rumbear / equis / y todo el mundo dice que si <cita> es tu hermana / que no sé qué </cita> (CARA_H13_077)

En ejemplos como los de (21) y (22), el hablante marca el paso del DI al DD mediante rasgos paralingüísticos y quinésicos, como los alargamientos vocálicos, la entonación o los gestos con los que se imita la forma de hablar.

d) Cita de paralenguaje (CP)

Como se ha visto en § 1.9. a propósito de los planteamientos de Clark y Gerrig (1990), las citas directas son *demostraciones* a través de las cuales se puede representar cualquier elemento reconocible para el interlocutor. En las entrevistas se registran ejemplos de citas que, además de no estar introducidas por un verbo de comunicación, no representan propiamente una acción lingüística, sino una onomatopeya o un ruido, referencial o no, que ilustra por aproximación un tipo de sonido u otros elementos paralingüísticos (Camargo Fernández 2008a: 7) y que también funcionan como demostraciones. Aunque Shiro (2012) considera las onomatopeyas como un tipo de cita directa, en esta investigación se han considerado aparte, es decir, como citas de paralenguaje, ya que interesa mostrar –y diferenciar– el DR en todas sus manifestaciones. En esta categoría se han incluido casos como (23) y (24):

(23) veo que la gente se está devolviendo / pero así / ta ta ta ta ta / (CARA_M31_036)

(24) y yo salía / <observación_complementaria = "imita el sonido onomatopéyico"/> rum / iba pa' la compañía (CARA_H33_102)

e) Cita de gestos (CG)

Las citas de gestos, como las de paralenguaje, son también demostraciones en las que se representa una acción no verbal de tipo quinésico, pasada, posible o imaginaria. El ámbito ideal para analizar este tipo de citas es el de las grabaciones audiovisuales. Aunque en su corpus Camargo Fernández (2004 y 2008b) ha inferido este tipo de citas guiándose por la estructura lingüística y por los resultados de otros autores que lo han hecho a través del mismo procedimiento inferencial (como Cameron 1998, por ejemplo), en las entrevistas solamente se han considerado este tipo de citas cuando hay una evidencia en la transcripción (generalmente a través de la etiqueta de «observación complementaria») que especifique el gesto o la imitación en cuestión, como en (25) y (26).

(25) entonces el tipo <u>hacía así</u> ¿no? <observación_complementaria = "se toca la cintura y se sube la camisa"/> (CARA_H33_101)

(26) ¡ah! ¡no! y en las noches / imagínate / en las noches me acuesto <u>así</u> <observación_complementaria = "mira hacia el cielo"/> a ver las estrellas fugaces y a identificar estrellas (CARA_M33_107)

Por las propias características del corpus, en el que los gestos tienen un papel secundario, casi anecdótico, esta decisión metodológica probablemente no reflejará en el análisis todas las ocurrencias de las citas de gestos presentes en las entrevistas. No obstante, al menos como una primera aproximación, se dará cuenta de este tipo de citas multimodales que tienen lugar en la interacción y que prácticamente pasan desapercibidas cuando se estudia el DR.

f) Ecos (E)

Los ecos son una forma de repetición propia de la lengua hablada. Se trata de una representación mimética a través de la cual el hablante repite una estructura lingüística emitida por otro interlocutor inmediatamente después de que esta ha tenido lugar. De allí que sean reacciones inmediatas a un texto previo y generalmente oral (Fludernik 1993). Aunque en las conversaciones el E así entendido se materializa en un turno, su reconocimiento requiere de dos turnos: aquel en el que se produce el enunciado en cuestión y aquel que contiene el EDR en forma de eco. Por lo general, se trata una intervención constituida por un turno de pregunta y otro de respuesta, como en (27) y (28):

(27) E2: ¿qué es lo que más te gusta <u>del Madrid</u>? /
I: ¿<u>del Madrid</u>? / cuando jugaba en equipo (CARA_H13_077)

(28) E1: entonces / I. / háblanos un poco <u>de tu familia</u> /
I: ¿<u>de mi familia</u>? bueno / eeh los miembros más cercanos son / somos cuatro (CARA_M13_083)

Reyes (1994b: 11) explica que

> los ecos no tienen verbo introductor ni están articulados sintácticamente como oraciones subordinadas. En algunos casos [...] parecen, a primera vista, afirmaciones del hablante, pero el contexto demuestra que no lo son, que el hablante está repitiendo lo que dijo (o lo que hubiera dicho) otro en tal situación, y añadiéndole una resonancia o deformación intencional. En los casos de estilo directo y estilo indirecto, el objetivo de la enunciación es contar otro discurso, es decir, el hablante anuncia que quiere reproducir lo que alguien dijo o pensó; una intención secundaria suele ser mostrar alguna actitud hacia ese discurso o hacia su autor.

A los fines de la presente investigación y a partir de los datos obtenidos de las entrevistas, se ha considerado, siguiendo a Sperber y Wilson (1998: 296), que la categoría *eco* abarcará únicamente las representaciones de la forma y el contenido de un enunciado previo e identificable en el contexto lingüístico. Por tanto, no se han tenido en cuenta, por ejemplo, los ecos irónicos, que forman parte de las citas encubiertas y que son difíciles de identificar si no es por el conocimiento compartido de los interlocutores. Aquí el objetivo ha sido, una vez más, dar cuenta de las estructuras citativas que se manifiestan y se reconocen claramente en la superficie textual, aunque no tengan marco introductor. El cotexto, accesible al analista en entrevistas transcritas como las analizadas en este trabajo, ha permitido reconocer los enunciados ecoicos y también el DDL.

ii) Citas impropias

Como se ha señalado antes, en las citas catalogadas como *impropias* también se manifiesta la reflexividad del lenguaje, pero en menor medida que en las propias. Las citas impropias, más que reproducir un discurso con el contenido citado correspondiente, lo refieren. A pesar de esta cualidad, constituyen manifestaciones de la heterogeneidad mostrada y del DR en el sentido amplio que se ha establecido en esta investigación. Bajo la denominación de *citas impropias* se incluyen el discurso narrativizado y la cita abstracta.

a) Discurso narrativizado

El discurso narrativizado (DN) consiste en la referencia simple a un acto de discurso propio o de otros interlocutores. En el DN, la referencia implica la utilización de un verbo que transmite de modo más o menos transparente la intención comunicativa y el contenido del acto de habla referido, sin especificación de lo dicho. En estos casos, un verbo de comunicación suele funcionar como elemento sintetizador de la cita, como en (29) y (30), o, en su defecto, de una acción verbal, como en (31):

(29) le dije a mi esposo y le di la clave / (CARA_M11_011)

(30) a los profesores en el salón te / tú le preguntas algo y te lanzan un borrador / (CARA_M13_083)

(31) nosotras veníamos conversando (CARA_M11_011)[27]

Thompson (1994: 31) hace referencia a esta categoría como *reports without messages* y explica que hay un grupo importante de verbos que se usan para referir un evento de habla sin ofrecer información sobre el mensaje transmitido, como en *Aurora no contestó, se quejó*.

b) Cita abstracta (CA)

Las citas abstractas también son metarrepresentaciones que se construyen a partir de otras representaciones (Wilson 2000, Camargo Fernández 2008b). A diferencia de las citas propias, que se circunscriben a la esfera de lo público, estas son abstractas por su carácter de representación de tipo lingüístico, lógico o conceptual.

En la CA, como apunta Camargo Fernández (2008a: 5), no hay atribución de un acto de habla o enunciado a una fuente, sino referencias al código lingüístico o a la estructura de este. Otros autores la denominan *cita metalingüística* (Reyes 1984), *glosa* (Reyes 2002) o *cita pura* (Cappelen y Lepore 2007). En estos casos, «se cita, en cierto sentido, la lengua misma, una instancia del código, manteniéndola en estado virtual. Se menciona la lengua» (Reyes 1984: 67), como en (32):

(32) y sale la palabra / <lengua = "inglés"> egg </lengua> para que ellos vayan asociando (CARA_M13_083)

En el cuadro 3 se sintetiza la clasificación de los fenómenos del DR antes descrita que es producto, como se ha señalado, de los datos extraídos de las entrevistas sociolingüísticas del PRESEEA-CA:

---

27. En este punto es importante acotar que, aunque San Martín y Guerrero (2013) y San Martín (2015) consideran el DN como un tipo de DI, aquí se ha considerado como una cita impropia, pues el DI, como cita propia que es, sí incluye un contenido citado a través del cual se especifica lo dicho.

Cuadro 3. Clasificación de las citas

Propias	Impropias
i) Discurso directo a. Discurso directo tradicional (DDT) b. Discurso directo libre (DDL) o sin marco c. Discurso directo con sintagma nominal (DDSN) d. Discurso directo con marcador (DDM) e. Discurso directo con *y + que* (DDQ) f. Discurso directo con el adverbio *así* (DDA)	i) Discurso narrativizado (DN)
ii) Discurso indirecto a. Discurso indirecto tradicional (DIT) b. Discurso indirecto libre (DIL) o sin marco c. Discurso cuasi indirecto (DCI)	ii) Cita abstracta (CA)
iii) Cita mixta (CM)	
iv) Cita de paralenguaje (CP)	
v) Cita de gestos (CG)	
vi) Ecos (E)	

iii) Tipología escalar del DR

A lo largo de esta investigación, se ha apuntado que el DR se materializa a través de una serie de fenómenos que funcionan como un *continuum* y que, por tanto, se organizan en torno a una escala. Diversos autores (Méndez-García de Paredes 1999; San Martín y Guerrero 2013; Repede 2015) han señalado ya que uno de los límites de ese *continuum* sería el discurso directo sin verbo introductor y el otro, la narración de un acto de habla especificando su contenido en términos muy generales (el DN).

San Martín y Guerrero (2013) y San Martín (2015) vinculan las variantes del DR con su grado de reformulación gramatical, con el efecto pragmático de las secuencias discursivas en las que aparecen (relativa vivacidad o realismo de la cita) y con las categorías de implicación (*involvement*) y distanciamiento (*detachment*) señaladas por Chafe (1980, 1982).

San Martín (2015: 228) también apunta que, en términos de la teoría de los actos de habla de Searle (1969), todas las variantes del DR que forman parte de la escala mantienen la misma fuerza ilocutiva (es decir, la intención), pues lo que se modifica son los efectos perlocutivos, según el lugar que ocupa cada tipo de DR en la escala.

A juicio de San Martín y Guerrero (2013: 266), esta escala del DR se organiza entonces desde el menor nivel de reformulación y distanciamiento y mayor grado de realismo e implicación (DDL, DIL, CP y E) hasta el mayor nivel de reformulación y distanciamiento y menor grado de realismo e implicación característico del empleo del DN y la CA.

Tomando como punto de partida la propuesta de San Martín (2015: 229), se ha elaborado una escala con diferentes puntos para describir la variedad de formas del DR registradas en las entrevistas sociolingüísticas analizadas (Gallucci 2018). Cada uno de los tipos de DR identificados puede aparecer separadamente o, como ocurre en los diálogos reconstruidos (Gallucci 2021), se pueden combinar de manera secuencial en la conversación.

En la figura 1 se especifica la interrelación entre los distintos tipos de citas propias e impropias identificados, por un lado, en función del nivel de reformulación y distancia enunciativa y, por otro, de realismo e implicación[28].

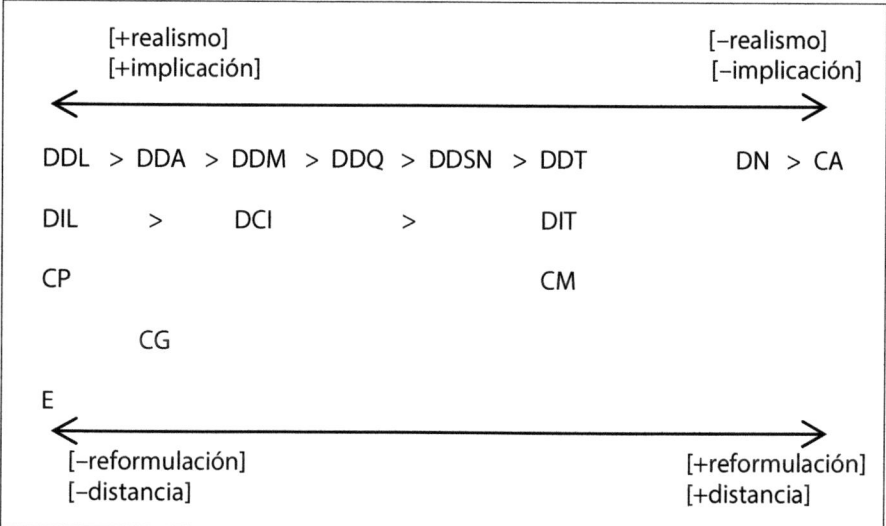

Figura 1. Tipología escalar del DR

La parte izquierda de la figura 1 muestra las citas propias. En la primera fila se sitúan las distintas variantes del DD (DDL, DDA, DDM, DDQ, DDSN y DDT). En la segunda, las del DI (DIL, DCI y DIT); y en la tercera, la cuarta y la quinta, las CP, las CG y los E, respectivamente.

Si bien en cada fila del DD y el DI se ofrece la relación entre los tipos de cita de uno de estos grupos en función del grado de elaboración –o de complejidad

---

28. De San Martín y Guerrero (2013) y de San Martín (2015) se han tomado como referencia los valores generales que se consideran en la escala. La escala en sí misma, la ubicación de cada tipo de cita extraída de la muestra y la analogía entre ellas corresponde a la autora de la presente investigación.

sintáctica–, aquellas ubicadas en la misma columna comparten, en cierta medida, las propiedades o los rasgos que se han identificado con los símbolos + y –. Por ejemplo: i) DDL, DIL, CP y E; ii) DDA y CG; iii) DDM y DCI; y iv) DDT, DIT y CM.

La parte derecha de la escala está reservada para las citas impropias, es decir, el DN y la CA.

Como se muestra en la figura 1, en su mayoría, las citas propias se ubican en la parte izquierda y en el centro de la escala, es decir, suponen más realismo e implicación y menos reformulación discursiva y distancia enunciativa. También es posible observar en la misma columna de la escala al DDL, DIL, CP y E, pues estos procedimientos funcionan de manera similar en la entrevista sociolingüística: carecen de marco introductor y, por ello, su uso supone realismo e implicación (y también vivacidad). Por oposición, estas condiciones hacen que se traduzcan en [–reformulación], es decir, el hablante se limita a transmitir enunciados sin alterar el mensaje original, al menos en apariencia, cuando se trata del DDL, del DIL y la CP, ya que en los E sí es posible cotejar qué dicen el entrevistador y el entrevistado.

En cuanto a las distintas manifestaciones de la cita directa (lado izquierdo, primera fila), en la escala se presentan a partir del DDL, es decir, de la cita directa sin marco; pasando por los distintos tipos (DDA, DDM, DDQ, DDSN) que se han ordenado, según el marco introductor en cuestión, de menor a mayor en función de la complejidad sintáctica de los elementos que lo conforman (adverbio *así*, marcador, *y* + *que*, (*y*) + SN, respectivamente); para llegar finalmente a la cita directa tradicional (DDT), polo opuesto del DDL en el grado de contextualización que supone, a partir de la elección de un verbo introductor conjugado (tiempo, persona y número), [+reformulación] por parte del locutor.

Por su parte, en los tipos de cita indirecta (lado izquierdo, segunda fila), salvando las diferencias individuales de estos procedimientos frente al DD, que vienen dadas fundamentalmente por los mecanismos de transposición inherentes al DIT (deixis), se ha situado en la misma columna el DIL y el DDL, que comparten el hecho de no tener marco introductor; así como el DIT y el DDT, que sí lo tienen. En cambio, el DCI se ha ubicado en la columna del DDM, pues bien sea que se trate de una cita introducida a través de *según* o de un dicho, funcionan de manera análoga a los marcadores del discurso como marcos citativos.

En la tercera fila se disponen, por un lado, la CP y, por otro, la CM. La cita de paralenguaje comparte la misma columna con el DDL y el DDL, pues suele aparecer como estos últimos, sin marco introductor. Por su parte, la cita mixta, al ser un mecanismo de citación híbrido, o sea, a medio camino entre el DDT y el DIT, está en la misma columna que estos últimos en virtud de las propiedades que comparten.

En la cuarta fila se encuentra la cita gestual alineada con el DDA, ya que en la muestra la CG suele ir introducida, como aquella, a través del adverbio *así*.

Por último, en la quinta línea de la figura 1 están los ecos. Los E, como el DDL, el DIL y la CP, carecen de marco introductor. Por ello se traducen en [–reformulación] y [–distancia].

En la parte derecha de la escala, identificada con [–realismo], [–implicación], [+reformulación] y [+distancia], se agrupan las citas impropias: polo opuesto de los procedimientos citativos antes descritos. Tanto el DN como la CA suponen más reformulación discursiva, pues el locutor debe emplear una expresión que sintetice un acto verbal en lugar de especificar qué se dijo realmente, como sí suele ocurrir en las citas propias que se caracterizan, precisamente, por expresar el contenido citado. Esto supone que las citas impropias, es decir, el DN y la CA, se traducen en menos realismo frente a lo que se está contando y, en consecuencia, el relato en cuestión suele perder vivacidad e histrionismo.

A diferencia de San Martín y Guerrero (2013), en este caso el límite de la escala lo constituyen las citas abstractas (CA)[29] que en la figura 1 anteceden el DN.

3.2.3. Muestra analizada

Para llevar a cabo esta investigación sobre el DR, se seleccionó una muestra de 16 hablantes del *Corpus sociolingüístico de Caracas 2004-2013* –o PRESEEA-CA– estratificados en cuotas de afijación uniforme según edad, sexo y grado de instrucción de la siguiente manera: i) 8 hablantes de 20 a 34 años de edad y 8 hablantes de 55 y más años; ii) 8 hombres y 8 mujeres; iii) 8 hablantes de grado de instrucción 1 (sin estudios o con enseñanza primaria) y 8 hablantes de grado de instrucción 3 (con estudios universitarios). Como se puede apreciar, se ha optado por los extremos en cuanto a la edad y la instrucción y se ha prescindido del grupo generacional de 35 a 54 años y de los hablantes de grado de instrucción 2, o sea, aquellos que han cursado estudios de secundaria. Se ha procurado, siguiendo a Silva-Corvalán (1989: 19), tener al menos dos hablantes por casilla (número mínimo imprescindible) y, siguiendo a Lavandera (1975), más de cinco hablantes en cada grupo, es decir, por cada variable extralingüística, para poder llevar a cabo análisis de frecuencias y test estadísticos simples que permitan conocer si los fenómenos a través de los cuales se manifiesta el DR están relacionados con alguna de las variables sociales consideradas.

La distribución por cuotas de los hablantes descritos puede observarse en el cuadro 4 y la identificación de estos en la muestra, en el cuadro 5:

---

29. En este punto se debe aclarar que, si bien las citas abstractas implican, por un lado, [–realismo] y [–implicación], ciertamente es más ajustado a su funcionamiento que, por otro, se traduzcan, en el punto opuesto de la escala, en [–reformulación] y [–distancia], pues a través de ellas la posibilidad de reformulación es muy baja.

Cuadro 4. Distribución por cuotas de los hablantes de la muestra

Grupo generacional	20-34 años		55 años y +		Total
Instrucción/Sexo	Hombres	Mujeres	Hombres	Mujeres	
Grado 1	2	2	2	2	8
Grado 3	2	2	2	2	8
Total	4	4	4	4	16
	8		8		

Cuadro 5. Identificación de los hablantes de la muestra

Grupo generacional	20-34 años		55 años y +	
Instrucción/ Sexo	Hombres	Mujeres	Hombres	Mujeres
Grado 1	CARA_H11_005 CARA_H11_006	CARA_M11_011 CARA_M11_012	CARA_H31_029 CARA_H31_030	CARA_M31_035 CARA_M31_036
Grado 3	CARA_H13_077 CARA_H13_078	CARA_M13_083 CARA_M13_084	CARA_H33_101 CARA_H33_102	CARA_M33_107 CARA_M33_108

En total la muestra analizada se traduce en un poco más de 12 horas de grabación.

3.2.4. Procedimientos

A continuación, se detalla la selección de los EDR en las entrevistas, los casos excluidos y las categorías de análisis empleadas.

3.2.4.1. Selección de casos

De las 16 transcripciones que conforman la muestra se han extraído manualmente todos los tipos de EDR descritos en § 3.2.2.2. A pesar de la variada gama de programas y herramientas que hoy en día permiten la búsqueda informatizada en corpus de millones de palabras, como el CREA o el CORDE, un estudio como el propuesto, que pretende dar cuenta prácticamente de todas las formas de heterogeneidad mostrada presentes en las muestras analizadas, y en un corpus oral con las características que ya se han especificado (de etiquetado en general y de las citas directas en particular), solo era posible a través de una búsqueda manual y laboriosa de casos. Se debe recordar en este punto, de nuevo, que el etiquetado del PRESEEA solamente distingue citas directas. Si la búsqueda de casos se limita a esta etiqueta, quedarían fuera gran parte de los mecanismos de citación que se han identificado en esta investigación.

Ahora que ya se han identificado plenamente las distintas formas del DR y sus características generales en la entrevista sociolingüística, los próximos estudios que se lleven a cabo sobre el tema podrían tomar en cuenta esta información para etiquetar las transcripciones *a priori*, o para llevar a cabo *a posteriori* una búsqueda informatizada de casos en función de los objetivos e intereses de la investigación en cuestión.

3.2.4.2. Casos excluidos

Como en toda investigación, se han excluido casos, bien porque no constituyen propiamente EDR, aunque se asemejen a algunas de sus manifestaciones, bien porque son «defectuosos» (incompletos, ininteligibles). En esta oportunidad, además de los enunciados del entrevistador y no del entrevistado, han quedado fuera del análisis los casos en los que: i) algún segmento del enunciado citativo es ininteligible o la transcripción dudosa, como en (33), o el hablante no termina de citar el enunciado, como en (34); ii) los verbos de comunicación funcionan como marcadores discursivos en las entrevistas, como en (35); iii) los verbos de decir tienen valor realizativo (en presente, en primera persona, y no describen una acción sino su realización; *cf.* Maldonado 1991: 28), como en (36); iv) un verbo de decir está seguido de un predicativo y su significado es el de 'llamar' o 'apodar' (37); y v) verbos como *creer*, *pensar*, *parecer* encabezan una cita directa o indirecta, como en (38) y (39). Como ya se ha explicado en § 3.2.1.3., esto último obedece a que este estudio se ha limitado a fuentes de conocimiento expresadas de forma verbal, es decir, a la cita de palabras y no de pensamientos o creencias (*cita metafórica*). Estas últimas «reproducen un pensamiento o, más bien, un estado de ánimo, no verbalizado, posiblemente, por el hablante en el momento pasado al que se refiere, o no con esas palabras exactas, que son, en cambio, típicas: típicas de lo que podría uno decir en ciertas circunstancias» (Reyes 2002: 79). En consecuencia, han quedado fuera del análisis los casos de evidencialidad en el ámbito de las citas encubiertas (Carston 2002).

(33) <transcripción_dudosa> antes en la puerta de la sala </transcripción_dudosa> / eso siempre dice (CARA_M31_035)

(34) y me dice / <cita> papi / este<alargamiento/> // tú con </cita> (CARA_H11_005)

(35) <u>como te digo</u> / mi mamá se ha mudado muchas veces y yo me he tenido que mudar de comunidades (CARA_M13_084)

(36) Semana Santa / <u>te puedo contar</u> / que era muy bonito (CARA_M31_036)

(37) hay una mata que le <u>dicen</u> «La picapica llanera» (CARA_H11_006)

(38) yo <u>pensaba</u> <cita> entro al Pedagógico y en dos años puedo trabajar </cita> (CARA_H33_101)

(39) el taxista <u>creyó</u> que lo íbamos a secuestrar <ininteligible/> ¡imagínate dónde queda mi casa! (CARA_M13_084)

3.2.4.3. Codificación y procesamiento de los datos

Los casos de EDR presentes en las entrevistas se han codificado en Excel según una serie de parámetros sintácticos, semánticos y discursivos que se describen en el apartado que sigue (§ 3.2.5.). Después de codificar los datos, se llevó a cabo un análisis cualitativo y cuantitativo de estos. En virtud del carácter complementario –y no excluyente– de ambos enfoques, se presentarán conjuntamente.

Para el procesamiento y presentación de los datos cuantitativos tanto de estadística descriptiva (frecuencias absolutas y relativas) como inferencial (x^2 y p valor), se empleó el *software* SPSS Statistics 22.0. El análisis inferencial solamente se llevó a cabo cuando ha sido posible en función del número de ocurrencias de los fenómenos por variable. Cuando no ha sido así, es decir, cuando se han encontrado casillas con menos de cinco casos que hacen que la confiabilidad en las pruebas estadísticas disminuya considerablemente (*cf.* Larson-Hall 2012: 267), se calculó el valor de p según Fisher para las variables sociales. También se han ofrecido datos de frecuencias absolutas y relativas de forma individual (por categoría) o a través de tabulaciones cruzadas que han permitido relacionar los distintos fenómenos del DR con las categorías lingüísticas consideradas en la investigación.

Seguidamente, y en virtud de la selección de una muestra de estudio estratificada según la edad, el sexo y el grado de instrucción de los hablantes, a través del programa estadístico R (Team 2007) se construyó un modelo de regresión logística de efectos mixtos, a fin de determinar si los factores sociales considerados condicionan o no el empleo de la cita directa e indirecta en el español hablado en Caracas.

3.2.5. Categorías de análisis

Como se ha especificado antes, las categorías de análisis propuestas son el producto de la evidencia resultante del análisis del corpus y, a su vez, también se ha utilizado este último de forma complementaria para explicar o ejemplificar algunas teorías o categorías predeterminadas.

La intención ha sido ofrecer un modelo de análisis del DR, detallado y globalizador, que permita su estudio en entrevistas sociolingüísticas en español y que sea aplicable tanto a muestras orales de otras variedades de la lengua como a géneros similares tales como la conversación.

La elaboración del modelo ha supuesto, como se ha señalado, la exploración del corpus y el establecimiento de categorías de análisis previas que fueron modificadas a medida que avanzaba la investigación y se registraban nuevos casos en la muestra. Una vez establecidas las categorías definitivas –después de excluir aquellas que no arrojaban resultados relevantes para la investigación o que no eran aplicables– se han codificado los casos según tales parámetros. A continuación, se da cuenta de las dos grandes categorías empleadas en el estudio. Por un lado, aquellas que atañen al nivel sintáctico; por otro, las que se circunscriben al nivel de análisis semántico-discursivo. Ambos niveles son complementarios, pero aquí se han separado para facilitar la exposición y subrayar nuevamente que el DR no es un fenómeno meramente gramatical.

3.2.5.1. De tipo sintáctico

El análisis sintáctico ha estado centrado especialmente en el marco introductor del DR, en su contenido y en la presencia de otros argumentos más allá del complemento directo que, como se sabe, es obligatorio, al menos en el DD y en el DI tradicionales. El complemento directo corresponde al contenido citado o a la denominada *cláusula reportada*. Como se verá, puede ser menor a una oración, es decir, no necesariamente incluye un verbo.

En este nivel se ha considerado, igualmente, la explicitud del sujeto, la presencia o no del complemento indirecto, el contenido de la cita y la modalidad oracional según la actitud del hablante.

i) Verbo

En primer lugar, en los fenómenos del DR que lo permitían por su propia constitución (DD, DI, DN, CP y CM), el punto de partida del análisis ha sido, cuando está presente en la cita, el verbo; bien como marco introductor o bien como expresión sintetizadora del DR (en los casos de DN).

Una vez identificado y clasificado el lema verbal según la propuesta del proyecto ADESSE (Alternancias de Diátesis y Esquemas Sintáctico-Semánticos del Español) (Albertuz Carneiro 2007), se hizo lo propio con la forma verbal del marco (por ejemplo, presente, pretérito imperfecto, futuro, etc.) y con la persona y el número correspondiente (1.ª singular, 3.ª plural, etc.). En un ejemplo como (40) se trataría de una cita en DDT con verbo *decir* en pretérito indefinido, 3.ª persona del singular. En (41), de un caso de DN con el verbo *aconsejar* en presente y en 3.ª persona del singular también.

Se han registrado igualmente citas introducidas por una perífrasis verbal, como en (42) y (43), que son casos de DN y DDT, respectivamente.

(40)   el Papa / con su sentido del humor / cuando terminamos nos <u>dijo</u> <cita> esa canción también la cantamos en mi país / pero en polaco </cita> <risas = "todos"/> (CARA_M33_107)

(41)   uno les <u>aconseja</u> porque mire / es muy difícil ser <vacilación/> / mamá tan joven (CARA_M31_036)

(42)   entonces / <u>me pongo a regañar</u> a una y al rato yo las veo allá a las dos hablando / jugando (CARA_H11_005)

(43)   la tesorera a cada rato le <u>va a preguntar</u> / <cita> ¡ay mira! / ¿y cómo hago pa' esto? / ¿y cómo hago pa' aquello? </cita> (CARA_M11_011)

Siguiendo la propuesta de Camargo Fernández (2008a), en los casos de DD y DI se cotejó si se registraban cambios en el tiempo del marco introductor, como en (44), ejemplo de DCI, o no, como en (45), de DIT:

(44)   bueno / como / como <u>dicen</u> / <u>decían</u> ellos <cita> ¿te recibió un gringo? </cita> (CARA_M13_083)

(45)   nosotros siempre <u>decimos</u> que yo prefiero que me den cien niñitos a un representante (CARA_M33_108)

ii) Sujeto

En el conjunto de citas antes descrito (DD, DI, DN, CP y CM) se consideró igualmente si el sujeto está presente o no, es decir, si es explícito o elíptico.

En el primer caso, se identificó fundamentalmente si se trata de un nombre (46), un pronombre (47) o una marca impersonal (48). Luego, como se apreciará en el análisis, se clasificó el nombre, el pronombre o la marca en cuestión.

(46)   <u>mi mamá</u> sí me decía / <cita> no / hijo / por aquí por la parte de abajo hay / donde está la<alargamiento/> / la posada <vacilación/> Cuyaguata </cita> / (CARA_H11_005)

(47) <u>yo</u> le comenté por el cupo universitario (CARA_H33_101)

(48) o sea / todavía en El Hatillo se cura con mata / <u>como se dice</u> / (CARA_H11_005)

También se ha tomado en consideración si el referente es animado (49) o inanimado (50).

(49) y cuando el niñito salió de sexto grado <u>mi mamá</u> dijo que cómo iba a hacer con ese niño porque ese niño ahora en el bachillerato se iba a perder y se iba a convertir en un malandro (CARA_M13_084)

(50) <u>un cartelito</u> que decía / <cita> descifra </cita> (CARA_M31_036)

Asimismo, se ha codificado la información relacionada con el orden de palabras de los constituyentes oracionales. La muestra ha arrojado dos opciones: SVO, orden no marcado en español, como en (51), que es un caso de CP, y VSO, como se aprecia en (52), que constituye un ejemplo de DDT:

(51) y <u>yo salía</u> / <observación_complementaria = "imita el sonido onomatopéyico"/> rum / iba pa' la compañía (CARA_H33_102)

(52) me <u>está diciendo la maestra</u> / <cita> tienes que traerlo porque es bastante inteligente </cita> (CARA_H11_006)

En el segundo caso, en el que la explicitud de la atribución es Ø, se trata de ejemplos de DR como los presentados en (53) y (54); en esta oportunidad, de DDT:

(53) entonces Ø le dije <cita> después que tú me has hecho tragar tierra como me has hecho en esta casa </cita> (CARA_M13_084)

(54) entonces / Ø me dice / <cita> sí<alargamiento/> / tocayo / incluso <tiempo = "20:00"/> me tuvieron que llevar para el Centro Médico Docente </clta> // (CARA_H11_005)

iii) Complemento indirecto

En todos los casos de citas encontrados se registró si está presente (55) o no (56) un complemento indirecto que especifique a quién se le transmite el mensaje reproducido.

(55) pero todos los días los niñitos <u>te</u> van a preguntar cosas distintas (CARA_M33_108)

(56) uno Ø preguntaba / <cita> mira / ¿no necesitan obreros? / ¿no necesitan empleados? / ¿no necesitan esto? </cita> (CARA_H31_029)

En ejemplos como (55), los complementos se clasificaron en función de la clase de palabra a la que pertenece su núcleo, es decir, si se trata de un sustantivo (57) (con el correspondiente pronombre correferencial) o de un pronombre átono (58):

(57) yo le (*sic*) hablo <u>a mis hijos</u> / así con esta edad que tengo / y esa edad que tienen ellos (CARA_H31_029)

(58) y yo iba y mi mamá <u>me</u> decía / <cita> yo no te estoy llamando </cita> (CARA_M11_011)

iv) Contenido de la cita

En el análisis se ha considerado igualmente la constitución interna de la cita. Por las características sintácticas disímiles de los EDR analizados, esta categoría solamente se ha aplicado en el DD, el DI y la CM. Se ha determinado entonces si el contenido citado, imprescindible en los tres mecanismos de citación apuntados, es una oración, como en (59), o si es < oración [menor que oración], como en (60).

(59) tú sabes / ella te está contando <cita> <u>¡ay! que tiene un niñito / que lo violaron / que el papá / que no sé qué / ¡ay! bueno / pero pobrecito</u> </cita> (CARA_M13_084)

(60) y yo dije <u>que sí</u> <silencio/> (CARA_H33_102)

En (59) se trata de un ejemplo de CM con varias oraciones y en (60), de uno de DI cuyo contenido citado es < oración.

v) Modalidad de la cita

Por último, en lo que al nivel sintáctico se refiere, en los fenómenos de CM, DD, DI, DN y E cuyo contenido es una oración, esta última se ha clasificado según la modalidad oracional: afirmativa (61), negativa (62), interrogativa (63), exclamativa (64) e imperativa (65).

(61) ella me decía / ella me dice / <cita> <u>la fascinación mía es <énfasis> comer <énfasis></u> </cita> (CARA_H11_005)

(62) y yo iba y mi mamá me decía / <cita> <u>yo no te estoy llamando</u> </cita> / (CARA_M11_011)

(63) por ahí me dicen <cita> <u>mira / ¿y tu vida social?</u> </cita> (CARA_H13_078)

(64) entonces dijeron <cita> <u>¡míralo / ahí viene!</u> </cita> (CARA_H31_030)

(65) entonces él me dijo <cita> <u>vente para que me ayudes / carajito</u> </cita>
       (CARA_H31_029)

Todos los ejemplos de (61)-(65) son de DDT.

3.2.5.2. De tipo semántico-discursivo

El análisis semántico-discursivo ha estado centrado en aquellos aspectos relacionados con el DR que traspasan las fronteras oracionales. En esta parte de la investigación se ha indagado en los siguientes aspectos: i) con qué sentido se emplea *decir* como marco introductor; ii) si hay presencia de marcadores discursivos al inicio de las citas y, de ser así, cuáles son; iii) a quién le atribuyen la palabra los hablantes cuando usan el DR (Marcuschi 1997); iv) en qué tipo de secuencia textual suelen insertarse los EDR y v) cuál es la función pragmática de los distintos procedimientos de cita estudiados (Camargo Fernández 2004, Gallucci 2010).

i) Significado léxico del verbo decir

Decir es el verbo más empleado como marco introductor de cita, tal como ha quedado evidenciado en prácticamente todos los estudios relacionados con el DR comentados en el capítulo 2. Por esta razón, se estableció como objetivo identificar el significado léxico asociado a este verbo en las entrevistas estudiadas. Según se desprende de los datos, los hablantes emplean el verbo *decir* con el significado de: i) 'comunicar [algo] con palabras' (66) (*DPD* 2005); ii) 'relatar o contar' (67); iii) 'rezar' ('dicho de un libro o de un escrito que contiene ciertos temas e ideas', *DLE* 2014) (68); y iv) 'preguntar' (69).

(66) yo me acuerdo que él decía <cita> yo no puedo comer </cita> y no comía
       (CARA_M33_107)

(67) una amiga me <u>dijo</u> <cita> mira / <vacilación/> en la Universidad Santa María dan
       Producción </cita> (CARA_H31_077)

(68) mi abuela ve en el escritorio una tarjetita que <u>decía</u> <cita> Bachiller Castro </cita>
       / que era el jefe de captura de la Seguridad Nacional (CARA_H33_101)

(69) el profesor me <u>dijo</u> / <cita> ¿pero tú estás segura que tú no tienes experiencia? </cita> (CARA_M11_011)

Todos los ejemplos presentados a propósito del significado del verbo *decir* corresponden a casos de DDT.

ii) Marcadores del discurso

A partir de la propuesta de análisis relacionada con el DR en el PRESEEA (Camargo Fernández 2008a), se ha documentado si al inicio de la cita están presentes (70) o no (71) marcadores discursivos; categoría que no debe confundirse con el DDM, es decir, la cita directa introducida a través de un marcador. Aquí se trata de la presencia de un marcador discursivo en el interior de la cita. En el primer caso, se identificaron cuáles son y a qué categoría pertenecen tomando como punto de partida la clasificación de Martín Zorraquino y Portolés Lázaro (1999). En § 4.5.2. se detallará esto último.

> (70) nos dijeron / <cita> <u>mira</u> / ya tienen la quincena depositada </cita> / (CARA_M11_011)

> (71) se cambia y se bate <cita> ¡eee! </cita> (CARA_H33_101)

iii) Atribución de la palabra

Con la finalidad de conocer en qué medida el hablante se compromete en relación con las palabras que reproduce o refiere, según sea el caso, se ha estudiado si se decanta por citarse a sí mismo y/o a su grupo (*autocitación*), es decir, privilegiando la palabra propia, como en (72) y (73), respectivamente, o si prefiere citar a los otros y, por tanto, escoge la palabra ajena (*heterocitación*), como en (74) (Marcuschi 1997).

> (72) <u>yo</u> <cita> ¡ah / okey! </cita> (CARA_H11_005)

> (73) <u>nosotros</u> tenemos cuidado / <cita> ¡un polvito! / ¡cuidado con el muchacho! / que / ¡mira! / una metra allá </cita> / (CARA_H11_006)

> (74) <u>las personas</u> te decían así / <cita> ¡ay vamos pa' Caracas! </cita> / Caracas llamaban el centro de la capital (CARA_M31_036)

iv) Secuencia textual

A través de esta categoría se ha determinado la secuencia textual en la que se insertan los EDR de las entrevistas. Esta categoría ha sido necesaria para afinar y complementar, de una manera más satisfactoria, la clasificación de las funciones pragmáticas de la cita propuesta en Gallucci (2010, 2013) y que se desarrolla en el apartado que sigue.

Como es bien sabido, la secuencia textual es una unidad de composición de un nivel inferior al texto que está constituida por un conjunto de proposiciones que presentan una organización interna determinada. Las secuencias son autónomas con respecto al texto y con este último mantienen una relación binaria; por un lado, de dependencia, ya que se materializan en el texto; y, por otro, también de independencia, pues se pueden aislar y reconocer en este último. De la misma manera, tienen una organización interna propia que posibilita que se puedan descomponer en partes.

Esta noción tiene su origen en la convicción de que no existen textos puros en cuanto al tipo al que pertenecen, pues los textos se caracterizan por ser complejos en su composición y tipología. Como se verá enseguida, la entrevista sociolingüística no es la excepción. En este punto, se ha seguido la clasificación de Adam (1992), aunque con una ligera modificación por las características propias del material estudiado.

Es necesario acotar igualmente que, como sucede en las entrevistas analizadas, los textos complejos suelen estar integrados por diversas secuencias que se combinan y que pueden identificarse en función de su jerarquía. Para explicar de qué manera se combinan las secuencias en los textos, el autor propone distinguir, siguiendo un criterio de dominancia y otro de inserción, respectivamente, entre secuencia dominante y secundaria, por un lado, y envolvente e incrustada, por otro.

La secuencia dominante es aquella que aparece mayormente en el texto. En este caso, por tratarse de entrevistas domina la secuencia dialogal, que es aquella que enmarca al texto en su totalidad, le da sentido y que, a su vez, constituye el marco de referencia para que se manifiesten los otros tipos de secuencias, sin menoscabar las características específicas de la entrevista semidirigida.

La secuencia secundaria es aquella que está presente en el texto sin ser la dominante. En el caso del PRESEEA-CA, suele ser sobre todo narrativa, ya que en la recolección de los datos siempre se procuró que el hablante no se limitara únicamente a responder a las preguntas del entrevistador, sino que contara experiencias personales que fuesen de su interés.

Por otro lado, en lo que respecta al criterio de inserción, si una secuencia constituye el marco en que otras secuencias pueden aparecer incrustadas, se denomina *secuencia envolvente*. Siguiendo la clasificación de Adam (1987, 1992) y lo expuesto en Adam y Lorda (1999), en las entrevistas que conforman la muestra de estudio se identificaron las secuencias textuales envolventes que enmarcan los distintos fenómenos del DR sometidos a análisis. El lingüista francés distingue cinco tipos de secuencias textuales prototípicas: narrativa, descriptiva, argumentativa, explicativa y dialogal. Se ha seguido esta propuesta, pero con una ligera modificación: se ha unido en una sola categoría la secuencia argumentativa y la explicativa en virtud de su poca representación en la muestra de habla caraqueña y de las características que, por otro lado, suelen compartir exposición y argumentación.

A continuación, se explican e ilustran los cuatro tipos de secuencia identificados. En cada caso se reproduce el contexto necesario para reconocerlas y se subraya la cita en cuestión.

La secuencia narrativa sirve fundamentalmente para informar sobre acciones y hechos protagonizados por seres humanos, animales o entes humanizados, como en (75):

(75) Los otros siempre están trabajando por fuera / pero él<alargamiento/> / él ha mantenido siempre ahí en El Hatillo ese trabajo por ahí / y / entonces // ¡ah! y<alargamiento/> siempre<alargamiento/> hablamos y echamos broma / <u>entonces / me dice <cita> papi / tú con tu hermano / eeh / con tu <ruido = "alarma"/> hermano J. / o sea / con mi tío J. / ¿nunca<alargamiento/> / nunca peleas / nunca eso? </cita></u> / debe ser porque como ella pelea <ruido = "bocina"/> mucho con / con la hermana / (CARA_H11_005)

A través de la secuencia descriptiva, como en (76), se presenta información sobre las características, los estados y los procesos de seres humanos o entidades humanizadas:

(76) ya ellas yo las veo como ya parte de mi familia también / porque en realidad / o sea / le tienen confianza a uno / son personas <sic> de </sic> que<alargamiento/> / <u><cita> este / mire<alargamiento/> / <ruido = "alarma"/> señor E. / esto </cita></u> (CARA_H11_005)

En la secuencia argumentativo-explicativa se exponen los argumentos y contraargumentos a propósito de un tema, generalmente controvertido, con la finalidad de persuadir al otro o, como su nombre indica, se explican las consecuencias de un hecho determinado (77):

(77) cada año es un es un reto pues para ellos / entonces todos son difíciles / todos / todos son en su momento iguales para los niños / y para uno como docente también pues / porque lo que uno dice / de la la ventaja del docente es que tú nunca vas a tener un / un / un / ¿cómo te digo? / que sea rutina / un trabajo rutinario no es el trabajo del docente / porque todos los días vas a tener <u>niñitos que te dicen una cosa</u> / que te dicen la / y todos los años vas a tener niñitos nuevos y todos los años vas a tener padres nuevos / y cada día los niñitos tienen una cosa distinta (CARA_M33_108)

Por último, la secuencia dialógica se pone de manifiesto en aquellos turnos del entrevistado en los que se recrea un diálogo reconstruido. Este diálogo puede estar formado por un par adyacente de pregunta-respuesta que reproduce el hablante

(Roulet *et al.* 1985), como en (78), o ir más allá, es decir, con muchas más intervenciones (*cf.* Gallucci 2021).

> (78) aunque inclusive dudé muchas veces de estudiar Educación porque <u>todo el mundo me decía <cita> te vas a morir de hambre / tú / tú te vas a morir de hambre </cita> y yo <cita> bueno / si me muero de hambre / yo me voy a tu casa y tú me das de comer </cita></u> /

v) Función pragmática

Con esta categoría, estrechamente vinculada con la anterior, se pretende dar cuenta de la función que cumplen los EDR en un contexto de uso particular en la línea propuesta por los teóricos de los actos de habla (Austin 1962 y Searle 1969). El objetivo ha sido saber qué hace el hablante cuando introduce un EDR, es decir, para qué lo incorpora en su elocución.

Para establecer las funciones pragmáticas de los distintos fenómenos agrupados bajo la etiqueta de DR fue fundamental, además del enunciado en sí mismo, el cotexto. Aunque Reyes (1993: 58) señala que las funciones predominantes de los procedimientos de citación prototípicos (cita directa e indirecta) son dos –contar lo que dijo alguien e indicar la procedencia del conocimiento–, estas funciones inherentes pueden dar paso a otras más específicas.

Las funciones pragmáticas de los EDR que se han identificado en la muestra son cuatro: i) relatar o contar una anécdota (79), ii) ejemplificar una situación determinada (80), iii) ofrecer un argumento (81) y iv) repetir un enunciado anterior (82).

> (79) cuando la cocina sale de la aduana y llega al depósito de la compañía / usted tiene que pagar el resto // en ese resto está incluido instalación <alargamiento/> / está incluido todo / de manera que cuando a usted le dicen <silencio/> <u><cita> mañana le vamos a despachar su cocina y dentro de una semana vamos a instalar </cita></u> / usted no debe nada / ¿me entiendes? / la cocina está <énfasis> totalmente pagada</énfasis> (CARA_H33_102)

> (80) tengo una / que es la de Valencia / que es muy cómica porque no me deja ni siquiera ir al baño / es así como que <observación_complementaria = "imita sonidos de golpes a una puerta"/> <u><cita> tío / ¿qué estás haciendo? </cita></u> <cita> estoy en el baño </cita> <cita> pero / ¿qué estás haciendo? </cita> <cita> ¡estoy en el baño! </cita> <risas = "todos"/> o sea <risas = "I"/> <cita> estoy en el baño </cita> y bueno / de verdad que / es muy cómico porque todas son muy pegadas conmigo (CARA_H13_078)

> (81) y yo la agarre en el aire / yo le dije / <cita> no<alargamiento/> / L / mira / este / yo sé que es algo importante <tiempo = "20:00"/> </cita> / le dije yo / <u><cita></u>

pero<alargamiento/> realmente yo prefiero que me des permiso para irlos a inscribir / porque <alargamiento/> su papá va ir por mí / pues </cita> / <cita> ¡ah
bueno / chévere! </cita> / eso se regó / y después esta semana llegaron y me dijeron / <cita> mira / F / muy inteligente </cita> / porque siendo otra / dice / <cita>
bueno / sí yo me voy todo el día </cita> / (CARA_M11_011)

(82) E1: ¿por qué se tuvieron que ir a Maracaibo? /
     I: ¿por qué nos fuimos a Maracaibo? (CARA_M33_108)

En relación con la categoría anterior, dedicada a las secuencias textuales, en
(79) se observa que la secuencia textual es narrativa y la función de la cita también, o sea, secuencia y función coinciden. En (80) se trata de una secuencia dialógica (un diálogo reconstruido), pero de citas que tienen como función ejemplificar
una situación; en este caso, el comportamiento de la sobrina del hablante. En (81)
se aprecia de nuevo un diálogo reconstruido en el que la cita destacada se corresponde con un argumento. En (82), como ocurre con todos los ecos identificados en
las entrevistas, se trata igualmente de una secuencia dialógica.

La relación entre secuencia y función ha sido fundamental para afinar el mecanismo de identificación de esta última y dar cuenta de los casos de aparente solapamiento en los que en realidad se confunden una y otra categoría, porque no se
toma en cuenta que las citas funcionan como secuencias incrustadas.

3.2.5.3. Extralingüísticas

Como ya se ha adelantado, los fenómenos sometidos a estudio que así lo han permitido (por el número de casos presentes en las muestras) también se analizaron
en función de su relación con las variables extralingüísticas inherentes al PRESEEA-
CA: la edad (con dos variantes: 20 a 34 años, 55 años y más); el sexo (hombres y
mujeres) y el grado de instrucción (sin instrucción o con instrucción primaria y con
instrucción universitaria).

Capítulo 4

Análisis y resultados

> Todo discurso forma parte de una historia de discursos: todo discurso es la continuación de discursos anteriores, la cita explícita o implícita de textos previos. Todo discurso es susceptible, a su vez, de ser injertado en nuevos discursos, de formar parte de una clase de textos, del corpus textual de una cultura. La intertextualidad, junto con la coherencia, la adecuación, la intencionalidad comunicativa, es requisito indispensable del funcionamiento discursivo. (Reyes 1984: 43)

En este capítulo se ofrecen los resultados derivados del estudio del discurso referido a partir de las categorías de análisis lingüísticas y extralingüísticas propuestas en el capítulo 3 de este volumen.

4.1. Citas propias e impropias

En primer lugar, se recoge el uso de los dos tipos generales de DR que en esta investigación se han identificado bajo las etiquetas de *citas propias* e *impropias*. Las primeras, muestra clara de la heterogeneidad mostrada (Authier-Revuz 1984, 1995, 1996) y, por tanto, de la reproducción de enunciados, se caracterizan por explicitar lo dicho, es decir, su contenido, como en (86), ejemplo de DDT introducido mediante el verbo de comunicación *decir*. Las segundas no reproducen otro discurso, sino que lo refieren, es decir, aunque sí identifican que se ha llevado a cabo o se ha transmitido una acción verbal, lo que permite reconocerlas en la superficie textual, no suelen especificar qué se dijo, como en (87), que es un caso de DN con el verbo *contar*.

(86) me decían <cita> esta es la primera caraqueña que vemos que es simpática o por lo menos que es habladora </cita> (CARA_M33_108)

(87) ella luego me contó (CARA_H13_077)

En el cuadro 6 se observa el total de citas registradas en las entrevistas de habla del español caraqueño –2094 casos– desglosadas en función de esta primera clasificación general.

Cuadro 6. Tipos generales de cita analizados en la investigación

Tipo de cita	N	%
Propia	1564	74,7
Impropia	530	25,3
Total	2094	100,0

Como se aprecia en el cuadro 6, 1564 casos (74,7% del total) corresponden a citas propias –o tradicionales– y 530 (25,3%), a citas impropias. Vale la pena recordar que, según se ha establecido en esta monografía, en las primeras se incluyen los casos de discurso directo (DD), discurso indirecto (DI), cita mixta (CM), cita de paralenguaje (CP), cita de gestos (CG) y ecos (E); en las segundas, el discurso narrativizado (DN) y la cita abstracta (CA). Como se mostrará más adelante, estos tipos específicos son los que se correlacionarán con el resto de las categorías de análisis.

Ahora bien, si se normaliza el número de casos obtenidos en función del número de palabras de la muestra (Gallucci 2005), es decir, si se divide el total obtenido como frecuencia absoluta (2094) entre el total de palabras de la muestra del subcorpus (123 993) y se multiplica por un número base (1000, por ejemplo), se obtiene que un EDR ocurre, aproximadamente, 17 veces cada 1000 palabras (Evison 2010). Si se lleva a cabo el mismo procedimiento, pero se toma 250 como número base, se tendrá que, en promedio, en la muestra del PRESEEA-CA los entrevistados usan 4 EDR cada 250 palabras. Estos datos evidencian que se trata, sin duda, de un fenómeno lingüístico muy productivo, al menos en las entrevistas del español de Caracas. Lamentablemente, los estudios considerados como antecededente de la presente investigación no ofrecen datos de este tipo que permitan establecer comparaciones en este sentido.

En el cuadro 7 se presenta la distribución de las citas propias en función de los tipos específicos señalados antes.

El cuadro 7 deja ver la preferencia de los hablantes caraqueños por los EDR de cita directa. De los 1564 casos de citas propias, 1205 casos (77%) son de DD. A este último le sigue en orden decreciente, pero muy por debajo, el DI con 261 ocurrencias que constituyen apenas el 16,7%, y, seguidamente, las citas de paralenguaje (2,2%), la cita de gestos (1,8%), la cita mixta (1,2%) y los ecos (1,1%). Si bien es cierto que estos últimos mecanismos del DR se usan poco, al menos en esta muestra, pues en conjunto no superan el 6 % de los EDR, forman parte del abanico de posibilidades del hablante para reproducir –e imitar– otros discursos. Es importante recordar aquí que las citas son también demostraciones (Clark y Gerrig 1990).

Cuadro 7. Distribución de las citas propias

Citas propias	N	%
DD	1205	77,0
DI	261	16,7
CP	34	2,2
CG	28	1,8
CM	19	1,2
E	17	1,1
Total	1564	100,0

Ahora bien, si se aplica el mismo procedimiento para normalizar frecuencias que se empleó a propósito del total de EDR, pero esta vez en cuanto a los mecanismos más frecuentes, se obtiene que cada 1000 palabras se manifiestan aproximadamente 10 ocurrencias de DD y 2 de DI.

En el cuadro 8 se ofrece la distribución de las citas impropias en la muestra del español caraqueño.

Cuadro 8. Distribución de las citas impropias

Citas impropias	N	%
DN	519	97,9
CA	11	2,1
Total	530	100,0

El cuadro 8 muestra que las citas impropias suelen ser casi exclusivamente de discurso narrativizado, procedimiento que ronda el 97,9 % de los casos (519 de un total de 530). El 2,1 % restante (apenas 11 enunciados) corresponde a las citas abstractas.

En el gráfico 1 se presenta en conjunto la distribución de los 2094 casos encontrados en función de los tipos específicos –ocho en total– (seis de citas propias y dos de impropias) que se han identificado en esta investigación.

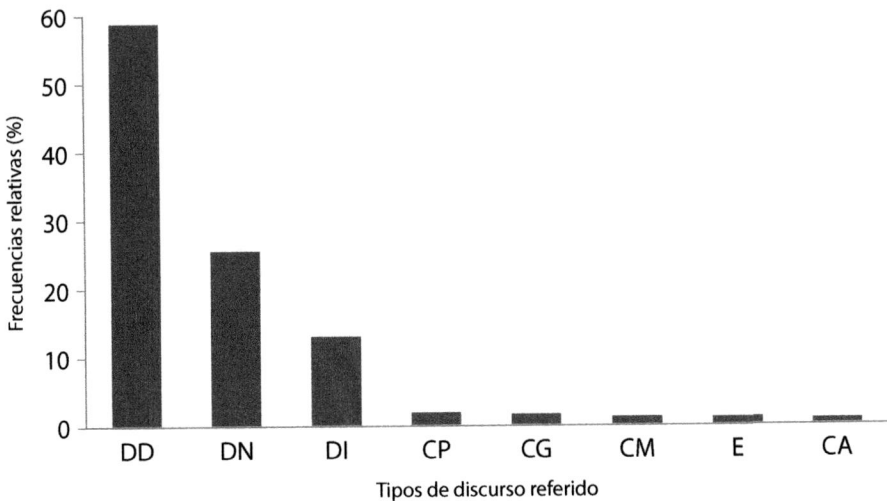

Gráfico 1. Distribución del DR en la muestra

Como se desprende del gráfico 1, cuando se unen los fenómenos que forman parte de las citas propias e impropias, el procedimiento del DR más empleado sigue siendo el DD, con 1205 ocurrencias, que representan el 57,5 % del total; esta vez seguido del DN, con 519 casos (24,8 %), y del DI, con 261 (12,5 %). Estos tres tipos de DR conforman el 94,8 % de los enunciados citativos de la muestra analizada. El resto alcanza menos de 40 casos y en conjunto constituye el 5,1 % del total de ocurrencias: CP (1,6 %), CG (1,3 %), CM (0,9 %), E (0,8 %) y CA (0,5 %).

La preferencia por la cita directa en español se observa en todas las investigaciones que constituyen los antecedentes directos de este trabajo y que se han recogido en el capítulo 2 de esta investigación.

En lo que respecta al español americano, por ejemplo, Cameron (1998) obtuvo 1249 casos en 62 hablantes; van der Houwen (1998 y 2000), 507 ocurrencias en 15 conversaciones; Mateus (2005), 80 % de DD en su muestra de 32 grabaciones; Gallucci (2010), 1057 de ED y 135, de EI (89 % vs. 11 %, respectivamente, en 16 hablantes); Vargas (2014), 292 casos de ED vs. 84 de EI en seis conversaciones; Fernández (2011), también en seis transcripciones, 80 casos de DR (56 de ED y 24 de EI). Por su parte, San Martín y Guerrero (2013) registran, en 54 entrevistas, un empleo preponderante de ED (74,2 %) en comparación con la frecuencia de EI registrada (25,8 %). También sucede algo similar en San Martín (2015), esta vez en un corpus de 120 hablantes: el autor identifica 4226 ocurrencias, de las cuales 2985 (70,6 %) corresponden al DD y 1241 (29,4 %), al DI. A propósito de esto último, es decir, del estudio de San Martín (2015), cuyas muestras también pertenecen al PRESEEA, pero de la ciudad de Santiago de Chile, llama la atención el número de casos que obtiene el autor en 120 hablantes y que aquí se hayan encontrado un poco menos de la mitad –2094– en apenas 16 entrevistas. Esto puede deberse a dos factores: i) el tipo de dinámica de las grabaciones en cada caso, pues en Santiago siguieron la propuesta de módulos temáticos y preguntas común a los equipos del PRESEEA y en Caracas en menor medida; y ii) a cierta tendencia de los hablantes caraqueños que usan de forma recurrente las citas en las narraciones orales, como ya se había advertido en Gallucci (2010, 2013, 2014).

En el español peninsular se observa la misma tendencia en el uso del discurso directo. Girón Alconchel (1998) comenta que el DD es la forma más frecuente (aunque no ofrece datos cuantitativos al respecto). Benavent Payá (2015) registra más de 500 casos de DD (incluidos los casos sin marco), al que le sigue el DI con apenas 44 apariciones. Por su parte, Camargo Fernández (2004), tanto en el atlas como en el corpus, encuentra más citas directas que de otro tipo (347 de un total de 512 y 224 de 309, respectivamente).

En todos los estudios comentados, como se ha visto, la frecuencia de DD suele ser muy superior al 50 % del total de casos analizados, independientemente del tamaño de la muestra.

En la presente investigación, como ya se ha visto, si se toma el DD en el grupo de las citas propias, representará un 77 % de los casos. En cambio, si se contabiliza en conjunto, es decir, con todos los otros tipos de citas –tanto propias como impropias– constituye el 57,5 % del total de ocurrencias por el elevado número de casos de discurso narrativizado registrado en las entrevistas.

A pesar de que no es posible establecer en sentido estricto una comparación entre los datos de esta investigación y aquellos que provienen de los estudios considerados como antecedentes –fundamentalmente porque no todos incluyen los mismos tipos de fenómenos (variantes del DD, por ejemplo), número de muestras y de palabras por grabación o formato de entrevista, etc.– es posible afirmar que la cita es primordialmente directa, al menos en las secuencias narrativas orales. A través de ella tiene lugar una teatralización que le otorga vivacidad y realismo a las historias que se cuentan, tal como se puede apreciar en el diálogo reconstruido de (88). Mientras que el DD *muestra* y *dramatiza* lo que se está citando, el DI, en cambio, *describe* un contenido citado (Buchstaller 2017: 402).

(88)   nada / me dijo y que <cita> no / pero es que tú / tú eres extraño / tú eres distinto a los / chamos que están en / en el salón y / broma </cita> y yo y que <cita> bueno ¿cómo que extraño? / ¡yo soy normal y corriente / pana! / ¡normal y corriente! </cita> / <cita> ¡no! / sí que tú eres extraño / tú eres / no sé / distinto </cita> y yo <cita> ¿ah distinto? / sí / yo soy distinto </cita> / <cita> sí / es que eres medio lindo y vaina </cita> / y yo y que <cita> ah / ¿en serio? </cita> (CARA_H13_077)

Los resultados comentados hasta ahora, y en especial el elevado número de citas registradas (2094), evidencian que en nuestros discursos hay un vaivén continuo entre lo que se dice del mundo directamente y, sobre todo, lo que se dice del mundo a través de la reproducción de otros enunciados (Reyes 1993: 40). El *yo* múltiple de la polifonía lingüística se perfila como recurso que permite integrar nuestras ideas en otros discursos. Por esta razón, en los mensajes que comunicamos resuenan voces o puntos de vista diversos. Como explica Escribano (2013: 22), tal vez sea esa necesidad de salvaguarda social lo que hace que nuestras intervenciones tengan que sustentarse en puntos de vista diferentes a los nuestros, bien como apoyo argumentativo, como en el segmento (89), donde el hablante emplea la opinión de Hugo Chávez como argumento de autoridad que le permite reforzar su crítica a propósito de la costumbre generalizada de ingerir bebidas alcohólicas en la vía pública; o bien para tomar distancia y disentir con respecto a ellos, como ocurre en (90), fragmento en el que el hablante reproduce qué le respondía a sus compañeros cuando cuestionaban el esfuerzo que hacía en su trabajo.

> (89) en la tarde / salen toda la mayoría de la gente / usted va pa' Catia el viernes / y desde el día viernes / lo que consiguen son \<sic\> puros \</sic\> / gente tomando cerve\<alargamiento/\>za / ni\<alargamiento/\> en todas las esquinas / en todos lados / ¿ve? / porque / como dice Chávez / \<cita\> en todas partes / hay\<alargamiento/\> ahora es en al lado de las escuelas / y sábado / viernes / el domingo / y el lunes / empiezan de nuevo / cerveza y cerveza / cerveza y cerveza \</cita\> (CARA_H31_030)

> (90) y me ponía también a limpiar / que si un dulcito / que si unas papitas / que si unas cosas así de / de comer todo / y así / pues / todo chévere / cargaba sacos de\<alargamiento/\> / parecía mentira / pero la / los que trabajaban conmigo me decían que/ \<cita\> miren / muchachos a este le va a salir una hernia \</cita\> / a los muchachos que trabajaban conmigo / sí / \<cita\> ¡no / yo tengo fuerza! / ¡yo puedo! / no que me lo móntemelo aquí \</cita\> / (CARA_H11_006)

Aunque hay diferencias en el número de casos registrados en cada uno de los mecanismos del DR analizados, esta variedad deja ver las distintas opciones con las que cuentan los hablantes para reproducir otro discurso en el propio y, en consecuencia, evidencia la polifonía inherente a todo intercambio comunicativo.

Ahora bien, esas opciones no se traducen únicamente en el tipo de procedimiento citativo en cuestión, sino también en la forma en que se usa y, como se verá después (§ 4.5.5.), en el para qué (argumentar, ejemplificar, etc.). Sobre el primer punto Reyes (1994b: 6-7) explica que la atribución de la palabra puede ser (casi) exacta, como en (91), aproximativa, como en (92), y ficticia, como la cita prospectiva de (93):

(91) E1: ¿y las novias? /
      I: <risas = "I"/> ¿las novias? (CARA_H13_077)

(92) <cita> no / que no sé qué / broma y tal </cita> / (CARA_H13_077)

(93) yo no sé ya este es otra como que otra<alargamiento/> / <ruido = "alarma"/> otra
      época ya dirá / <cita> ¡ay / papá! </cita> (CARA_H11_005)

Aunque la autora también refiere la cita falsa –cuando se le hace decir a una persona algo que nunca dijo– y restringe la cita ficticia al ámbito de la literatura –cuando se reproducen palabras de personajes literarios–, aquí no se ha seguido esta clasificación en sentido estricto. En primer lugar, porque en las entrevistas, a excepción de los ecos, no se cuenta con el discurso original que reproduce el hablante; por tanto, no se puede determinar si los enunciados citativos son falsos o no. En segundo lugar, como en las narraciones no se refieren palabras de personajes literarios, lo ficticio se ha circunscrito a aquellas citas en las que el emisor proyecta hipotéticamente, en tiempo verbal futuro, lo que cree que dirán otros en una situación determinada, como en (93).

4.2. Variantes de las citas propias

Una vez descritos los resultados sobre los tipos específicos de EDR, se hace necesario indagar en sus variantes –cuando las hay–, como ocurre con la cita directa, que puede ser libre (DDL), tradicional (DDT), encabezada por un sintagma nominal (DDSN), por un marcador (DDM), por (y) + que (DDQ) o por el adverbio así (DDA); con la cita indirecta, que puede ser tradicional (DIT), libre (DIL) y cuasi indirecta (DCI); y, por último, con la cita de paralenguaje, que puede estar constituida por una onomatopeya o una interjección.

4.2.1. Discurso directo

En el cuadro 9 (página siguiente) se recoge la distribución de las distintas variantes de la cita directa presentes en la muestra.

Los datos del cuadro 9 evidencian que, si bien tradicionalmente se ha considerado que el DD suele estar introducido, sobre todo, por un verbo, como afirman las gramáticas del español (cf. Gallucci 2017), las citas directas introducidas Ø verbo –o sea, de DDL– superan, aunque por poco, a las primeras: 502 casos de DDL (41,7 %) y 490 (40,7 %) de DDT. Este margen de diferencia es pequeño –apenas 1 %–, pero fundamental, pues si el análisis se restringe a lo apuntado en las gramáticas en este sentido, esto limitaría el alcance real de este procedimiento de cita en la conversación y, por tanto, el objetivo de esta investigación.

Cuadro 9. Distribución del DD y sus variantes

Cita directa	N	%
DDL	502	41,7
DDT	490	40,7
DDSN	141	11,7
DDM	44	3,7
DDQ	24	2,0
DDA	4	0,3
Total	1205	100,0

4.2.1.1. Discurso directo libre

En las entrevistas el DDL o *zero quotative* (Mathis y Yule 1994) suele aparecer sobre todo en un tipo de contexto específico: el de los diálogos reconstruidos (Tannen 1986, 1989; Gallucci 2021), como en (94). En efecto, de los 502 casos de DDL registrados, 314 forman parte de uno de estos diálogos.

(94)   cita> oye / mira / hay lo siguiente / ¿por qué estás cansado? </cita> / <cita> profesor / yo estoy cansado porque usted / sabe pa' / pa' lidiar con malandros y eso es muy difícil / yo quiero que usted me ayude para pasar Historia Universal / sabe que me tiene que pasar </cita> / <cita> bueno / vamos a hacer lo siguiente / tú presentas tu prueba / estudias / si sacas un nueve te pongo diez </cita> / <cita> ¡hecho profe! </cita> / tú eres un tipo / <ininteligible/> sacaba ocho / cero cinco / yo le ponía el diez / <cita> chamo / a estudiar / tienes que estudiar más </cita> y en las siguientes pruebas me sacaba notas buenas / porque es <ininteligible/> / o sea / es un espíritu como de contradicción / (CARA_H33_101)

En (94) se aprecia de qué manera el locutor-narrador –el entrevistado– representa y *anima* (Goffman 1981) los turnos de palabra propios y ajenos (enunciador 1 y enunciador 2, respectivamente) para describir el acuerdo al que llegó con uno de sus alumnos y, de esa manera, presentarle el relato a su interlocutor como un *little show* (Goffman 1974). Aunque no se cuenta con registro filmado de este relato, en el audio correspondiente se aprecia que cambia la entonación (melodía, ritmo, pausa) y se origina un contraste respecto al segmento anterior de cada turno. En estos diálogos reconstruidos se combinan lo vocal, facial y verbal, de allí que constituyan muestras de comunicación multimodal, como explica Camargo Fernández (2007-2008)[30].

En todos los EDR de (94), como casos de DDL que son, los sujetos tienen voz propia, como si se tratara de los personajes de una obra de teatro. En ellos se distingue un doble plano de enunciación [yo-aquí-ahora [yo-aquí-ahora]]: locutores en uno y en otro plano que son responsables de sus respectivas enunciaciones. En cambio, en el DI solamente se distingue un plano de enunciación: [yo-aquí-ahora]. No obstante, como subraya Benavent Payá (2000: 216), los límites entre la narración y el drama se desdibujan constantemente en virtud del continuo solapamiento entre el plano enunciativo de la interacción y el plano enunciativo del relato dramatizado. Es probable que en el DD la dimensión teatral o la puesta en escena inherente al relato dramatizado, así como el histrionismo característico que le imprime vivacidad a la narración, permitan el desdoblamiento polifónico de los sujetos del relato (Aikhenvald 2004: 315); a diferencia de lo que ocurre en el DI, donde el narrador asimila el plano enunciativo del relato a su propia enunciación.

Al hilo de lo anterior, dentro de la cita directa el DDL es, sin duda, un mecanismo que potencia aún más esa teatralidad a la que se ha hecho referencia. En efecto, cuando el lector moderno, en este caso, el interlocutor, se enfrenta a las citas introducidas sin verbo, debe suplir «intuitivamente el engarce conceptual (*dijo*, *respondió*, etc.) que falta [y] este efecto intuitivo tiene su recompensa: la escena, las palabras que el personaje pronuncia, las actitudes y los móviles psicológicos se iluminan con luz inesperada», tal como apunta Alonso (1973: 210). El filólogo español ha dado cuenta de esta situación en muchos novelistas, pero sobre todo en Valle-Inclán:

> el estilo directo aparece sin ser anunciado ni siquiera por algún modo de mención del personaje que habla; ocurre esto en especial cuando se establece un diálogo seguido, una sucesión de estilos directos pronunciados por dos o más personajes, como en el diálogo teatral. En el teatro representado la individualización se logra por el cuerpo mismo y la voz del personaje; en el teatro impreso, porque a cada parlamento antecede el nombre del personaje. Prescindiendo ahora de lo que ocurriría en el recitado juglaresco medieval, poniéndonos en la mera posición del lector moderno, ninguna de estas individualizaciones se le dan, en los casos que estamos tratando, ni en la épica antigua ni en la épica moderna. Pero en una y otra el lector suele intuir fácilmente de qué boca salen las palabras en estilo directo, que lee. En novela moderna, a veces tal individualización no interesa al autor, por ejemplo, cuando son palabras pronunciadas sucesivamente por varios personajes de un conjunto, a modo de coro a la moderna (Alonso 1973: 200).

---

30. A propósito de esto último y aunque excede los límites de esta monografía, Stec, Huiskes y Redeker (2016) investigan a partir de entrevistas filmadas de qué manera un grupo de hablantes de inglés americano emplea la articulación multimodal cuando citan «personajes» en narraciones de experiencia personal.

En cuanto a los factores sociales inherentes a la muestra, el DDL ha sido más empleado por los hombres (304 vs. 198 casos de las mujeres), los entrevistados de más de 55 años (294 casos frente a 253 del grupo de 20 a 34 años) y por los de grado de instrucción 3 (342 casos vs. 160).

4.2.1.2. Discurso directo tradicional

La cita directa tradicional –o DDT– también puede formar parte de un diálogo reconstruido, aunque en menor proporción (185/490). En cuanto a los verbos que emplean los hablantes de la muestra como marco introductor de cita, el DDT se ha materializado a través de 62 formas verbales –frente a las 141 de DN–[31]. Esto se debe probablemente a que los verbos introductores de DD, al menos en teoría, deben cumplir con ciertos requisitos sintácticos o argumentales. Por lo general, deben ser verbos de tres argumentos (sujeto, complemento directo y complemento indirecto), como *decir* (*Alguien dice algo a alguien*) o *preguntar* (*Alguien pregunta algo a alguien*), aunque esto no se cumple en todos los casos. En el gráfico 2 se observan, aunque con mucha diferencia entre las frecuencias de uso de unas y otras, las diez formas verbales más empleadas en el DDT.

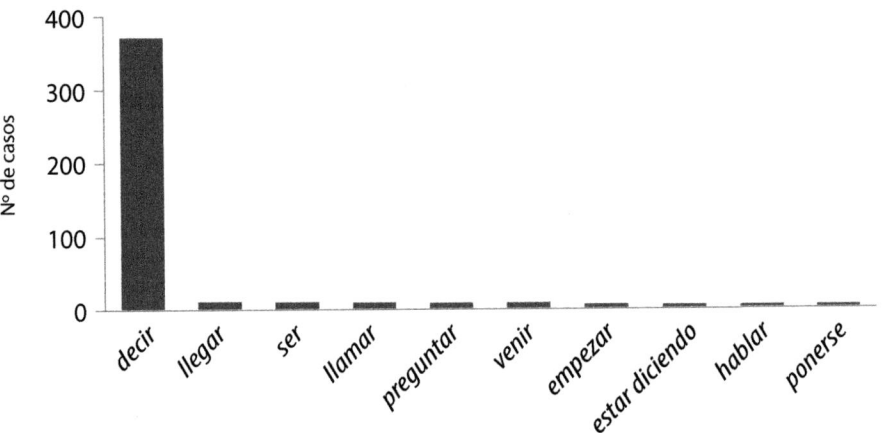

Gráfico 2. Formas verbales más frecuentes de DDT

---

31. Para un estudio detallado sobre los verbos introductores de cita en el español de Caracas, ver Gallucci (2019).

En el gráfico 2 se aprecia, como era de esperar, que *decir*, «el más usual e incoloro de los verbos que introducen estilo directo» (Alonso 1973: 196), es el más empleado. Este resultado coincide con todos los antecedentes de estudio (Girón Alconchel 1988; Cameron 1998; van der Houwen 1998, 2000; Benavent Payá 2002, 2003, 2015; Camargo Fernández 2004; Mateus 2005; Gallucci 2010, 2013; Fernández 2011; San Martín y Guerrero 2013; Vargas 2014; San Martín 2015) y, en general, con muchas de las distintas investigaciones que se han llevado a cabo a propósito del DR en otros ámbitos (discurso periodístico, literario, etc.); por ejemplo, el estudio de Estévez Rionegro (2016) sobre el Archivo de Textos Hispánicos de la Universidad de Santiago de Compostela (ARTHUS). A pesar de esto, no en todas las lenguas ni en todas las variedades se emplea este verbo de la misma manera. En el inglés de Estados Unidos los adolescentes californianos raramente usan el verbo *to say* para introducir una cita directa. Buchstaller *et al.* (2007: 23) han mostrado que en esta lengua los espacios de este verbo han sido ocupados por *like* y otros intensificadores (*really*, *so*, *totally*). Esto les permite afirmar a los autores que el sistema citativo del inglés es inestable y está sujeto a cambios. En esta misma línea, Foolen (2008: 117) considera que en dicha lengua y probablemente en otras también ha comenzado un cambio real en este sentido. No se trata de unidades nuevas que han entrado en el sistema, sino de estructuras que han adquirido una nueva función −la de marcadores citativos (*quotative markers*)−.

Benavent Payá (2015: 131-134) destaca el valor veritativo condicional de *decir* en español y el significado de este verbo desde un punto de vista cognitivo.

En cuanto al primero, la autora indica que este verbo introductor de citas codifica información veritativo-condicional, puesto que influye en las condiciones de verdad del enunciado en que aparece. Benavent Payá explica que si se niegan los enunciados *Dijo: −Estoy segura de que María vendrá* y *Dijo que estaba segura de que María vendría* (*No dijo: −Estoy segura de que María vendrá* y *No dijo que estuviera segura de que María vendría*, respectivamente) varía el valor de verdad del segmento en cuestión. La autora también refuerza esta idea a través del planteamiento de Pons Bordería (2008: 1421), quien recoge la posibilidad de integrar *decir* en la prótasis de una oración condicional como garante de su carácter veritativo-condicional:

> the possiblity to embed *decir* in the if-clause of a conditional shows that it falls under the scope of the logical operator of implication. *Decir*, when used to introduce direct speech, is therefore also a truth-conditional element:
> A: si dice ¡ay! ¿quién me ha toca(d)o a la puerta?, es que oyó que alguien llamaba.

En cuanto al segundo, o sea, al significado de este verbo desde un punto de vista cognitivo, Benavent Payá (*op. cit.*, 134) apunta que el verbo *decir* codifica significado conceptual, en tanto que como verbo presenta cierta variación morfológica y, además, puede ser negado (*No lo dijo. Solo lo insinuó*), como ya se ha visto, interrogado (*¿Eso dijo?*) o parafraseado, tanto en DD como en DI (*Afirmó con sus propias palabras: Estoy segura de que María vendrá; afirmó con sus propias palabras que estaba segura de que María vendría*), de acuerdo con las pruebas propuestas por Portolés Lázaro en este sentido (1998: 65-66).

A la par de lo anterior, el verbo *decir* también ha sido considerado como marca procedimental y como marca gramaticalizada (Benavent Payá 2000, Ruiz Gurillo 2006).

Siguiendo a Briz (1998), Ruiz Gurillo (2006: 109-110) señala que dentro de una conversación coloquial en ocasiones *decir* constituye una señal en el texto que le sirve al oyente para entender que lo que viene después pertenece a otra voz, a otro personaje. De esta manera, el verbo funcionaría entonces como lo hacen las comillas en la lengua escrita.

> Como las comillas, *decir* indica el inicio de otro discurso. Actuaría, por tanto, como «una partícula léxica de puntuación», «un ordenador y un marcador de los distintos turnos de los relatos que se integran en una conversación» (Briz 1998: 207, nota 4). Por su parte, Jucker (1993), que ha comparado el discurso directo con el marcador *well*, opina que tanto uno como otro introducen un nuevo tópico, lo que produce un cambio de perspectiva o de plano o, dicho en palabras de Ducrot (1986), supone el desarrollo en estilo directo de una nueva enunciación que se inserta en la primera. El problema es que, mientras en la lengua escrita disponemos de las comillas que constituyen un signo doble… en la lengua hablada el único signo es la partícula léxica *decir*. Por eso el hablante la utiliza repetidamente, intercala fragmentos de la historia que van precedidos por este verbo, lo que, por una parte, es muestra de su ostensión (quiere manifestar que este discurso no le pertenece) y, por otra parte, es una guía para que el oyente no se pierda en el discurso e interprete a cada paso que tales palabras son responsabilidad de otro locutor. Así ha de leerse que tras *decir* el discurso pertenece a otra persona que no es el hablante y que este discurso se refiere a otra situación de enunciación, a otra perspectiva (Ruiz Gurillo 2006: 110).

Al hilo de lo anterior, Briz (1996) afirma que *dice* es una partícula léxica de puntuación que rellena una pausa en el interior de la intervención o en la conversación, con la función de ordenar los datos, en el primer caso, y de transmitirle al oyente ese cambio de plano o perspectiva, en el segundo.

En relación estrecha con lo anterior, en algunos textos se ha sugerido la posibilidad de que *decir*, además de ser una marca procedimental, esté gramaticalizada. Benavent Payá (2002: 71) se ha ocupado ampliamente de esta última cuestión[32]. Esta

---

32. La autora ha hecho lo propio en cuanto al verbo *decir*, pero Girón Alconchel (2006: 405) se ha encargado de este asunto en lo que respecta al DR, sobre todo en fragmentos literarios. El autor llega a la conclusión de que el DR es una cadena de gramaticalización –un *continuum* categorial– más extensa que la cadena de gramaticalización de la relación interoracional.

investigadora ha analizado el funcionamiento de *decir* a la luz de los principios estadblecidos por Hopper (1991) como definitorios de los procesos de gramaticalización (*layering, divergence, specialization, persistence, de-categorialization*) y ha encontrado que en el DD *decir* presenta algunos de estos rasgos en relación con el segmento reproducido: la discordancia modal y la defectividad temporal:

— Discordancia modal: a veces este verbo introduce secuencias exclamativas o interrogativas que contradicen su significado propiamente aseverativo. En algunos casos se omite el verbo y, en otros, se repite de forma incesante, sin que ello sea en principio necesario para identificar la voz citada.

— Defectividad temporal: se conjuga casi siempre en tiempo presente, a pesar de hacer referencia a hechos pasados (Benavent Payá 2002: 71).

La aplicación de los parámetros anteriores al estudio de Benavent Payá plantea una serie de cuestiones que la autora explica de la siguiente manera:

Por un lado, parece ser que las notas distintivas del decir en los relatos, esto es, la discordancia modal, la omisión o repetición de este elemento y la defectividad temporal, verifican el principio de descategorización arriba señalado. Además, no es posible conmutar el segmento citado por *lo* por varias razones: i) el valor neutro de este verbo aseverativo eclipsa la modalidad exclamativa inicial de la cita: ii) la agramaticalidad de esta construcción resulta aún más evidente si tenemos en cuenta el contraste entre los tiempos pasados en que se narra la historia y el presente histórico que encuadra la cita. Este uso temporal, útil como recurso dramático, deja de ser válido una vez se elimina el discurso directo al que introduce; iii) por último, no se puede conjugar la idea de repetición continua de *decir* con la posibilidad de conmutar por *lo* todos los segmentos de discurso directo implicados (*op. cit.*, 73).

Las observaciones anteriores llevan a la autora a plantear que *decir* no se comporta exactamente como tal, a pesar de mantener las variaciones personales y, en ocasiones, temporales, ligadas a su categoria; más bien parece funcionar como un ordenador de las intervenciones de los personajes en la narración. En este sentido, se acerca al ámbito de los conectores discursivos, aunque todavía no se ha fijado

---

Sobre la gramaticalización no del verbo *decir* sino del DD, ver también Deutscher (2011). El autor explica (*op. cit.*, 646) que la frecuencia con la que usamos el DR en nuestras conversaciones, aunada a su naturaleza basada en fórmulas, hace que se convierta en un ámbito prototípico para la gramaticalización. Deutscher enfoca sus planteamientos en la gramaticalización de las construcciones de discurso directo y en las partículas citativas –*quotative markers*– que introducen este tipo de DR en inglés. El autor (*op. cit.*, 648) considera que el uso de los verbos *come, go, make* y *do* como verbos de reporte producto de una gramaticalización es incorrecto y constituye un malentendido. Según este investigador, se gramaticaliza toda la cláusula que introduce una cita y no los elementos individuales que forman parte de esta última.

totalmente, puesto que no cumple la propiedad de la *invariabilidad* defendida para esta categoría.

A pesar de que queda por resolver la posible especialización de este verbo en el contexto que nos ocupa y si realmente convive o ha convivido con otros mecanismos que cumplían esta misma función (*layering*), Benavent Payá ratifica los principios de *divergencia* y *persistencia*, en la medida en que *decir* codifica tanto rasgos verbales (categoría original) como conectivos (categoría incipiente).

A juicio de la autora, estos rasgos distintivos de los relatos en estilo directo frente a los contados en estilo indirecto pueden ser indicios de un proceso de gramaticalización subyacente. Benavent Payá considera que en el contexto de las historias conversacionales el verbo *decir* sufre un proceso de gramaticalización que lo aleja de su carácter verbal originario y lo acerca, como se ha señalado, al ámbito de la conexión discursiva.

En las entrevistas analizadas aquí también se pone de manifiesto la discordancia modal a través de secuencias exclamativas e interrogativas con *decir*: se registraron 34 ocurrencias de las primeras y 53 de las segundas. También suele omitirse el verbo con mucha frecuencia. En las muestras se aprecia, igualmente, la defectividad temporal: de 375 casos en los que *decir* introduce DDT, en 220 se emplea el presente histórico para referir hechos pasados, con lo cual se produce un efecto de actualización dramática. Estos datos permiten ratificar el principio de descategorización –o *de-categorialization*– de Hopper (1991) y Hopper y Traugott (2003), según el cual las formas que se gramaticalizan tienden a perder o neutralizar las marcas morfológicas y las características sintácticas propias de las categorías llenas, como sustantivos y verbos, para asumir los atributos definitorios de las categorías secundarias (adjetivo, preposición, etc.).

Los datos del español caraqueño también reflejan la especialización –*specialization*–, según la cual, cuando una forma se gramaticaliza, la variedad de opciones formales disminuye y el número menor de formas seleccionadas asume significados gramaticales más generales: la poca variedad y frecuencia de verbos introductores distintos a *decir* en el DD así lo indica.

No obstante, como defiende Ruiz Gurillo (2006: 111-112), no puede afirmarse rotundamente que *decir* tenga un significado procedimental gramaticalizado en el ámbito del DR. Además de los límites borrosos que median entre el significado léxico y el significado procedimental de una forma lingüística –dificultad de la que ha dado cuenta Portolés Lázaro (1998) a propósito de los marcadores del discurso–, para señalar que una unidad se ha gramaticalizado hay que comprobarlo diacrónicamente, lo cual excede los límites de esta monografía, que es de corte sincrónico[33].

---

33. Sin embargo, Ruiz Gurillo (2006: 112) también especifica que *decir* solo se podría proponer como forma gramaticalizada en los casos en que introduce una historia y no en otros donde presenta

Volviendo a la descripción de los verbos introductores de DDT, a *decir* le sigue, pero apenas con 10 casos, *llegar*; *ser*, con 9 casos; *llamar*, con 8; *preguntar* y *venir*, con 7 casos cada uno; *empezar*, con 5; la perífrasis verbal *estar diciendo*, con 4; y, por último, *hablar* y *ponerse*, con 3 ocurrencias cada uno. El resto de las formas, que se especifican más adelante, tiene 2 casos o menos.

En (95) y (96) se aprecian ejemplos de DDT introducidos a través de los verbos de desplazamiento *llegar* y *venir*. Ya Alonso (1973) había documentado el uso de este último verbo como introductor de estilo directo en textos literarios.

Los ejemplos muestran que no es imprescindible que el marco introductor sea, necesariamente, un verbo de comunicación. También permite matizar lo que se apuntaba a propósito del número de argumentos de los verbos introductores de cita.

(95) entonces yo <u>llegaba</u> <cita> buenos días / niñitas </cita> (CARA_H33_101)

(96) <u>viene</u> el otro / <cita> diez bolívares </cita> / y así vamos reuniendo como si fuera una alcancía (CARA_H11_006)

Lo mismo ocurre con el verbo de atribución *ser* (97) y con el verbo de cambio de estado *ponerse* (98):

(97) entonces cuando me enseñó el resto de las estrofas que ya había conocido / había buscado / bueno / <u>eran</u> <cita> gritemos con brío / muera la opresión </cita> / (CARA_H33_101)

(98) y ella <u>se ponía</u> / <cita> ¿cuánto me queda? / ¡cuidado tú le pagas el pasaje! / ¡yo gasté un me <palabra_cortada/> / un helado / me debes esto! </cita> (CARA_M11_011)

Sobre el primero, ya en Gallucci (2010: 84) se advertía que con el verbo *ser* sucede algo muy curioso y es que, sin pertenecer ni siquiera al grupo de los verbos de comunicación verbal, introduce citas en DD.

Sobre el segundo, aunque en la base de datos ADESSE (Alternancias de Diátesis y Esquemas Sintáctico-Semánticos del Español) (Albertuz Carneiro 2007) se identifican siete usos de *poner*, entre ellos uno de proceso de comunicación en el

---

un pensamiento o un discurso que nunca se dijo, como en las citas prospectivas. De esta manera, el *decir* procedimental y gramaticalizado sería exclusivo de la narración y, prosigue la autora, quedarían al margen, por tanto, los discursos representados que tienen función apreciativa, de soporte (o de ilustración) o de autoridad, entre otras posibilidades. En el caso de la segunda afirmación, como se mostrará en § 4.5.5., la relación entre el tipo de secuencia discursiva y la función que ejerce la cita dentro de ella están ampliamente relacionadas. Dentro de una secuencia narrativa un EDR puede emplearse con la finalidad de ofrecer un ejemplo, lo cual no invalida, a nuestro juicio, que en esos casos *decir* deje de funcionar como una marca procedimental.

que el verbo funciona fundamentalmente en el sentido de 'hacer uso de medios de comunicación' (conferencias, telegramas) o de 'poner por escrito' que recoge también el *DLE* (2014), en (98) se trata de un empleo que registra este último diccionario: «prnl. coloq. Introduciendo discurso directo, decir (| manifestar con palabras). *Tu padre se puso "eso es verdad"*». Palacios Martínez (2014) documenta este uso en el discurso oral juvenil. En la muestra del presente estudio también aparece solamente en hablantes jóvenes, pero se trata de muy pocos casos, lo cual impide, al menos de momento, establecer afirmaciones concluyentes al respecto.

En los otros casos restantes –con *llamar* (99), *preguntar* (100) y *hablar* (101)– sí se trata de verbos de comunicación que ADESSE define como aquellos en los que «una entidad (A1) dotada de capacidad comunicativa transfiere información (A2) por medio de cualquier sistema semiótico a otra entidad (A3)». *Preguntar* es el único de los tres verbos que funciona argumentalmente como *decir* (con sujeto, complemento directo y complemento indirecto –si lo hay–) cuando se trata de un DDT, no de un DN. Con *llamar*, que en este caso tiene el significado de 'invocar a alguien para pedir su atención o ayuda' y un complemento directo duplicado, el análisis sintáctico se complica. ¿De qué manera puede identificarse el contenido citado? En ADESSE, por ejemplo, hay solamente un caso como el que presentado aquí –pertenece al habla de Madrid– y en su análisis se distingue un sujeto (A1 = comunicador) y la cita (A2 = mensaje). Esto muestra la insuficiencia de las categorías gramaticales tradicionales y de las fronteras de la oración en este sentido. En el caso de *hablar*, los tres argumentos serían sujeto, complemento directo (el mensaje / el contenido citado) y el complemento oblicuo encabezado por la preposición *con*.

(99)   me <u>llamaban</u> a mí <cita> ¡E.! / hay que montar una cocina en tal lado </cita> (CARA_H33_102)

(100)   todos me <u>preguntaban</u> <cita> ¿cómo llegaste tú a Estados Unidos? </cita> (CARA_M13_083)

(101)   la coordinadora de preescolar llamó a la casa y <u>habló</u> con la señora <cita> mire / señora / lamentablemente no podemos hacerlo / se devuelve la tijera / la aguja / se devuelven las cosas que son <simultáneo> E2: grandes </simultáneo> individuales / y que uno </cita> (CARA_M13_083)

A continuación, se recoge el listado completo de formas verbales del DDT:

acabar; acercarse; advertir; agarrar; andar; apoyar; avisar; burlarse; comentar; contar; convencer; decir; empezar; empezar a + infinitivo (*avisar, gritar, hablar*); *escribir; escuchar; estar; estar* + gerundio (*acordándose, diciendo, hablando, peleando*); *gritar; hablar; invitar; ir a* + infinitivo (*decir, empezar*); *ir* + gerundio (*corrigiendo, diciendo, llegando*);

llamar; llegar; llegar a decir; mandar; mantenerse; molestarse; orar; participar; pegar (*el grito en el cielo*); *pelear; poder + infinitivo* (*decir, poner*); *ponerse; ponerse a + infinitivo* (*cantar, inventar*); *preguntar; proponer; quejarse; salir; saludar; ser; silbar; subir; tener que + infinitivo* (*estar*); *venir, ver, volver a venir.*

En (102)-(110) se ilustran aquellos casos de DDT introducidos por algunas de estas formas verbales que son particulares en virtud de que su significado primario no está vinculado con el hecho de reproducir una actividad verbal, como en *acercarse* (102), *agarrar* (103), *andar* (104), *estar* (105), *pasarse* (106), *ver* (107), *salir* (108), *subir* (109) y *pegar el grito en el cielo* (110).

(102)   entonces estaban todos los muchachos vacilando / para estar con esa cómica <ininteligible/> <u>se acercaban</u> / <cita> vente para acá / ¡ay sí! mamita <ininteligible/> </cita> (CARA_H33_101)

(103)   entonces mi abuela <u>agarró</u> / <cita> ¿ah / usted es el señor Castro? </cita> (CARA_H33_101)

(104)   ahí todo el mundo <u>anda</u><alargamiento/> / <cita> mira / si consigues otra cosa </cita> (CARA_M11_011)

(105)   pero <u>estoy</u> <cita> ¡mi<alargamiento/>ra / niña! </cita> (CARA_M11_011)

(106)   mi </simultáneo> hermana comía demasiado y se lo <u>pasaba</u> / este<alargamiento/> / <cita> tengo hambre </cita> (CARA_M11_011)

(107)   unos con un bastón / todo tieso / entonces me <u>ven</u> <cita> ¡coño! B. ¿cómo? / ¿qué estás haciendo? </cita>te ahorita (CARA_H33_101)

(108)   eeh <u>sale</u> el otro <cita> ah / <lengua = "inglés"> please </lengua> </cita> (CARA_M13_083)

(109)   y el hermano mío <u>subió</u> / <cita> ¡mira! / fueras bajado / fueras cantado </cita> / (CARA_H11_066)

(110)   y a <u>pegar el grito en el cielo</u> <cita> ¡Papá Dios! ¿cómo lo vas a permitir? </cita> (CARA_M13_084)

En los ejemplos con *acercarse* (102) y *subir* (109) se trata, sin duda, de verbos de desplazamiento. Aunque en principio se pudiera pensar que *andar* (104) y *salir* (108) también, el contexto de uso permite ver que en el primer caso el verbo se emplea en el sentido de 'estar o comportarse de determinada manera' (la entrevistada cuenta la conducta de sus compañeras de trabajo) y en el segundo, en relación con el proceso de existencia (el hablante explica cómo es la dinámica de las clases de inglés que dicta en preescolar), como 'aparecer' (*cf.* ADESSE). Con *agarrar* (103), el sentido con el que se emplea el verbo es el de *reñir*, pero en este caso no hace referencia a una acción física, sino verbal, como apunta el *DLE* (2014) (14. prnl. coloq. *reñir* [contender de obra o de palabra]). Con *estar* (105), el significado es de atribución ('tener calidad o condición') y no de localización. Lo mismo ocurre con *pasarse*, que en (106) es de atribución con el sentido de 'ser considerado de la manera que se indica' (*cf.* ADESSE). En (107) sí se pone de manifiesto el significado primario del verbo *ver* –'percibir por medio de la vista'–.

En (110) ya no se trata de un verbo propiamente, sino de una locución verbal. Es el único caso de DDT de la muestra que se introduce de esta manera. Esto deja ver que en este tipo de mecanismo del DR, a diferencia de lo que ocurre en el DN, las locuciones verbales no suelen ser productivas como marco introductor, al menos en la muestra del PRESEEA-CA. Aunque el *DLE* (2014) registra *poner el grito en el cielo* («1. loc. verb. coloq. Clamar en voz alta, quejándose vehementemente de algo»), en la muestra se registra la locución, pero con el verbo *pegar*, quizá por analogía con la forma *pegar gritos* que el *DLE* documenta en la séptima acepción de este verbo («7. tr. U., junto con algunos nombres, para expresar la acción que estos significan. *Pegar voces. Pegar saltos*»).

En lo que respecta a las variables extralingüísticas y al uso del DDT, los datos obtenidos revelan que en cuanto al sexo de los hablantes el empleo de la cita directa con verbo es muy similar: 241 casos en los hombres y 249 en las mujeres. En el grado de instrucción, la diferencia se incrementa (272 casos en el grado de instrucción 1 y 218 en el grado 3). La mayor discrepancia se observa a propósito de la edad: 295 ocurrencias en los jóvenes frente a 195 en los mayores de 55 años.

Una vez que se ha descrito el funcionamiento general del DDL y del DDT en la muestra, que constituyen el 82,4 % de los 1205 casos de cita directa encontrados, se explicarán el resto de las citas propias sometidas a estudio (DDSN, DDM, DDQ y DDA).

4.2.1.3. Discurso directo con sintagma nominal

El discurso directo con sintagma nominal (DDSN), como su nombre indica, es aquel tipo de DR cuyo elemento introductor es un sintagma nominal y que, en consecuencia, su núcleo puede ser un pronombre personal o un sustantivo. En la muestra se registran 141 casos de DDSN. De este total, 111 corresponden a un pronombre y 30, a un nombre. Como es bien sabido, frente al sustantivo el pronombre se enmarca dentro de los mecanismos de economía del lenguaje, y así lo entendió Frei (1929: 113): «En lugar de enunciar palabras y sintagmas a lo largo de la cadena hablada, el espíritu busca sin cesar de representarlos con la ayuda de signos más breves, y más manejables». Las formas pronominales son signos de valor general o genérico y, por tanto, como apunta el mismo autor (*op. cit.*, 140), dispensan a la memoria de retener una multitud de signos particulares cuyo empleo sería super-fluo (Escavy Zamora 1987).

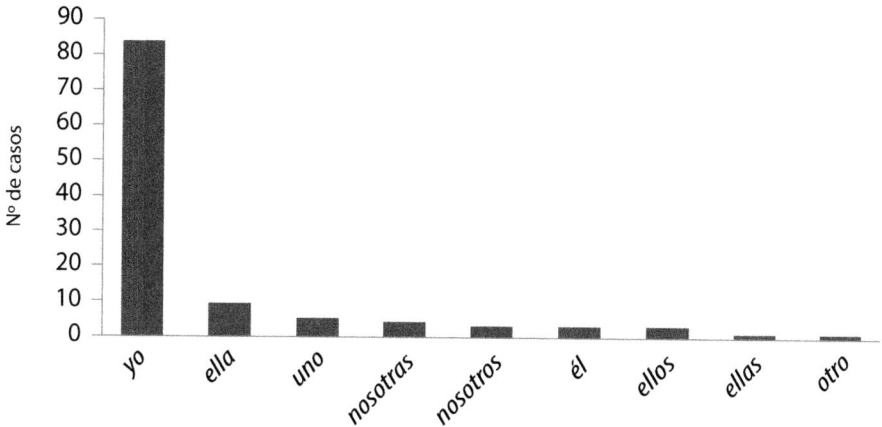

Gráfico 3. Pronombres introductores de DDSN

En el gráfico 3 se ofrece la distribución de los pronombres a propósito del DDSN.

Este gráfico muestra, sin lugar a duda, la preferencia de los hablantes por el pronombre personal *yo*, con 82 casos, seguido de *ella*, con 9, *uno*, con 5, *nosotras*, con 4, *nosotros*, *él*, *ella* y *ellos*, con 3 cada uno, y *ellas* y *otro*, con apenas 1 ocurrencia de cada pronombre.

El uso de la primera persona del singular no solamente tiene implicaciones gramaticales, sino que guarda una estrecha relación con la teoría de la enunciación de Benveniste (1971, 1977), concretamente con el concepto de sujeto productor del discurso –o voz enunciativa– que se vincula con la observación de su presencia en su propio discurso: a través de la enunciación el sujeto no solamente construye el mundo como objeto, sino que se construye a sí mismo. El empleo preponderante del *yo* tampoco se vincula únicamente con el yo-aquí-ahora como centro deíctico en la interpretación de un acto de comunicación determinado, sino con el punto desde el cual el locutor proyecta su mensaje y asume, en primera persona, la responsabilidad de la cita que reproduce. Desde la perspectiva teórico-metodológica del análisis del discurso, tal como explican Cortés y Camacho (2003: 34), los fenómenos de la enunciación tienen mucho que ver con que los hablantes usen el código para expresar intereses y objetivos comunicativos: las posiciones ideológicas de los que hablan se plasman en el discurso, y las estrategias enunciativas son ostensibles en las marcas de los pronombres: si en un texto predomina el pronombre de primera persona del singular, hay una voluntad de afirmarse como individuo. En el caso de las muestras sociolingüísticas analizadas, no podemos olvidar también que, como narraciones de experiencia personal que son, han estado enfocadas en los entrevistados, que también han sido, por lo general, el centro de las historias que han contado.

En el caso de San Martín y Guerrero (2015), quienes han identificado solamente enunciados introducidos con pronombre –DDPro–, los autores encuentran casi la mitad de los casos (47, que representan el 1,1 % del total).

En lo que tiene que ver con los sustantivos del DDSN, de los 30 casos encontrados en las muestras 19 corresponden a sustantivos comunes; 7, a sustantivos colectivos (*gente / gentes*) y apenas 4 son propios. Los sustantivos comunes han sido los siguientes: *compañeros, hermana, hijas, mamá, muchachos, niñita, niños, panas, papá, películas, personas, policía, prima, señor, sobrinitos*. De estas formas se registran 1 o 2 ejemplos de cada caso. Como se puede apreciar en la lista anterior, todos los sustantivos, excepto *películas* (111), son humanos y animados. Por las características de las entrevistas no es de extrañar que varios sustantivos comunes estén vinculados con el campo léxico semántico de la familia (*hermana, hijas, mamá, prima, sobrinitos*). De hecho, la primera pregunta que se les ha formulado a los entrevistados tiene que ver con este tópico.

> (111) y las <u>películas</u> <cita> ¡ay sí! / un hombre negro y la muchacha blanca </cita> (CARA_M13_083)

En lo que tiene que ver con las variables sociales, el DDSN se registra de manera similar entre hombres y mujeres (78 y 63 casos, respectivamente). Según el grado de instrucción, se contabiliza un número ligeramente mayor de citas de DDSN en los hablantes de grado de instrucción 3 que en el 1 (89 vs. 52). En lo que respecta a la edad, son los hablantes de entre 20 y 34 años los que más usan este marco introductor, ya que en este grupo de jóvenes se documentan 110 ocurrencias.

4.2.1.4. Discurso directo introducido con marcador

Del DDM se han encontrado 44 registros. Como se desprende del gráfico 4, los marcadores que utilizan los hablantes de la muestra en sus narraciones para introducir el DD son cuatro: *entonces, o sea, bueno* y *de repente*.

La forma más empleada ha sido *entonces*, con 31 ocurrencias. Siguiendo la clasificación de Martín Zorraquino y Portolés Lázaro (1999: 4060), se trata de un conector consecutivo que enlaza un consecuente con su antecedente, como en (112) y (113).

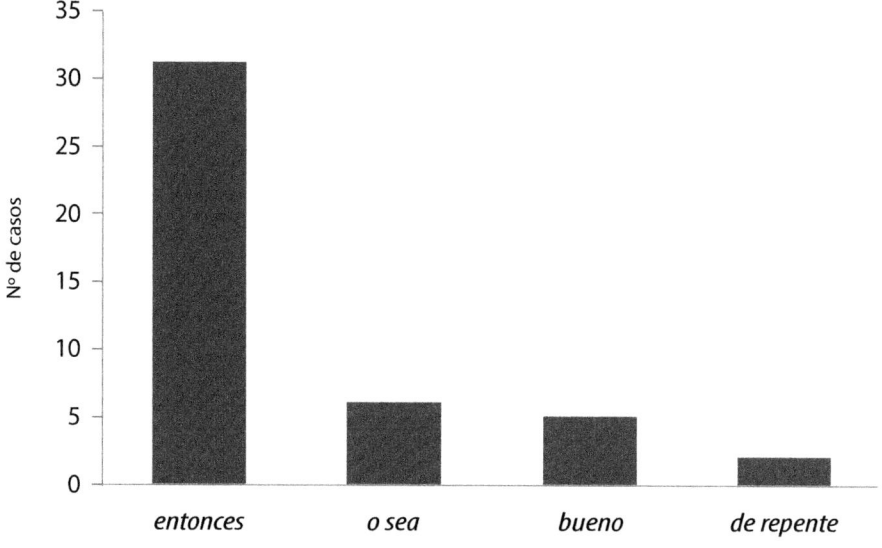

Gráfico 4. Marcadores introductores de DDM

(112) querían que fuera yo porque / pues / todos sabían que yo era muy / ¿sabes? / adepta a esas cosas / <u>entonces</u> / <cita> ya / ¡qué chévere que íbamos a conocer al Papa! </cita> (CARA_M33_107)

(113) entonces tuvimos años con ese policía de la Seguridad Nacional en la puerta / <u>entonces</u> / <cita> el señor se puede dar cuenta si oye el himno </cita> (CARA_H33_101)

En (112) la entrevistada cuenta que le parece una oportunidad única que sus compañeros la hayan escogido para conocer al papa, en virtud de sus creencias religiosas.

En (113) el hablante explica que un guardia del organismo de inteligencia policial creado en 1938 estaba siempre vigilándolo a él y a su familia en la puerta de la casa y que, por eso, no podían escuchar ni cantar el himno nacional. La historia tiene como referente la dictadura de Marcos Pérez Jiménez en Venezuela (1952-1958), época en la que se consideraba subversivo entonar las notas del himno nacional.

Aunque no es posible asegurarlo de forma concluyente, pues aquí no se ha llevado a cabo un estudio detallado y sistemático en este sentido (pero sí se ha buscado, por ejemplo, el uso de estas formas, sobre todo de *entonces*, en el *Corpus de conversaciones coloquiales* de Briz y Val.Es.Co (2002) y se han sondeado las percepciones lingüísticas de varios especialistas en el tema), todo apunta a que el uso de estos últimos como introductores de DR suele ser poco común en el español de España.

A la forma *entonces* le sigue, muy por debajo, *o sea* (114), con 6 casos; *bueno* (115), con 5; y *de repente* (116), con 2.

(114) todos cumplen un papel muy protector / <u>o sea</u> /<cita> yo estoy en ese salón / yo cuido mi salón / eeh estoy en el colegio </cita> (CARA_M13_083).

(115) y / <u>bueno</u> / <cita> yo / que sepa yo / las niñas no juegan metras </cita> (CARA_H11_005)

(116) y / <u>de repente</u> /<cita> ¿por qué no hacemos una tesis que sea algo distinto? / que sea lo que se necesita para abrir un colegio </cita> (CARA_M33_108)

En (114) se trata de un caso de marcador reformulador con función explicativa (Martín Zorraquino y Portolés Lázaro 1999). Aunque estos marcadores presentan el miembro del discurso en el que se encuentran como una nueva formulación de lo que se quiere decir con un miembro anterior, en la muestra analizada esa reformulación –la cita directa– se traduce en un ejemplo. Los 6 casos de este tipo encontrados con *o sea* pertenecen a hablantes jóvenes con instrucción universitaria. A diferencia de lo que ocurre con *entonces*, Schwenter (1996) ha documentado el uso de *o sea* como marcador citativo en el español peninsular. Al parecer, también se han encontrado casos de este tipo en el habla mexicana (Foolen 2008: 121)[34].

En (115) el ejemplo corresponde a *bueno*, que es un marcador conversacional del grupo de metadiscursivos conversacionales: aquellos que se utilizan en el proceso interactivo como organizadores del discurso, además de facilitar las transiciones necesarias entre un enunciado precedente y el siguiente. Briz (1993) señala que forman parte de las estrategias de los interlocutores y de su esfuerzo en la producción y formulación de los mensajes. Aunque por lo general los marcadores incluidos en este grupo regulan el contacto entre los interlocutores –función fática–, en la muestra analizada, como en (115), sirven sobre todo para apropiarse del turno en una conversación e introducir una información nueva, que es la cita directa en sí misma y que en este caso funciona como argumento.

Por último, al menos en lo que concierne a los marcadores, se registra el operador de concreción *de repente* (116). Como explica González Díaz (2013: 64),

---

34. En los últimos años, el tema de los marcadores discursivos como introductores de DR ha generado mucho interés. Consúltense, por ejemplo, las investigaciones de Borreguero Zuloaga (2012, 2020); Soich (2017) y Mihatsch (2018, 2020a, 2020b). Destacan, igualmente, diversos estudios enfocados en el análisis específico de *en plan* (Repede 2020, Grutschus 2021, Vásquez Jiménez 2021).

estos operadores, además de orientar al interlocutor en la interpretación del mensaje como una concreción respecto de una generalidad, le permiten al hablante particularizar mediante el ejemplo (o reformular, según algunos autores) el contenido que se pretende comunicar para adaptarlo mejor a su intención comunicativa o a las expectativas del receptor. A propósito de *de repente*, la autora comenta:

> La locución innovadora *de repente*, al igual que *por lo menos*, presenta rasgos que difieren de *por ejemplo*, lo que no es extraño si tenemos en cuenta que *de repente* no es originariamente un OC [operador de concreción]: 1) *De repente* expresa tanto valor ilustrativo como no ilustrativo, al igual que *por ejemplo*. Sin embargo, cuando expresa valor ilustrativo se asocia con los matices suposición-situación imaginaria […] y casual-aleatorio […], lo que posiblemente esté relacionado con el significado modal epistémico ('quizá') que ha adquirido esta locución en variedades americanas (*op. cit.*, 80).

En nuestro caso, el contexto del enunciado (116) permite saber que el hablante está contando las dudas sobre el Trabajo de Fin de Grado y de qué manera consiguió, junto con sus compañeras, que el proyecto en cuestión se tradujera en algo tangible (la fundación de un colegio). Aquí el valor sería no ilustrativo, pero en (117) el contexto permite apreciar que sí se emplea con ese valor.

(117) cuando en ese tiempo que yo trabajaba de guachimán <observación_comple-
mentaria = "del inglés watchman"/> a mí no me decían Familia / porque ese
nombre lo<alargamiento/> me lo buscaron a mí / por cuenta de este muchacho
/ este<alargamiento/> / ¿cómo es? / <cita> ¡familia! </cita> / Winston Vallenilla /
E2: ¡ajá! / <simultáneo> sí </simultáneo>
I.: <simultáneo> que </simultáneo> yo lo escuchaba diciendo / <cita> ¡familia /
familia! </cita> /
E1: ajá /
I.: y de ahí / bueno / <u>de repente</u> / <cita> ¡familia! </cita> y / entonces / empeza-
ron con esa vaina / <cita> tique / ¡cónchale! / te pareces a Winston Vallenilla</
cita> /

El empleo del DDM en relación con la edad, el sexo y el grado de instrucción de los hablantes de la muestra ha dejado ver que hay muy poco margen de diferencia entre las variantes de cada variable. Hombres y mujeres registraron, respectivamente, 24 y 20 casos; los hablantes jóvenes y los mayores, 26 vs. 18; y, según el grado de instrucción, las frecuencias relativas encontradas fueron 19 para los hablantes del grado 1 y 25, para los del grado 3.

4.2.1.5. Discurso directo con (y) + que

En la muestra del PRESEEA-CA se han registrado 24 ocurrencias de DDQ, que representan el 2,2 % del total de DD –1205–. De esos 24 ejemplos, 15 forman parte de un diálogo reconstruido, como en (118), y cumplen una función narrativa, aunque formen parte de una secuencia dialogal. En cambio, los que no forman parte de un diálogo reconstruido, como en (119), suelen formar parte de una secuencia descriptiva y sirven para ofrecer un ejemplo.

(118) no<alargamiento/> ¡tenían / tenían como un año! / ¡dos años! / y que <cita> ¡son novios / pana! </cita> / o sea yo le dije a M. <cita> ¿cómo / cómo puede ser su novio? </cita> entonces <cita> verga / no sé y broma </cita> / entonces / M. eeh / eeh / M. E. C le pregunta a M. <cita> ay / ¿y por qué tú no trajiste a tu novia? </cita>/ <cita> porque pa' la playa no se lleva arena </cita> le dice M. / <risas ="I"/> entonces M. E. C. <cita> ah / sí </cita> al día siguiente eeh / ella le dice este<alargamiento/> <cita> ¿viste? / tenías razón / pa' la playa no se lleva arena </cita> (CARA_H13_077)

(119) mira / más de una vez nosotras estamos reunidas haciendo un trabajo teórico y los hombres están haciendo la / el material / <risas = "I"/> y que <cita> tú recorta foami[35] / recorta cartulina / recorta lo que tú quieras / pero recorta y haz algo / no me fastidies ahorita </cita> <risas = "I, E1"/> pero es eso / y salimos los fines de semana / que el cine / que esto / pero sí / sí / sí es complicado / (CARA_M13_083)

En el DDQ, el contenido citado suele ser una oración (19/24 casos), como en (118) y (119).

A propósito de (y) + que es importante aclarar en este punto que también se ha registrado esta estructura no solamente como marco introductor de cita, sino acompañando a este último y confiriéndole refuerzo argumentativo al contenido citado que le sigue, como en (120) y (121). En su mayoría, en estos últimos casos aparece cuando se trata de un DDSN, como en (120). El enunciado de (121) es el único caso del corpus de (y) + que acompañando una cita de DDT.

(120) y yo y que <cita> bueno ¿cómo que extraño? / ¡yo soy normal y corriente / pana! / ¡normal y corriente! </cita> (CARA_H13_077)

(121) eso se dice entre maestras que tú dices y que <cita> de repente / no puedo / estoy obstinada </cita> (CARA_M13_083)

---

35. En español peninsular y en otras partes de Latinoamérica sería *fomi* (de la marca registrada Fomi). El *DLE* (2014) describe la entrada correspondiente a esta palabra de la siguiente manera: «1. m. Col., Ec., Guat., Méx. y Nic. Producto industrial de látex o sintético, esponjoso y blando».

Los datos muestran que el DDQ solamente se registra en hombres y mujeres jóvenes con instrucción universitaria.

San Martín (2015) también reconoce el uso de la forma *y + que* como marco introductor de habla reportada, aunque, como en el presente estudio, encuentra pocas ocurrencias.

4.2.1.6. Discurso directo con *así*

En este tipo de DD, *así* funciona como indicador de indexicalidad. Se trata de un marcador deíctico, como *assim* en portugués y *so* en alemán, cuya función es llamar la atención del oyente para que preste atención a lo que sigue después (el contenido citado); de ahí su carácter catafórico (Follen 2008: 123).

Del DDA se han encontrado apenas 4 casos (0,3 % del total). Aunque son muy pocos para describir con propiedad alguna tendencia en este sentido, en la muestra todos los EDR de este tipo tienen la particularidad de que: i) el contenido citado siempre corresponde a una oración; ii) la cita, independientemente de que forme parte de una secuencia narrativa o descriptiva, sirve para mostrar un ejemplo, como en (122), de hecho, los audios permiten cotejar que en estos casos el locutor también imita la voz de sus enunciadores; y iii) son hombres de más de 55 años y de grado de instrucción universitario quienes utilizan este recurso.

> (122) me pagó por <transcripción_dudosa> hurto </transcripción_dudosa> así / <cita> toma quinientos bolívares este sema<alargamiento/>na / toma doscientos la o<alargamiento/>tra / el otro mes<alargamiento/> </cita> (CARA_H33_102)

Aunque en la presente investigación se trata de muy pocos EDR introducidos por *así*, constituyen un hallazgo importante para el tema estudiado, pues a excepción de Camargo Fernández (2004), Foolen (2008) y San Martín (2015), no hay precedentes en este sentido en los estudios reseñados como antecedentes de esta monografía. En futuros trabajos que se lleven a cabo sobre el tema, quizá en muestras de conversación espontánea, sería interesante profundizar sobre este aspecto, siempre que el investigador cuente con un número de casos suficiente para poder establecer alguna tendencia.

4.2.2. Discurso indirecto

En el cuadro 10 se recoge la distribución de las distintas variantes de la cita indirecta en la muestra.

Cuadro 10. Distribución del DI y sus variantes

Cita indirecta	N	%
DIT	135	51,7
DCI	63	24,1
DIL	63	24,1
Total	261	100,0

La distribución en frecuencias absolutas y relativas de los 261 casos de cita indirecta en el español caraqueño muestra que los entrevistados han optado por el discurso indirecto tradicional en el 51,7 % de los casos, seguido por el discurso cuasi indirecto y el discurso indirecto libre con 63 casos cada uno, que se traducen en 24,1 % por fenómeno.

4.2.2.1. Discurso indirecto tradicional

Cuando se trata de la cita indirecta tradicional –o DIT– el inventario de verbos que emplean los hablantes se reduce ampliamente en comparación con el DDT, a pesar de que el verbo más frecuente sigue siendo *decir*, con 94 ocurrencias. A este último le sigue la perífrasis *ir a decir*, con apenas 10, el verbo *decidir*, con 4, y las formas *contar*, *estar diciendo* y *poder decir*, con 3 casos de cada una, como se ilustra en el gráfico 5.

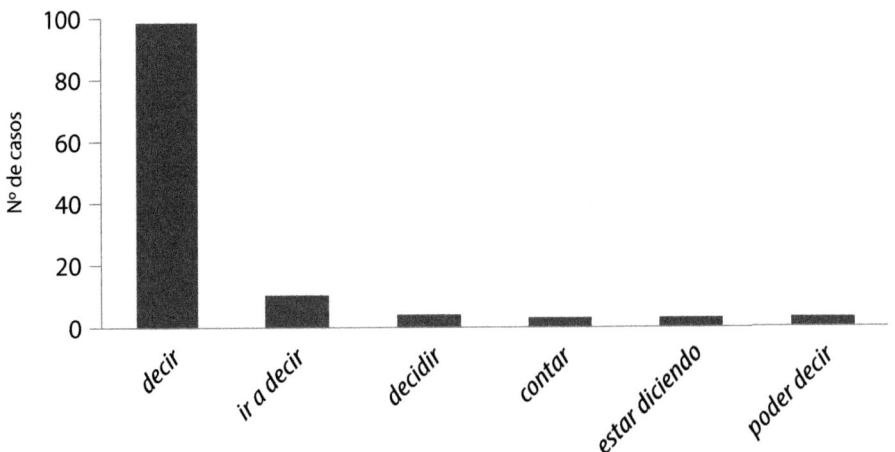

Gráfico 5. Formas verbales más frecuentes de DIT

Como se acotó antes, se ha hecho la distinción entre formas verbales, perífrasis y locuciones para facilitar, primero, la identificación de estas construcciones en las muestras y, después, la presentación de los datos. En las perífrasis verbales, como es bien sabido, el verbo auxiliado, es decir, la forma no personal, es el que aporta el significado léxico a la construcción. Tomando en consideración este hecho, si a *decir* se le suma *ir a decir*, *estar diciendo* y *poder decir*, tendremos 110/135 casos en los que el verbo de comunicación *decir* está involucrado como introductor de cita. Sin duda, estos resultados le dejan poco margen al resto de formas que utilizan los entrevistados para introducir el DIT. Sin embargo, se describirán brevemente.

Como explica Sedano (2011: 253), en la perífrasis *ir a* + infinitivo (*decir*), el auxiliar *ir* ha perdido, al menos parcialmente, su significado de 'movimiento hacia un lugar', para adquirir metafóricamente un significado más vago de 'movimiento hacia un objetivo', que finalmente se traduce en 'tiempo futuro'. En efecto, esto es lo que sucede en todos los ejemplos de DIT encabezados por *ir a decir*: se trata de enunciados de discurso referido que se proyectan hacia al futuro, de ahí que este tipo de casos se denominen *citas prospectivas* o *potenciales* (*cf.* Roulet *et al.* 1985), en las que el hablante reproduce un discurso hipotético que no ha tenido lugar. Se trata de ficciones cotidianas que no son adornos ni juegos, sino «maneras eficientes de comunicar y por lo tanto de impresionar, conmover, etc.» (Reyes 2002: 79). Como se indicaba en el capítulo 3 de esta investigación, el DR es, a propósito del carácter reflexivo del lenguaje, un recurso lingüístico que permite que los hablantes puedan recrear una situación discursiva determinada, sobre todo pasada, pero también futura, como en (123) y (124):

(123)   te <u>va a decir</u> que no soy muy / organizada / pero / dentro de mi desorden / sí tengo mi orden (CARA_M13_083)

(124)   ¡me <u>van a decir</u> que estoy loco! y es peor (CARA_H31_029)

En la mayoría de los casos (8/10), como en (123) y (124), el verbo auxiliar de la construcción –*ir*– suele estar conjugado en presente de indicativo, aunque también existe la posibilidad del pretérito imperfecto (125) y del presente de subjuntivo (126):

(125)   te <u>iba a decir</u> / que Palo Verde<alargamiento/> / eso e <palabra_cortada/> / eso es / es duro por ahí ¿oíste? (CARA_H31_029)

(126)   no les <u>vayan a decir</u> a estos que yo les estoy echando paja por aquí (CARA_H31_030)

Ahora bien, el significado léxico de *decir* en estas construcciones suele ser, casi siempre, 'comunicar [algo] con palabras', como en (123) y (124) y, en menor escala, 'relatar o contar', como en (125) y (126). Para establecer si existe alguna relación entre el significado del verbo y el tiempo verbal en lo que atañe al DIT con *ir a* + infinitivo, es indispensable contar con un mayor número de casos.

A la par de esta tendencia, el DIT con esta perífrasis casi siempre va seguido de una oración, que solamente aparece en secuencias descriptivas y narrativas, y siempre con la función de narrar un acontecimiento.

Por su parte, la perífrasis progresiva *estar* + gerundio (*diciendo*), tipo de construcción que normalmente trasmite la idea de situación en curso, lo que convierte a dicha situación en durativa, se comporta de manera similar a *ir a* + infinitivo. Aunque en esta oportunidad los EDR pertenecen al mismo hablante, en todos *decir* se usa como 'relatar o contar', en presente (127) o en pretérito imperfecto (128), en secuencias narrativas o descriptivas, introduciendo una oración y con función narrativa:

(127) ellos me <u>están diciendo</u> que<alargamiento/> ya se quieren venir / están obstinados / debe ser el calor (CARA_H11_006)

(128) entonces / una muchacha me <u>estaba diciendo</u> que es amiga mía / que allá arriba en el mismo dieciséis / hay una cosa de terapia del lenguaje / (CARA_H11_006)

El comportamiento descrito en cuanto a las perífrasis se repite también con *poder decir*. Por su significación modal, esta construcción refleja la posición del emisor con respecto al contenido del enunciado. La posibilidad expresada puede ser epistémica ('probabilidad', 'necesidad'), que se asocia a la certidumbre o incertidumbre del hablante sobre la realización de la acción verbal, o deóntica ('capacitación', 'estar capacitado para', 'tener permiso para', 'ser capaz de'), asociada a obligación y permiso (Sedano 2011: 255). En los datos obtenidos del PRESEEA-CA, a través del DIT con *poder decir* se han expresado ambas opciones: la probabilidad (129) y la capacidad (130).

(129) o sea / tú <u>podías decir</u> que tenías algo de inglés y más nada (CARA_M13_083)

(130) mi esposo no <u>puede decir</u> / nun<alargamiento/>ca / que le cobraron una factura por algo que yo <vacilación/> / que yo compré y él no pudo pagar (CARA_M31_036)

Además de las tres construcciones perifrásticas señaladas, en el gráfico 5 también figuran los verbos *decidir* y *contar*, aunque no se emplean con la misma frecuencia que *decir*.

Decidir forma parte del grupo de los verbos de proceso mental, pero en la sub-clase correspondiente a «elección»: una entidad consciente (A1) toma a otra (A2), seleccionándola de entre un conjunto de entidades alternativas posibles (A4), para una determinada finalidad (puede tratarse de una función (A3) desempeñada por (A2) (*cf.* ADESSE o Alternancias de Diátesis y Esquemas Sintáctico-Semánticos del Español) (Albertuz Carneiro 2007). En la muestra, este verbo, que funciona de manera análoga a *elegir* y *seleccionar*, no forma parte de diálogos reconstruidos (como ocurre con las citas de DI en general), siempre se conjuga en pretérito perfecto simple, el contenido citado es una oración y se observa solamente en secuencias narrativas en las que desempeña también una función narrativa, como en (131) y (132):

(131)   y bueno / <u>decidió</u> que yo me iba a ir a vivir a Estados Unidos (CARA_M13_084)

(132)   entonces ella / <u>decidieron</u> / mi abuela a la cabeza / que había que<alargamiento/> poner el certificado médico prenupcial obligatorio / (CARA_M33_107)

Por su parte, *contar*, a través del cual se refiere, narra o relata un suceso generalmente de comunicación, suele introducir sobre todo DIT y DN, como se expondrá más adelante. Como ocurre con *decidir*, el contenido citado suele ser una oración y suele formar parte de secuencias narrativas. A diferencia de este último verbo, se emplea también en pretérito imperfecto y puede cumplir la función de ejemplificar, como en (133):

(133)   Les <u>contaba</u> a mis alumnos en estos días / por ejemplo / de que yo estaba chamito así / siempre me / me llamaba la atención eeh el Himno Nacional ¿no? (CARA_H33_101)

Más allá de *decir, ir a decir, decidir, contar, estar diciendo* y *poder decir* (en orden decreciente de frecuencia), el resto de las formas verbales introductoras de DIT registradas en la muestra –18 en total– tiene 2 casos o menos. A continuación, se ofrece un listado de todas estas formas, incluyendo las discutidas hasta ahora:

asegurar, contar, decidir, decir, estar diciendo, explicar, garantizar, insistir, ir a + infinitivo (*decir*), *ir* + gerundio (*contando*), *mandar, pedir, poder* + infinitivo (*decir*), *preguntar, proponer, recomendar, rogar, tener que* + infinitivo (*decir*).

Como se ha hecho con el DD, se explicarán algunas particularidades de estas formas verbales y del funcionamiento general del DIT que se derivan de su empleo en el corpus analizado.

En lo que tiene que ver con las construcciones perifrásticas, el verbo que aporta el significado siempre es de comunicación (sobre todo *decir*, pero también *contar*).

Las formas simples vinculadas con procesos verbales –clase genérica que incluye verbos de comunicación y de valoración–, como *asegurar, contar, decir, explicar, garantizar, insistir, mandar, pedir, preguntar, proponer, recomendar* y *rogar*, no tienen las mismas propiedades discursivas y, por tanto, no aportan los mismos matices. Como explica Méndez-García de Paredes (2001: 350),

> no todos los verbos de comunicación que refieren actos de habla ajenos describen un objetivo ilocutivo, pues exige una mayoría que simplemente describe la propia acción verbal como proceso: *murmurar, sollozar, gritar, espetar.* Y, por otra parte, conviene también distinguir entre verbos ilocutivos que simplemente describen nocionalmente la acción lingüística: *decir, repetir, explicar, argumentar, describir, insinuar, amenazar, sugerir* en el sentido de «insinuar», y un largo etcétera; y verbos que además de describirlo pueden tener un uso realizativo cuando se explicitan en el enunciado: *sugerir, prometer, preguntar, acusar, ordenar, lamentar, pedir,* etc. Por último, conviene no confundir verbos ilocutivos, realizativos o no, con tipos de actos ilocutivos, pues tendemos a pensar que verbos que no son totalmente sinónimos, por ejemplo, *pedir* y *exigir* o *rogar* deban marcar actos ilocucionarios diferentes, lo cual no es cierto.

Como indica la misma autora, la cita indirecta permite la evaluación e interpretación enunciativas del acto de habla ajeno: el sujeto que reproduce es el único enunciativo y con respecto a esos parámetros hay posibilidades de medir lo dicho.

Más allá de *decir* y *contar*, que son los verbos de comunicación menos marcados para introducir el DIT en las entrevistas analizadas, pues simplemente exponen una aserción, los hablantes se han implicado más con lo que refieren a través de *asegurar, garantizar* e *insitir*, que suponen una valoración adicional y más subjetividad a propósito del contenido citado. Así, *asegurar* implica afirmar algo, pero con certeza (134); *garantizar* supone 'mostrar algo como seguro, veraz y fiable, haciéndose responsable de sus garantías' (135) e *insistir*, 'decir (o hacer) más de una vez, haciendo hincapié o mostrando firmeza' (136). No en vano la clasificación del Proyecto ADESSE (Alternancias de Diátesis y Esquemas Sintáctico-Semánticos del Español) incluye los dos últimos verbos en el proceso de «valoración», aquel en el que una entidad dotada de capacidad comunicativa y de conciencia (A1) valora verbalmente una entidad o un hecho (A2) por alguna razón o con algún argumento (A3).

(134) en el medio de un tiroteo a mí nadie me <u>asegura</u> que yo esté bien (CARA_M13_083)

(135) bueno / el director de la coral le <u>garantizó</u> que no la iban a dejar / (CARA_M33_107)

(136) mi mamá <u>insistía</u> que ella se iba para El Hatillo porque ella quería Caracas (CARA_M13_084)

Asimismo, es posible identificar otro grupo: aquellos verbos de la categoría «petición» (Estévez Rionegro y Sampedro Mella 2020), también dentro del grupo de proceso verbal, en los que una entidad con capacidad comunicativa (A1) transmite un mandato, ruego o sugerencia (A2) a otra entidad (A3) sobre cuyo comportamiento se pretende influir. Se trata de los verbos *mandar* (137), *pedir* (138), *proponer* (139), *recomendar* (140) y *rogar* (141). Nótese que aquí, además de expresar una aserción, se busca modificar de alguna manera la realidad. Por esta razón, Méndez-García de Paredes (2001: 360) los denomina «verbos que describen una aserción original como un acto ilocutivo indirecto de tipo apelativo».

(137) nos <u>mandaban</u> que si a<alargamiento/> / buscarle el / pasto a los animales / a buscar leña (CARA_H31_029)

(138) me <u>han pedido</u> que no vaya a Cuba porque yo ahorita tengo serios problemas de salud / (CARA_M33_107)

(139) hasta que vienen y me<alargamiento/> me <u>proponen</u> // que si yo quiero ser supervisor / (CARA_H33_102)

(140) oye / eso es algo que vale la pena / eso es algo que yo se los <u>recomiendo</u> que lo hagan / (CARA_M33_107)

(141) llegaron las bestias a buscarnos / nos fuimos / o sea / <u>rogamos</u> que llegaran rápido (CARA_M33_107)

En la lista de verbos introductores de DIT también figuran *explicar* (142), *preguntar* (143) y la perífrasis obligativa *tener que decir* (144). Los dos primeros forman parte de la categoría «comunicación» incluida en la macroclase de proceso verbal de ADESSE. *Explicar* se define como 'declarar, manifestar de forma clara [buscando la comprensión]' y *preguntar* como 'formular una cuestión'. Llama la atención el poco uso de estos verbos en la muestra, aunque probablemente obedezca a que estas formas suelen ser más productivas en otros tipos de discurso, por ejemplo, el periodístico, y especialmente en textos escritos.

(142) es muy difícil explicarle / <u>explicarle</u> a la ca <palabra_cortada/> a la mente que vamos a estar sumergidos sesenta metros y que no nos va a pasar nada (CARA_H13_078)

(143) entonces / después / mi mamá le <u>preguntó</u> a mi hermana <u>que</u> qué era lo que me pasaba a mí (CARA_M11_012)

(144) <u>tuve que decirle</u> fue a un amigo mío que me la consiguiera (CARA_H11_005)

En (143) se aprecia un ejemplo del *que* anunciativo que Bello (1972 [1847]) recoge en su gramática. Gili Gaya (1961: 294), al igual que lo que ocurre con el uso de *si* acompañando a *que*, apunta que se trata de fenómenos vinculados al habla corriente. El autor explica que la presencia redundante de *que* delante de las palabras interrogativas obedece a una tendencia asimilatoria a las demás oraciones subordinadas (*cf.* Gallucci 2017: 243). Al hilo de lo anterior, Hernández Alonso (1971: 115) también precisa que se trata de un fenómeno del habla coloquial, ámbito en el que, según el autor, aparece con mucha frecuencia un *que* enfático, casi pleonástico, que antepuesto a un *qué* interrogativo provoca una «cacofonía hilarante»: *Dice mi madre que qué quería*. En el *Esbozo* (1973) y en Sarmiento y Sánchez (1989) se documenta, asimismo, el uso del *que* completivo antepuesto que se ha comentado. En este punto es importante señalar que (143) es el único ejemplo de este tipo que se ha encontrado en un universo de 2094 casos de DR. Por esta razón se podría decir que es poco frecuente, al menos en interacciones orales como las analizadas en esta monografía.

Una vez que han sido descritos los verbos que introducen las citas indirectas tradicionales, corresponde detenerse en algunas características generales de DIT y en algunos ejemplos de la muestra que resultan particulares.

En líneas generales, el DIT se caracteriza por no formar parte de diálogos reconstruidos. En efecto, de los 135 casos de la muestra en 120 la cita indirecta tradicional no pertenece a un diálogo de este tipo. En cambio, sí suele formar parte de secuencias narrativas (90/135) y en su mayoría cumple una función también de este tipo (111/135), es decir, sirve para contar o relatar un acontecimiento verbal. En cuanto a su constitución interna, el contenido citado del DIT casi siempre es una oración (122 casos).

Se trata, asimismo, de un procedimiento citativo usado sobre todo por las mujeres –93 casos–. Los datos han mostrado también una leve diferencia a favor de los jóvenes (78 casos vs. 57) y de los entrevistados con instrucción universitaria (76 vs. 59).

Como se recoge en Gallucci (2017), las gramáticas del español contemporáneo describen distintos aspectos relacionados con el funcionamiento del DR, entre ellos el uso de *si* como transpositor (Alarcos 1994) en lugar de *que* en las interrogativas indirectas que ya había advertido Bello (1972 [1847]: 327). En las muestras del español de Caracas, este uso no es tan común, aunque sí aparece registrado y tiene lugar en las interrogativas indirectas, pero acompañando a *que*, cuando *decir* tiene el significado de 'preguntar', como en (145) y (146), pero también como en (137), con el verbo *mandar* y con *proponer* (139).

(145)   cuando llegamos mi mamá le <u>dice</u> a mi hermana <u>que si</u> habíamos comido eso / no (CARA_M11_011)

(146)   Me dijo <u>que si</u> podía ser mi novio (CARA_M31_035)

En el *DPD* (2005), en una de las acepciones sobre el *que* conjunción, se ofrece la siguiente explicación:

> Delante de las oraciones interrogativas indirectas dependientes del verbo *preguntar,* es habitual en la lengua coloquial la presencia de un *que,* innecesario pero admisible, ante la conjunción *si* o el pronombre o adverbio interrogativo que introducen la subordinada: «*Nos pregunta* QUE *si nos gusta la exposición*» (Hidalgo *Azucena* [Esp. 1988]); «*Larrocha pregunta* QUE *qué significa eso*» (*País* [Esp.] 2.6.87); «*El oficial le preguntó* QUE *dónde estaba el sospechoso*» (Flores *Siguamonta* [Guat. 1993]), de igual sentido que *pregunta si nos gusta la exposición, pregunta qué significa eso, preguntó dónde estaba el sospechoso.* Cuando se utiliza *decir* con el sentido de 'preguntar', es igualmente superfluo el uso de *que* cuando la interrogativa va introducida por la conjunción *si*: «*Un día me dijo* QUE *si quería ir a la Liga del Cauca*» (*Tiempo* [Col.] 11.11.96), de igual sentido que *me dijo si quería ir...* Pero cuando la interrogativa dependiente de *decir* va introducida por un pronombre o un adverbio interrogativo, la presencia de *que* es obligatoria, para evitar la confusión con los usos en que *decir* significa 'comunicar', y no 'preguntar': «*Un señor llamó diciendo* [= preguntando] QUE *qué pasaba con su ordenador*» (*Mundo* [Esp.] 16.2.97); «*¡He dicho* [= preguntado] QUE *dónde está!*» (Mendizábal *Cuponazo* [Esp. 1992]); si en estos dos ejemplos se suprimiese la conjunción *que,* se interpretarían en un sentido diferente: *Un señor llamó diciendo* [= comunicando] *qué pasaba con su ordenador; He dicho* [= comunicado] *dónde está.*

4.2.2.2. Discurso cuasi indirecto

Como se observaba en el cuadro 10, al DIT le siguen en frecuencia el DCI, con 63 casos que representan el 24,1 % del total, y el DIL, con el mismo número de frecuencias absolutas y relativas que el primero.

Los datos muestran que el DCI puede tener como marco el verbo *decir* (*como dice el dicho, como dicen*), casi siempre conjugado en presente de indicativo, como en (147), (148) y (149), o también puede aparecer a través de un marcador léxico citativo (González Vásquez 2006: 34) (*se dice, según*), como en (150), donde se interpreta como una indicación de la fuente de información: *dicen que… no lo digo yo.*

(147) no podemos ser así tan / como dice el dicho / tan agalludos pa' las cosas / (CARA_H11_006)

(148) no es que le van a sacar los ojos como dicen / (CARA_M31_035)

(149) como dice / ya que que ¿cómo es? <cita> ¿viejos conocidos que nuevos por conocer? </cita> (CARA_H31_030)

(150) mi abuelo <vacilación/> era / según ellos / eran españoles (CARA_H31_029)

Los ejemplos de DCI de la muestra se caracterizan por reproducir una oración; no formar parte de diálogos reconstruidos; referir las palabras de otro (42 casos de heterocitación y la mitad, o sea, 21, de autocitación); pertenecer a fragmentos descriptivos (34/63) o narrativos (22/63); y emplearse con la función de ejemplificar (41/63), como en (149) y (151).

(151)   hacen <u>como dicen</u> los muchachos ahora / una vaca[36] (CARA_M31_035)

En (147)-(149) el discurso que se reproduce no se circunscribe a una persona o grupo de personas en particular, sino al saber popular, es decir, a un saber colectivo que es esencialmente anónimo. Como afirma Reyes (1994b: 22), el estilo cuasi indirecto le sirve al hablante para apropiarse de un sistema conceptual ajeno y presentarlo como si fuera propio. En los ejemplos presentados, el hablante se escuda en los dichos populares para reforzar argumentativamente sus ideas en el terreno del deber ser. En el primer caso (147), justifica que no hay que ser tacaños; en el segundo (148), que no está bien visto cobrar de más por un servicio que es bien sabido que cuesta menos; y en el tercero (149), que prefiere volver con su pareja anterior en lugar de aventurarse a conocer a una nueva persona.

En (150) el hablante emplea la frase preposicional *según ellos*. Gutiérrez Ordóñez (1986: 28) explica que el uso de esta forma con la preposición *según* suele aparecer cuando en el DR se elide el verbo:

> La elisión del verbo, más frecuente que la del sujeto, sólo se efectúa cuando pertenece al conjunto de los verbos de lengua, verbos semánticamente no marcados frente a aquellos otros que hacen referencia a un tipo de acto de habla concreto [...] La ausencia del verbo puede adoptar otras formas: *según X*, En *palabras de X*, etc., que pertenecen a otros esquemas sintácticos diferentes del analizado.

El uso equivalente de *según* en inglés –*according to*– ha sido documentado por Thompson (1994: 20). Este autor indica que se trata de un *reporting adjunct* alternativo a la cláusula de reporte tradicional[37].

En (151), en contraste con (147)-(149), el hablante, que pertenece al grupo etario de más de 55 años, distingue un grupo particular opuesto al suyo: el de los jóvenes.

En cuanto a los factores sociales, no hay mucha diferencia, en términos de frecuencias absolutas, entre el uso del DCI por parte de hombres y mujeres: 34 ocurrencias vs. 29, respectivamente. Lo mismo ocurre con la instrucción universitaria:

---

36. «Hacer una vaca» consiste en recoger dinero entre varias personas para un fin determinado (hacer un regalo, pagar una cena, irse de viaje, etc.).

37. Sobre este y otros usos de los denominados *quotatives* en inglés, ver Buchstaller (2003, 2014, 2017).

29 casos en los hablantes de instrucción universitaria y 34, en aquellos sin instrucción. En cuanto a la edad, este tipo de procedimiento citativo es más empleado por los hablantes jóvenes.

4.2.2.3. Discurso indirecto libre

Como ocurría con el DCI, del DIL también se han registrado 63 casos del total de 261 citas indirectas de la muestra. Antes de describir el funcionamiento del DIL en las entrevistas sociolingüísticas del español caraqueño, es fundamental aclarar que en este contexto no funciona de la misma manera que en la literatura. Mientras que en esta última el DIL se caracteriza casi siempre por la confluencia de los puntos de vista del narrador de la historia y del personaje, en nuestro caso el requisito fundamental para clasificar un EDR como DIL ha sido que estuviera estructurado como una cita indirecta, pero sin el elemento introductor prototípico del DI, es decir, un verbo de habla, como en (152)-(154).

(152) entonces la mamá volvió a responder la nota / [dijo] que necesitaba sus materiales / (CARA_M13_083)

(153) hoy me averiguaron por medio de internet y llamé y todo eso / [me dijeron] que esas transacciones / to<alargamiento/>da esa plata me la sacaron en ese establecimiento esa misma hora ese mismo día / (CARA_M11_011)

(154) él me ayudaba<alargamiento/> / me<alargamiento/> // [me decía que] que me tranquilizara / [me decía que] que pujara / y yo pujaba / (CARA_M11_012)

En (152) nótese que después de la pausa se podría incluir un *dijo que* o *diciendo que* (*dijo que necesitaba sus materiales / diciendo que necesitaba sus materiales*). En (153), se puede aplicar el mismo procedimiento, pero con la tercera persona del plural (*me dijeron que estas transacciones…*). En (154), también, pero en pretérito imperfecto (*me decía que me tranquilizara, me decía que pujara*).

También se clasificaron como DIL aquellos casos en los que se introduce una cita indirecta tradicional y en la que le sigue, también indirecta, se repite el *que* conjunción, pero sin verbo, como en (155).

(155) bueno empezamos a<alargamiento/> hablar / ¡increíble! / me acuerdo que <u>nos dijo que / que cantar era excelente</u> porque el canto / <u>que la música afinaba las cuerdas del alma para amar a Dios</u> (CARA_M33_107)

En (155) se ilustra un caso de elisión verbal, uno de los mecanismos de cohesión gramatical del español junto con la referencia y la sustitución. Este procedimiento ocurre cuando la elisión en el grupo verbal presupone una o más palabras que forman parte del grupo verbal presupuesto (Martínez 1994), como en (155): [*Nos dijo*] *que la música afinaba las cuerdas del alma*. Indudablemente, esto se traduce también en economía del lenguaje. No es necesario repetir el verbo en secuencias como la señalada, al menos que el locutor persiga crear un efecto retórico particular en su narración.

En el DIL también se han incluido casos similares al anterior, pero en los que el marco introductor se explicita en el turno del entrevistador (156) o bien el *que* conjunción seguido del contenido citado corresponde al turno del informante (157):

(156)   E1: ¿y qué dijo tu mamá? /
        I: que no / que ni se me ocurriera darle mi hija a él / (CARA_M11_012)

(157)   E1: ¡pero éste sí es bravo de verdad! / ¿y tú qué le dijiste? /
        I: que no / que no fuera <vacilación/> (CARA_M11_012)

En cada uno de los ejemplos anteriores se distinguen, en el turno del informante, primero, una cita de DIL cuyo contenido citado es menor que una oración; y después, otro enunciado de DIL en el que este contenido sí se estructura como una oración.

Más allá de los ejemplos descritos, el DIL no suele formar parte de diálogos reconstruidos; se utiliza especialmente para reproducir la palabra ajena (49 casos de heterocitación); el contenido citado es en su mayoría una oración (55 casos de 63), como en (155); forma parte de secuencias narrativas o descriptivas (34 vs. 23 ocurrencias, respectivamente); y cumple, en esencia, una función narrativa en la secuencia en la que se inserta (45 casos).

En lo que respecta a los factores sociales inherentes a las entrevistas objeto de estudio, no hay tanta diferencia entre hombres y mujeres (38 casos frente a 47), ni tampoco en cuanto al uso que hacen del DDL los jóvenes y los adultos de más de 55 años (38 casos vs. 25). En cuanto al grado de instrucción, las citas de DDL están más presentes en los hablantes con enseñanza superior universitaria (51 ocurrencias vs. 12 de grado de instrucción 1).

4.2.3. Cita de paralenguaje

En las narraciones orales, como manifestación multimodal que son, además de reproducir palabras se hace lo propio con otro tipo de citas, las de paralenguaje y las de gestos, que forman parte de la *estratificación de voces –layering of voices–* (Bajtín 1981) que caracteriza la conversación (Günthner 1999, 2002).

A través de las citas de paralenguaje, bien sea de onomatopeyas (158) o de interjecciones (159), los hablantes escenifican dramáticamente sus narraciones.

(158)   veo <entre_risas> la tienda Aran que estaba abierta </entre_risas> y <observación_complementaria = "simula el ruido"/> pum / me meto / (CARA_H33_102)

(159)   la universidad de nosotros es así / todo / y ¡ay! (CARA_M13_084)[38]

Reyes (2002: 79) indica que a través de las *citas aproximadas* –aquellas que reproducen materiales no lingüísticos, como sonidos y gestos en la charla espontánea– suele ofrecerse una versión de un estado de ánimo traduciéndolo a las palabras, se inventan textos o se atribuyen palabras a seres no hablantes sin que se cuestione la máxima de verdad.

Como se evidencia en el cuadro 11, las onomatopeyas son más frecuentes que las interjecciones (29 casos vs. 5). En todos los casos analizados, el sujeto de estas construcciones es [+ humano], requisito que establece Maldonado (1991: 50) para que se trate, efectivamente, de citas. A pesar de esto, Reyes (2002: 79) afirma que las citas aproximadas pueden incluir también palabras de seres inanimados. No se han ejemplificado estos casos porque en la muestra, si bien aparecen algunos sujetos inanimados en las citas, no son de CP, como se verá más adelante.

Cuadro 11. Tipos de CP

Cita de paralenguaje	N	%
Onomatopeya	29	85,3
Interjección	5	14,7
Total	34	100,0

Aunque en inglés las CP suelen ir precedidas del verbo *go*, que funciona como *say* cuando el objeto es una acción lingüística (Tannen 1986, Clark y Gerrig 1990), en las entrevistas de nuestro corpus, como en los resultados de Cameron (1998: 63)

---

38.   A propósito de las interjecciones propias (*¡oh!, ¡ay!, ¡huy!*) y de su consideración como un caso de enunciado no lingüístico o como una categoría gramatical, Maldonado (1991: 51-52) plantea que desde el momento en que el hablante que reproduce una de esas interjecciones propias las reconoce como tales y les concede una categoría de signo lingüístico que hace incompatible su reproducción con el verbo *hacer* como verbo de la expresión introductora (a no ser que el hablante esté parodiando la forma en que dicha interjección fue emitida). En los casos de interjecciones de las entrevistas objeto de estudio, los hablantes parodian el discurso que están reproduciendo e introducen las interjecciones a través del verbo *ser* o sin verbo. Sin embargo, el poco número de casos encontrados –5– no permite establecer alguna tendencia en este sentido.

sobre el español de Puerto Rico, la estrategia más frecuente para introducir este tipo de citas es la ausencia de verbo seguida de aquella que emplea un verbo como marco de la cita en cuestión. De los 34 casos encontrados, 28 se introducen sin verbo y 6, con verbo. En este último grupo, es decir, el de las CP con verbo, no son de comunicación –*estar, empezar, salir* y *ser*–, como se evidencia, respectivamente, en (160)-(163):

(160)   yo no tengo la experiencia que tiene ellas / ellas están en la computadora y <u>están</u> / <ruido = "I imita el sonido del tecleo"/> (CARA_M11_011)

(161)   me ha agarrado<alargamiento/> aquí abajo el / en la batata y <u>empezó</u> / <cita> ¡aaaaa! </cita> (CARA_M11_011)

(162)   y yo <u>salía</u> / <observación_complementaria = "imita el sonido onomatopéyico"/> rum / iba pa' la compañía (CARA_H33_102)

(163)   tengo una / que es la de Valencia / que es muy cómica porque no me deja ni siquiera ir al baño / <u>es así como que</u> <observación_complementaria = "imita sonidos de golpes a una puerta"/> (CARA_H13_078)

En (163) se trata de un ejemplo muy similar al del inglés *be like* (Tagliamonte y Hudson 1999, Tagliamonte y D'Arcy 2004), pero estos casos son muy poco comunes en nuestras entrevistas. Solamente se han encontrado 22 ocurrencias que se distribuyen en cuatro hablantes, dos de ellos con un caso y los otros dos (jóvenes con instrucción universitaria) con 10 enunciados de CP cada uno. En el español peninsular el uso análogo a *be like* parece ser, más bien, el del marcador *en plan* (Repede 2020; Grutschus 2021; Vásquez Jiménez 2021).

A diferencia de lo apuntado aquí sobre las citas de paralenguaje, los datos de Camargo Fernández (2004) muestran, tras la ausencia de verbo introductor, que los hablantes de su corpus suelen emplear el verbo *hacer* antes de reproducir una onomatopeya. Sobre esto último, Maldonado (1991: 50) comenta que cuando la cita directa reproduce un enunciado no lingüístico ciertas lenguas exigen que en la expresión introductora aparezca un verbo especial. En español, ese verbo es *hacer*; en inglés, *go*; en francés, *faire*; y en alemán, *machen*.

4.2.4. Cita de gestos

En lo que respecta a la cita de gestos, en los 28 casos obtenidos (1,8 % del total) suele ir precedida por el adverbio *así* (164) o por el verbo *hacer* seguido de *así*, como en (165) y (166).

(164)   pasó una profesora chiquitica <u>así</u> / (CARA_H33_101)

(165)   entonces el tipo <u>hacía así</u> ¿no? <observación_complementaria = "se toca la cintura y se sube la camisa"/> (CARA_H33_101)

(166)   yo no tenía que <u>hacer</u> <observación_complementaria = "hace un gesto"/> <u>así</u> / porque yo veía todo el tiempo al Papa / sentado (CARA_M33_107)

Aunque en el corpus de Cameron (1998) los hablantes se decantan también por el verbo *hacer* más el adverbio *así*, el autor también encuentra casos, aunque muchos menos, de *y* + SN para encabezar la CG. En nuestro caso, como en el de Camargo Fernández (2004), en las conversaciones analizadas casi siempre e independientemente de la presencia del verbo *hacer*, el adverbio *así* actúa como señal de la entrada en escena de un gesto.

Seguramente los informantes de la muestra reprodujeron muchos más gestos que los recogidos aquí; no obstante, se debe recordar que las entrevistas estudiadas no fueron filmadas (las de Camargo Fernández y las de Cameron tampoco) y que los gestos se marcaron a través de la etiqueta <observación_complementaria = "hace un gesto"/> o bien, cuando ha sido posible, la transcripción refleja la identificación de ese gesto dentro de la etiqueta, como en (165). El cotexto ha sido esencial en este sentido, pero nunca es comparable con la posibilidad de contar con entrevistas que recojan audio e imagen. Como se señalaba en la metodología de este trabajo, al menos como una primera aproximación se ha querido dar cuenta de estas citas que tienen lugar en la interacción y que, a excepción de Cameron (1998) y Camargo Fernández (2004), prácticamente pasan desapercibidas en los estudios empíricos sobre el DR en español. De hecho, se trata de un tema pendiente de exploración en la entrevista sociolingüística (Pascual 2014, Pascual y Sanders 2016). En claro contraste con lo anterior, Streeck (1988, 2002) sí ha analizado para el inglés y el alemán la importancia de este tipo de citas que denomina *body quotation* y que define como una práctica conversacional en la que se representa el comportamiento de alguien (Streek 2002: 581).

En lo que tiene que ver con las variables sociales, en las entrevistas del español de Caracas la cita de gestos ha sido empleada más que todo por los hablantes de más de 55 años (25 casos vs. 3 de los jóvenes) y por aquellos con instrucción universitaria (21 vs. 7 de los hablantes con instrucción baja). En este punto es importante subrayar que, en términos cognitivos, reproducir un gesto suele ser más sencillo que construir verbalmente un EDR. Quizá esto último esté relacionado con el uso de la CG en hablantes de más de 55 años. Las frecuencias absolutas en cuanto al sexo de los hablantes muestran poca diferencia entre hombres y mujeres (11 vs. 17).

4.2.5. Cita mixta

La cita mixta, con apenas 19 casos (1,2 %), no suele ser frecuente en la narración oral conversacional, pero sí suele ser muy productiva, por ejemplo, en el discurso periodístico, por la ventaja que representa para el sujeto hablante combinar, bajo una misma estructura, una cita directa e indirecta. Se trata de un recurso que puede emplearse intencionalmente para manipular información y sacar de contexto lo que el enunciador ha dicho previamente. En nuestro caso, la CM se ha materializado a través de los verbos *decir* (9 casos), *llamar* (2 casos), *contar, salir, seguir, ser* (1 caso de cada uno), entre otros (4 casos). En (167)-(170) se ofrecen algunos ejemplos de CM:

> (167) siempre salimos así a rumbear / equis / y todo el mundo <u>dice</u> que si <cita> es tu hermana / que no sé qué </cita> (CARA_H13_077)

> (168) entonces / nada / ella me <u>dijo</u> que / <cita> bueno terminas con ella y / nos empatamos y somos felices </cita> (CARA_H13_077)

> (169) entonces / ella me <u>dice</u> que / <cita> tienes que tener <énfasis> mucho </énfasis> cuidado con los clientes porque los clientes son muy vivos </cita> (CARA_M11_011)

> (170) tú sabes / ella te <u>está contando</u> / <cita> ¡ay! que tiene un niñito / que lo violaron / que el papá / que no sé qué / ¡ay! bueno / pero pobrecito </cita> (CARA_M13_084)

Como se desprende de (167), en la muestra el contenido de las citas mixtas puede ir introducido por *que si*, que suele ser prototípico de las interrogativas indirectas.

En (168) y (169) la expresión introductoria es de DI y el contenido, de DD. En (170) es al revés, es decir, de DD en el marco introductor y de DI, aunque con interjección, en la cláusula reportada. Esto hace que las CM de las narraciones orales sean ligeramente distintas de las que se manifiestan en textos escritos, pues estas últimas se construyen estructuralmente bajo la forma de citas indirectas que incorporan fragmentos de DD mediante el recurso tipográfico de las comillas.

En cuanto a la distribución social de la cita mixta en la muestra, se aprecia muy poca diferencia según el sexo de los hablantes (8 casos de los hombres frente a 11 de las mujeres). En las otras dos variables tomadas en cuenta –edad y grado de instrucción– se observa mayor empleo de este procedimiento citativo en los hablantes mayores de 55 años y en los que tienen instrucción universitaria (14 ocurrencias en cada variante vs. 5), aunque son muy pocos casos para poder establecer alguna tendencia más o menos general en este sentido.

4.2.6. Ecos

En lo que respecta a los ecos, de los que se obtuvieron 17 EDR (1,1 % del total), si bien es cierto que pueden adquirir varios valores, como sorpresa, ironía, burla o deseo de confirmación (Reyes 2002: 81), en nuestro caso los entrevistados han utilizado este procedimiento citativo para indicar comprensión, retomar lo que dice el entrevistador (de allí su carácter heterocitado, como se apreciará en § 4.5.3.) y empezar la narración, como se desprende, respectivamente, de (171), (172) y (173):

(171) E2: ¿y por qué decidiste la Educación Preescolar o / o Educación más que todo? /
I: ¿Educación? / bueno / me encantaba dar clases (CARA_M13_083)

(172) E2: ¿qué es lo que más te gusta del Madrid? /
I: ¿del Madrid? / cuando jugaba en equipo (CARA_H13_077)

(173) E1: ¿y qué hace tu papá? /
I: ¿mi papá? / mi papá es gerente del Banco Industrial de Venezuela (CARA_H13_077)

Los ecos, como manifestaciones de la diafonía que son, permiten retomar un discurso inmediatamente anterior e incorporarlo en el del hablante-locutor. Aunque pueden manifestarse a través de formas lingüísticas diversas (por ejemplo, el pretérito imperfecto), en las entrevistas se restringen a lo que Fludernik (1993: 170) denomina *echo question*, es decir, a aquellas preguntas que repiten todos los constituyentes de la pregunta original o bien que cambian los pronombres que intervienen en ella. La autora considera que cuando la pregunta eco no respeta el sistema deíctico del texto original, como en (173), no se puede afirmar que el eco sea exactamente formal, sino semántico.

En esta monografía, más allá del rasgo formal de repetición, se han incluido en la categoría eco, entendido como forma de repetición propia de la lengua hablada en la que tiene lugar un desdoblamiento del locutor, aquellos enunciados de reformulación o recapitulación (Ruiz Gurillo 2006) que constituyen reacciones inmediatas de un texto previo, es decir, del turno del entrevistador. Se trata, en consecuencia, de representaciones miméticas. En consonancia con Reyes (2002: 81), a pesar de que algunos autores plantean que la categoría *eco* abarca las representaciones de la forma y del contenido de un texto previo (por ejemplo, Sperber y Wilson 1998: 296)[39], en nuestro corpus, por sus propias características, la noción de eco

---

39. Portolés Lázaro (2004: 2015) explica que paralelamente a la teoría polifónica de Ducrot y Anscombre, en 1981 Sperber y Wilson ya comienzan a utilizar el término eco (*echo*) para un concepto muy próximo al de enunciador. Desde este punto de vista, los enunciados ecoicos son representaciones de estados mentales o enunciados atribuidos a otros. Posteriormente, de acuerdo con un desarrollo más

se ha restringido a la repetición más o menos fiel e incompleta de un enunciado anterior y siempre dentro de un segmento dialogal.

Aunque se trata de pocos casos –apenas 17–, la distribución social de los ecos en las entrevistas objeto de estudio muestra que quienes más los emplean son los hombres (11 casos), los jóvenes y los hablantes con grado de instrucción 3 (14 EDR en cada una de estas variantes).

4.3. Variantes de las citas impropias

En este apartado se describen los dos tipos de citas impropias que se han identificado en las entrevistas sociolingüísticas, a partir del modelo de análisis propuesto en la presente investigación: el discurso narrativizado y la cita abstracta.

4.3.1. Discurso narrativizado

Como ya se ha especificado en el capítulo 3, en este estudio el discurso narrativizado no se ha analizado como una forma del DI (San Martín y Guerrero 2013, San Martín 2015). Desde el punto de vista adoptado aquí, las citas indirectas, independientemente del tipo (tradicional, cuasi indirecta o libre), son propias y, dado este carácter, en ellas siempre se especifica un mensaje, es decir, en términos de Maldonado (1999), se identifica explícitamente un contenido citado.

A nuestro juicio, el DN incluye indistintamente las dos variedades que Semino, Short y Culpeper (1997) identifican en textos literarios y periodísticos y que son aplicables también a la entrevista como interacción oral: la narración de acción lingüística y la narración de voz. En el primer caso, se trata del relato de cualquier acción lingüística que no incluye reproducción de palabras o contenido semántico, como en (174). En el segundo, de la mención de una actividad verbal (175). Las diferencias entre una y otra son tan sutiles que no se justifica la distinción entre ambas, al menos en el ámbito de la narración oral. Los dos casos, en especial el segundo, están lejos de la noción tradicional de discurso reproducido. Por ello, estas formas se han considerado como *impropias* y se han agrupado en el DN.

> (174)   siempre se les dice un / un consejo (CARA_M31_035)

> (175)   ellas sí hablan (CARA_M33_107)

---

reciente de su teoría, los consideran como casos de metarrepresentación (Wilson y Sperber 2002). Un eco extremo sería la repetición literal de las palabras de otro hablante, pero en opinión de estos autores también se podría hablar de eco cuando se mencionan pensamientos reales o imaginarios.

Resulta más interesante, en cambio, detallar el inventario de verbos –141 formas– que emplean los hablantes para incorporar el DN en sus relatos. Las diez formas verbales más frecuentes han sido *decir, llamar, hablar, pedir, contar, escuchar, estar hablando, cantar, echar broma* y *oír*, con 87, 52, 31, 18, 17, 17, 15, 12, 11 y 10 casos, respectivamente. En total, estas diez formas que se aprecian en el gráfico 6 suman 270 ocurrencias. Nótese que aquí intencionadamente se refiere de manera genérica «formal verbal» y bajo esta etiqueta se incluyen verbos (*llamé*), locuciones verbales (*echar broma*) y perífrasis (*estar hablando*). Más adelante se retomará esta clasificación general que se ha adoptado para facilitar la presentación y el manejo de los datos.

A estas diez formas representadas en el gráfico 6 le siguen *exigir* y *mandar* (con 9 casos cada una); *conversar, poder decir* y *preguntar* con 7 casos cada uno; e *invitar*, con 6. El resto de las formas registran 5 casos o menos. Si se adoptan las clases verbales utilizadas en la base de datos sintácticos del Proyecto ADESSE (Alternancias de Diátesis y Esquemas Sintáctico-Semánticos del Español) (Albertuz Carneiro 2007; García-Miguel *et al.* 2010) y la clasificación propuesta por Maldonado (1999), *decir, hablar* (y *estar hablando*), *llamar* y *contar* pertenecen a la macroclase genérica de proceso verbal, que incluye verbos de comunicación y de valoración, específicamente el grupo de los verbos de comunicación declarativos[40]. Estos verbos son

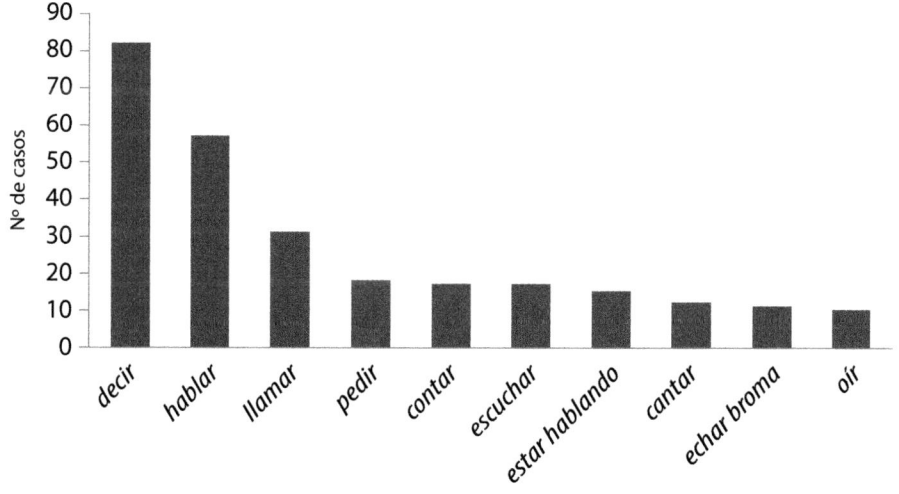

Formas verbales del discurso narrativizado

Gráfico 6. Formas verbales más frecuentes del DN

_____

40. En la base de datos sintácticos de ADESSE se distinguen seis macroclases, cinco de ellas definidas en términos de procesos: i) proceso mental, ii) proceso relacional, iii) proceso material, iv) conducta, v) proceso verbal, y vi) proceso existencial. Por su parte, Maldonado (1999: 3562) presenta una

los menos marcados, pues expresan una aserción limitándose a describir nocional-mente una acción lingüística (Méndez-García de Paredes 2001), lo cual se traduce en menor subjetividad del locutor a la hora de transmitir el mensaje. El predominio de *decir*, forma neutra por excelencia para introducir la palabra ajena, también se manifiesta, como ya se ha visto, en el DD y el DI. En el caso de *contar*, se trata también de un verbo que inscribe el discurso reproducido en una tipología de las distintas formas de narrar un hecho (Maingueneau 1981).

Por su parte, *pedir* también pertenece al grupo de proceso verbal, pero a la subclase de petición o ruego, junto a las formas *exigir, reclamar, rogar, solicitar, suplicar*, etc. Esta forma verbal describe un acto ilocutivo indirecto de tipo apelativo. Lo mismo ocurre con *cantar*, que se incluye en el mismo grupo general –proceso verbal–, pero forma parte de la subcategoría «emisión de sonidos», junto con *ladrar, aullar*, etc.

Escuchar y *oír* se incluyen dentro de la macroclase de proceso mental y la subclase de percepción. A través de estas dos últimas formas el hablante reproduce un discurso especificando el modo de acceso al conocimiento.

Por último, en lo que respecta a las diez formas que más se emplean en la muestra para introducir DN, tenemos la locución *echar broma*, equivalente a *bromear*, es decir, 'utilizar bromas' (DLE 2014) o 'hacer uso de bromas para reírse o hacer reír' (ADESSE), que entraría en el proceso de «comportamiento», aquel en el que un ser vivo (prototípicamente humano) experimenta o realiza un proceso que se manifiesta de forma externa y que tiene que ver con su existencia psicobiológica, interpersonal o social. El *Diccionario de venezolanismos* (en adelante, *DIVE*) (Tejera 1993) recoge dos acepciones para *echar broma*: i) causar molestia, fastidio; ii) perjudicar, causar daño. En (176), (177) y (178) se ofrecen ejemplos con la primera acepción de esta locución que se vincula con molestia y fastidio, pero no en un sentido negativo, como el de la segunda acepción. De esta última no se han encontrado casos en la muestra. Nótese que en los dos primeros ejemplos la locución aparece dividida entre el verbo y el sustantivo por el adverbio indefinido *mucha*.

---

clasificación fundamentada exclusivamente en los verbos de comunicación verbal, definidos como «aquellos que expresan las actividades verbales que los seres humanos realizan con intención de co-municar algo» y que pueden aparecer en la expresión introductora del DD y del DI: i) opinión (*opinar, considerar, juzgar*, etc.); ii) valoración positiva (*alabar, aplaudir, aprobar, celebrar, felicitar, elogiar*, etc.); iii) valoración negativa (*criticar, reprochar*, etc.); iv) declarativos (*decir, comunicar, mencionar, notificar, manifestar, responder, contestar*, etc.); v) manera de decir (*gemir, gritar, susurrar, chillar, balbucear, murmurar*, etc.); vi) marcadores de la modalidad de la enunciación (*exclamar, preguntar*, etc.); vii) orden o mandato (*mandar, ordenar, encargar, prohibir*, etc.); viii) petición o ruego (*rogar, pedir, suplicar, exigir, solicitar, reclamar*, etc.); ix) declarativos con valor prospectivo (*anunciar, pronosticar, augurar, predecir, prometer, jurar, avisar*, etc.).

(176) es una persona muy<alargamiento/> / muy carismática también / le gusta <u>echar mucha broma</u> (CARA_H11_005)

(177) yo le <u>echo mucha broma</u> porque él me lleva más años a mí y yo me voy a graduar en / en / en diciembre de este mismo año también en la Central (CARA_M13_084)

(178) y allá me <u>echaban broma</u> y me decían <cita> esta es la primera caraqueña que vemos que es simpática o por lo menos que es habladora </cita> (CARA_M33_108)

A continuación, se recoge, en orden alfabético, todo el repertorio de formas que utilizan los hablantes de la muestra para incorporar el DN a sus narraciones. A través de ellas indican, sin especificar lo dicho, esto es, refiriendo más que reproduciendo, un acto lingüístico.

aconsejar; averiguar; avisar; burlarse; cantar; cantar la zona; chalequear; comentar; comenzar + gerundio (*diciendo*); *comer; comunicar; confesar; consultar; contar; convencer; conversar; criticar; dar* (*clase, gracias*); *defender; dictar; disculpar; discutir; echar* (*broma, cuento, en cara, la culpa*); *empezar a* + infinitivo (*cantar, contar, gritar, hablar, llamar*); *encargar; enojarse; enseñar; escribir; escuchar; estar; estar* + gerundio (*acusando, contando, conversando, comentando, diciendo, discutiendo, comentando, explicando, hablando, interactuando, llamando, negando, peleando, preguntando, recriminando, repitiendo*); *exigir; explicar; exponer; fastidiar; gritar; hablar; hacer; haber que* + infinitivo (*hablar, pedir*); *interactuar; invitar; ir a* + infinitivo (*contar, decir, declarar, despedirse, escuchar, explicar, hablar, mentir, preguntar*); *ir* + gerundio (*conversando, toreando*); *llamar; llorar; mandar; mentar; molestarse; negar; nombrar; ofrecer; oír; orar; participar; pedir; pelear; poder* + infinitivo (*aconsejar, cantar, contar, decir, echar, explicar, hablar, llamar, quejarse, recomendar*); *ponerse a* + infinitivo (*cantar, contar, discutir, escribir, escuchar, regañar*); *preguntar; presentarse; protestar; quejarse; recomendar; refunfuñar; regañar; reír; repetir; rezar; saludar; seguir* + gerundio (*contando, insistiendo*); *tener que* + infinitivo (*agradecer, averiguar, contar, decir, dialogar, hablar, mentir, pedir, responder*); *terminar de* + infinitivo (*contar*); *tratar de* + infinitivo (*convencer, conversar, hablar*); *vacilar; venir* + gerundio (*conversando, hablando*).

La finalidad aquí no ha sido establecer una clasificación de cada una de las formas, sino ofrecer una idea de su variedad en las entrevistas analizadas. No obstante, se comentarán aquellas formas que no son muy comunes más allá de la variedad del español venezolano o de algunas regiones de América. Es el caso de *cantar la zona* (179), *chalequear* (180) y de aquellos verbos, como *comer* (181), que no corresponden a un verbo de decir, pero que se emplean para transmitir que ha tenido lugar una actividad verbal.

(179) un pitero que era el que<alargamiento/> le <u>cantaba la zona</u> / él hacía así / (CARA_H31_030)

(180) los varones que estudiaban Humanidades lo <u>chalequeaban</u> / en esa época se burlaban de ti <cita> ¡ay sí mamita! y eso </cita> (CARA_H33_101)

(181) un día me / bueno me <u>comió</u> / yo también me alteré / yo reconozco / me alteré / no sé qué y ella también (CARA_M33_108)

En (179) se trata de una locución verbal que puede sustituirse por *avisar*. El DN con *cantar la zona* va seguido de una cita de gestos (*hacía así*). Aunque es probable que esta locución provenga de la jerga hamponil, donde se emplea en un contexto específico (cuando se va a cometer un robo y los delincuentes se organizan para que alguno de ellos merodee un lugar, observe disimuladamente y comunique al resto si surge algún imprevisto), no es posible asegurarlo con el único caso de este tipo registrado en la muestra. Sí es importante detallar, no obstante, que el ejemplo (179) se inserta en una narración mayor en la que el hablante está contando una situación irregular, precisamente con atracadores. Sin embargo, lo más probable es que su uso no se limite a este ámbito, pues en la oralidad los jóvenes caraqueños han empezado a usarla como sinónimo de *avisar* ('prevenir a alguien de algo') en un sentido amplio que no está relacionado necesariamente con la delincuencia y la inseguridad.

En (180) se ofrece un ejemplo con el verbo *chalequear*, que significa *burlarse*. Este uso se registra en el español de Venezuela y también en el de Colombia. En el *DIVE* se recogen siete acepciones del término (interrumpir una narración, entorpecer un asunto, engañar, insultar, tomar a un contendor por la camisa, raptar a una mujer, arruinar) que no coinciden con el uso de este verbo en el ejemplo, y, en general, con su significado actual, al menos en el español de Caracas.

En (181) el verbo que marca el DN es *comer*. Aquí este verbo no entraría, como dicta su significado primario, en el proceso de comportamiento y en la subclase de «ingestión» que propone el Proyecto ADESSE. El *DLE* (2014), por su parte, registra un significado cercano al que adquiere este verbo en un enunciado como el presentado, pero para la locución verbal *comer vivo* [a alguien] en su primera y segunda acepción: «1. loc. verb. Tener gran enojo contra él, o desear vengarse de él; 2. loc. verbal. Dicho de algunas cosas: Producirle molestia». El *DIVE* hace lo propio en la cuarta acepción de *comer*: «4. *prnl coloq* Superar, ganarle a alguien».

El contexto en el que se inserta (181) es el de una discusión que tiene lugar entre una maestra –en este caso, la entrevistada, quien relata lo sucedido, primero como locutora y después como enunciadora– y una representante de una niña de preescolar que funciona como otra enunciadora. El enojo que apunta el *DLE* y el hecho de ganarle a alguien que señala el *DIVE* tiene lugar en la interacción verbal, en el discurso. Se trata, por tanto, de un reclamo, de una molestia que se transmite a través de la palabra.

En cuanto al uso del DN según las características sociales de los hablantes, la mayor diferencia aparece entre hombres y mujeres –con 199 y 320 ocurencias, respectivamente–. En la edad y el grado de instrucción hay poco margen de casos entre los jóvenes y los mayores (284 vs. 271), y entre los entrevistados de grado de instrucción 1 y 3 (262 vs. 257).

4.3.2. Cita abstracta

Por último, en lo que tiene que ver con el otro tipo de citas impropias identificadas en la muestra, si bien es cierto que el poco número de casos (11 en total) no permite ofrecer resultados concluyentes, sí es posible describir su funcionamiento, al menos como una primera aproximación a estos EDR.

Como ya se ha destacado en el capítulo 3 de este trabajo, a través de las citas abstractas –o *puras*– (Cappelen y Lepore 2007), que constituyen metarrrepresentaciones, se construyen, a su vez, otras representaciones. En nuestro caso, se trata de representaciones de tipo lingüístico vinculadas con el uso de la lengua. En este tipo de citas las referencias que hace el hablante atañen al código lingüístico, como en (182) y (183), o a su funcionamiento, como en (184):

(182)   <cita> buenos días </cita> es en <u>inglés</u> (CARA_M13_083)

(183)   fue cuando yo conocí lo del <u>término de Río Grande</u> / que yo que / que fue horrible (CARA_M13_083)

(184)   yo soy normal / o sea / bueno / no sé / <u>normal / entre comillas</u> (CARA_M13_077)

En todos los casos registrados, como ocurre en los tres que se acaban de presentar, la CA no aparece introducida por verbo introductor alguno. Los entrevistadores refieren el código o una referencia metalingüística relacionada a través de una palabra determinada que es, en sí misma, el EDR en cuestión.

Las citas abstractas no son muy frecuentes en las entrevistas analizadas, pues en ningún caso estas últimas han incluido preguntas cerradas que permitieran interrogar al hablante sobre el significado o el uso de una determinada palabra en español o en otra lengua. Se debe agregar, igualmente, que de los 11 casos encontrados, 7 pertenecen a la misma entrevistada. Por su profesión (maestra de inglés en preescolar) y por el tema de su narración (cómo enseña a los niños, qué hacen en clase, cómo ha sido su experiencia estudiando en el extranjero, etc.) han surgido referencias metalingüísticas en el transcurso de la conversación.

4.4. El DR desde un punto de vista sintáctico

Una vez que se han descrito cada uno de los tipos de DR, se caracterizarán algunos de estos procedimientos de cita que, por su constitución interna, permiten analizar aspectos sintácticos concretos: el verbo introductor (tipo de forma verbal, tiempo verbal y persona); el sujeto de ese verbo (cuando está explícito) y el orden de palabras; el complemento indirecto, si lo hay; y, por último, el contenido de la cita y la modalidad oracional de la cláusula reportada (cuando este contenido se expresa en forma de oración).

4.4.1. Verbo, sujeto y complemento indirecto

En el primer caso, es decir, a propósito del verbo introductor, a los fines de facilitar el manejo y la presentación de los datos, se ha distinguido entre formas verbales simples o compuestas, como en (185) y (186), perífrasis (187) y locuciones verbales (188).

(185) uno <u>preguntaba</u> / \<cita\> mira / ¿no necesitan obreros? / ¿no necesitan empleados? / ¿no necesitan esto? \</cita\> (CARA_H31_029)

(186) nos <u>habían dicho</u> que era una maravilla / (CARA_M33_108)

(187) y el niño <u>empieza a gritar</u> / \<cita\> ¡tía! / A V me pegó \</cita\> / (CARA_M11_012)

(188) yo le <u>echo mucha broma</u> (CARA_M13_084)

En el cuadro 12 se recoge la distribución de las citas introducidas con verbo desglosadas en función del criterio señalado. Nótese que de todos los fenómenos del DR analizados solamente se reflejan aquí aquellos a los que se les puede aplicar esta distinción, o sea, CM, CP, DD, DI y DN.

El cuadro 12 muestra la preferencia de los hablantes por una forma verbal simple o compuesta (S/C); en realidad, sobre todo simple, como se apreciará en la descripción de los tiempos verbales. De los 1202 casos de la muestra que se introducen a través de un verbo, en 1015 los entrevistados han seleccionado una forma de este tipo. Esta preferencia se mantiene en todos los fenómenos (CM, CP, DD, DI y DN).

Cuadro 12. DR y tipo de forma verbal

Forma verbal		Discurso referido					Total
		CM	CP	DD	DI	DN	
S/C	N	14	6	462	158	375	1015
	%	1,4	0,6	45,5	15,6	36,9	100,0
Perífrasis	N	1	0	26	18	122	167
	%	1,6	0,0	15,6	10,8	73,1	100,0
Locución	N	0	0	1	0	19	20
	%	0,0	0,0	5,0	0,0	95,0	100,0
Total	N	15	6	489	176	516	1.202
	%	1,2	0,5	40,7	14,6	42,9	100,0

En cuanto a las perífrasis, aunque se registran algunas ocurrencias en el DD y el DI (26 y 18, respectivamente), se manifiestan en muy pocos EDR, pues constituyen en cada caso apenas el 15,6 % y el 10,8 % del total en estas categorías. En la cita mixta apenas se obtuvo un caso de este tipo (170). El grueso de las perífrasis suele restringirse al discurso narrativizado: 122/167 casos.

Las locuciones tampoco suelen ser muy productivas en lo que respecta a la CM, a la CP y a los procedimientos tradicionales de citación, es decir, al discurso directo e indirecto. El único caso de DD con locución verbal es el (110), con *pegar gritos*. De los 20 casos de locuciones, 19 (95 %) corresponden al DN.

Todo lo anterior permite afirmar que las perífrasis y las locuciones verbales suelen emplearse especialmente en el DN.

En cuanto a los tiempos verbales, en el cuadro 13 se recoge la relación entre los fenómenos del DR Introducidos mediante un verbo conjugado (CM, CP, DD, DI y DN) y el tiempo verbal del modo indicativo, siguiendo la nomenclatura de Bello (1972 [1847]). La selección del modo indicativo obedece a que ha sido el más empleado en las entrevistas en lo que respecta al DR.

Cuadro 13. DR y tiempo verbal

Tiempo verbal		Discurso referido					Total
		CM	CP	DD	DI	DN	
Presente	N	7	4	275	90	238	614
	%	1,1	0,7	44,8	14,7	38,8	100,0
Pretérito	N	4	1	102	48	70	225
	%	1,8	0,4	45,3	21,3	31,1	100,0
Copretérito	N	2	1	90	21	104	218
	%	0,9	0,5	41,3	9,6	47,7	100,0
Antepresente	N	0	0	3	5	5	13
	%	0,0	0,0	23,1	38,5	38,5	100,0
Futuro	N	0	0	2	0	2	4
	%	0,0	0,0	50,0	0,0	50,0	100,0
Total	N	13	6	472	164	419	1074
	%	1,2	0,6	43,9	15,3	39,0	100,0

En el cuadro 13 se observa que en todos los tipos de DR la forma privilegiada es el presente, con 614 casos de 1074. Esto guarda una estrecha relación con la defectividad temporal de *decir* en presente para referir hechos pasados a la que ha hecho alusión Benavent Payá (2002) y con su posible gramaticalización, como ya se ha indicado. A este tiempo verbal le sigue el pretérito perfecto simple, con 225 ocurrencias. El pasado se emplea más en el DD (102/225) y, en menor medida, en el DN (70/225). El copretérito o pretérito imperfecto de indicativo se usa fundamentalmente en el DN (104/218) y en el DD (90/218).

Del antepresente o pretérito perfecto compuesto se registraron 13 casos (3 de DD, 5 de DI y 5 de DN) y del futuro simple, 4 (2 de DD y 2 de DN). Nótese que de la CM y de la CP no se han encontrado casos en antepresente ni en futuro. Lo mismo ocurre en el DI a propósito de este último tiempo verbal. En (189)-(193) se ilustra un caso de cada tiempo verbal (presente, pretérito, copretérito, antepresente y futuro, respectivamente).

(189)   él me <u>dice</u> / <cita> mira / ¿por qué tú le pides la bendición a tu hermano? </ cita> (CARA_H11_005)

(190)   mi cuñada me <u>dijo</u> <cita> R. tengo planificado en Semana Santa un viaje pa' Grecia </cita> / (CARA_M33_108)

(191) y los amiguitos me decían <cita> ¿y ese señor quién es? / ¿ese es abuelo tuyo? / ¿tío tuyo? </cita> / (CARA_H33_101)

(192) no entiendo cómo ha bajado y nos ha dicho que podían entrar / subir los este<alargamiento/> los dos directores de la coral (CARA_M33_107)

(193) y tú me dirás <cita> ¿cuál es la diferencia de Colombia / donde yo vivo y de Mérida donde ella se quiere meter? </cita> (CARA_M13_084)

En lo que respecta a los modos subjuntivo e imperativo apenas se han contabilizado 28 casos en total. De este grupo, 25 corresponden al subjuntivo (23 en presente, más que todo en DD y DN, y 2 de DN en imperfecto); y 3, al imperativo. El caso (194) es un ejemplo de presente de subjuntivo y el (195), de modo imperativo.

(194) que yo escriba y las personas digan <cita> oye / mira / puede ser así / no puede ser así </cita> (CARA_H13_077)

(195) dile que vas de parte mía (CARA_H33_102)

Aunque se ha seguido la propuesta de Camargo Fernández (2008a) y en el análisis de los casos se ha codificado si en los EDR de DD y DI introducidos por verbos se registran cambios en el tiempo del marco introductor, esta categoría no ha sido productiva en el presente estudio. De los 636 casos que suman estas formas (472 de DD y 164 de DI), se observan cambios en apenas 16 enunciados (todos de DD). Más que cambios representan falsos comienzos del entrevistado, quien introduce un verbo, luego rectifica y lo cambia, como en (196), o bien lo repite al final de la cláusula reportada, como en (197). En este último ejemplo, además de repetir el marco introductor al final, el hablante altera el orden de palabras, que pasa de SV a VS.

(196) no me aceptaron / y ya me advirtió / me advirtieron <cita> usted tiene un problema visual / que es un problema para la vida militar / usted tiene dos defectos / tiene miopía y tiene astigmatismo / si fuese uno solo </cita> (CARA_H33_101)

(197) y él dice / <cita> mira / ¿tú te imaginas que me hubiesen robado? / tuvieran llevando pata <palabra_cortada/> y kung-fu aquí </cita> / dice él / (CARA_M11_011)

Además del tiempo verbal, se han analizado la persona gramatical y el número:

Cuadro 14. DR y persona gramatical y número

Persona		Discurso referido					Total
		CM	CP	DD	DI	DN	
1.ª singular	N	0	1	141	24	110	276
	%	0,0	0,4	51,1	8,7	39,9	100,0
2.ª singular	N	0	0	8	2	30	40
	%	0,0	0,0	20,0	5,0	75,0	100,0
3.ª singular	N	10	4	246	86	151	497
	%	2,0	0,8	49,5	17,3	30,4	100,0
1.ª plural	N	0	0	12	9	32	53
	%	0,0	0,0	22,6	17,0	60,4	100,0
2.ª plural	N	0	0	0	1	1	2
	%	0,0	0,0	0,0	50,0	50,0	100,0
3.ª plural	N	3	1	65	42	95	206
	%	1,5	0,5	31,6	20,4	46,1	100,0
Total	N	13	6	472	164	419	1074
	%	1,2	0,6	43,9	15,3	39,0	100,0

El cuadro 14 muestra la distribución de los 1094 casos de EDR introducidos con verbo según la persona gramatical y el número. Como es bien sabido, en español las personas gramaticales son seis y el número corresponde a la forma que toma el verbo para indicar la relación que tiene con un sujeto.

En el cuadro se evidencia preferencia de los hablantes por la 3.ª persona del singular y, en menor escala, por la 1.ª persona, también del singular (497/1074 y 267/1074, respectivamente).

En cuanto a los fenómenos del DR, en el DD, el DI y el DN, la forma preferida es la 3.ª persona del singular. También parece serlo en lo que respecta a la CM y a la CP, pero se trata de muy pocas ocurrencias. La 3.ª persona del plural se usa más en el DN que en el resto de las citas. Casi la mitad del total de esta categoría le corresponde al DN (95/206).

Si se une la 3.ª persona del singular y del plural, se obtiene que casi el 70 % del total (703 casos) corresponde a este grupo. Si se hace lo propio con la 1.ª persona, aunque se registran más ocurrencias en singular, se contabilizan 329 casos. En conjunto, 1.ª y 3.ª persona suman 1032 enunciados citativos.

Esta tendencia a usar la 3.ª y la 1.ª persona es en cierto sentido esperable en el marco de entrevistas como las del PRESEEA-CA. En interacciones orales como las estudiadas, los participantes suelen referir historias en las que incorporan, además de lo que han dicho ellos mismos, lo que manifiestan los otros.

Por otra parte, la 2.ª persona, al formar parte de la entrevista, no suele aparecer reflejada en las narraciones. De hecho, los casos de la 2.ª persona del singular responden, por lo general, a usos impersonales de *tú* (Guirado 2011a, 2011b).

Los resultados a propósito de la 1.ª y 3.ª persona del singular coinciden con los de Cameron (1998) y Benavent Payá (2015). Cuando Cameron (1998: 64) explica a quién se le atribuye la cita, el autor afirma que los hablantes privilegian el uso de la primera persona del singular (*Yo dije*), seguida de la tercera persona del singular (*Él/Ella dijo*). Benavent Payá (2015) hace lo propio y también llama la atención sobre el predominio, en los relatos del DR, de la 1.ª y 3.ª persona del singular.

Como hasta ahora se ha referido separadamente el tiempo verbal y la persona, aspectos ampliamente relacionados entre sí cuando se trata de la conjugación verbal, en el cuadro 15 se ofrece la tabulación cruzada de ambas categorías, con la finalidad de confirmar lo que se ha apuntado hasta el momento en este sentido.

Cuadro 15. Tiempo verbal, número y persona

Persona		Tiempo verbal					Total
		Presente	Pretérito	Antepresente	Futuro	Copretérito	
1.ª sing.	N	167	61	3	1	44	276
	%	60,5	22,1	1,1	0,4	15,9	100,0
2.ª sing.	N	34	1	1	1	3	40
	%	85,0	2,5	2,5	2,5	7,5	100,0
3.ª sing.	N	276	115	3	0	103	497
	%	55,5	23,1	0,6	0,0	20,7	100,0
1.ª pl.	N	41	1	1	0	10	53
	%	77,4	1,9	1,9	0,0	18,9	100,0
2.ª pl.	N	1	1	0	0	0	2
	%	50,0	50,0	0,0	0,0	0,0	100,0
3.ª pl	N	95	46	5	2	58	206
	%	46,1	22,3	2,4	1,0	28,2	100,0
Total	N	614	225	13	4	218	1074
	%	57,2	20,9	1,2	0,4	20,3	100,0

Las frecuencias absolutas del cuadro 15 confirman el predomino del presente conjugado en 3.ª persona del singular con 276 casos, seguido de la 1.ª persona para el mismo tiempo verbal (167 ocurrencias). Luego, del pretérito en 3.ª persona del singular (115 enunciados) y, nuevamente, del presente, pero en 3.ª persona del plural, con 95 casos. En el copretérito o pretérito imperfecto, la tendencia es similar, o sea, se emplea fundamentalmente con la 3.ª persona del singular y del plural: 103 vs. 58.

Ahora bien, de los 2094 casos de la muestra, en 1386 no está presente un sujeto explícito y en 708, sí. En el gráfico 7 se indica la distribución general de los sujetos de los EDR de la muestra teniendo en cuenta su forma, es decir, la clase de palabra a la que pertenecen (pronombre, sustantivo u otro) y su significado (si forma parte de una oración o enunciado impersonal). Aunque se distinga entre clase de palabra y significado, que no es lo mismo y son categorías que pueden solaparse (los pronombres también pueden emplearse de manera impersonal, por ejemplo), esta clasificación ha servido para dar cuenta de la fuente de la cita en las entrevistas objeto de estudio.

El gráfico 7 muestra que más de la mitad de los sujetos explícitos son pronombres (489 casos, 69,1 % del total). A estos le siguen los nombres, con 196 casos (27,7 %), y muy por debajo un sujeto impersonal (15 casos, 2,1 %) o de otro tipo (8 casos, 1,1 %).

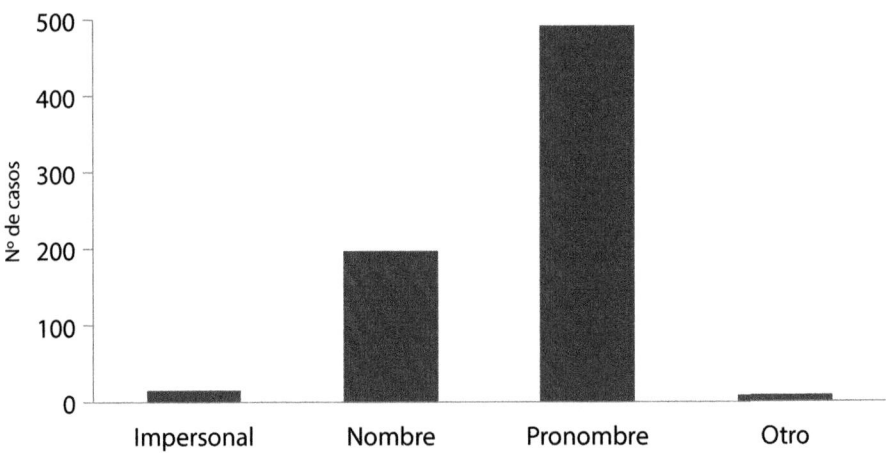

Gráfico 7. Formas generales de sujeto explícito en DR

En el cuadro 16 se desglosan esos 708 sujetos según el fenómeno del DR en cuestión.

Cuadro 16. DR y sujeto

Explicitud		Discurso referido					Total
		CM	CP	DD	DI	DN	
Pronombre	N	6	1	303	53	126	489
	%	1,2	0,2	62,0	10,8	25,8	100,0
Sustantivo	N	1	0	117	34	44	196
	%	0,5	0,0	59,7	17,3	22,4	100,0
Impersonal	N	0	0	0	7	8	15
	%	0,0	0,0	0,0	46,7	53,3	100,0
Otro	N	0	0	3	4	1	8
	%	0,0	0,0	37,5	50,0	12,5	100,0
Total	N	7	1	423	98	179	708
	%	1,0	0,1	59,7	13,8	25,3	100,0

Los datos muestran que cuando la cita está encabezada por una cláusula de reporte cuyo sujeto es explícito, este suele manifestarse a través de un pronombre personal: 303 casos en DD, 53 en DI y 126 en DN (489/708). Como ya se apuntaba a propósito del DDSN, el pronombre se enmarca en los mecanismos de economía del lenguaje. A esta categoría le siguen los sustantivos, pero con una frecuencia inferior (196/178) que constituye prácticamente la mitad de los usos del pronombre. Bajo la etiqueta «impersonal» se incluyen casos como (198), que en la muestra estudiada corresponden fundamentalmente al DCI o al DN, con 7 y 8 casos, respectivamente. En la categoría «otro», la menos productiva de las cuatro, se codificaron aquellos casos en los que el sujeto es una oración relativa sin antecedente expreso, como en (199).

(198)   como se dice hoy en día<alargamiento/> los / las bur <palabra_cortada/> / burgueses (CARA_H31_030)

(199)   los que trabajaban conmigo me decían que/ <cita> miren / muchachos a este le va a salir una hernia </cita> (CARA_H11_006)

De los 196 casos de sustantivos que funcionan como sujeto en el contexto del DR, en 182 se trata de referentes animados y en 14 de inanimados, como en (200) y (201).

(200) <u>su recibo de pago</u> dice todavía / este / cargo momentáneo (CARA_M31_011)

(201) mi abuela ve en el escritorio <u>una tarjetita</u> que decía <cita> bachiller Castro </cita> / que era el jefe de captura de la Seguridad Nacional (CARA_H33_101)

Cameron (1998) también ha encontrado que la fuente de la cita suele ser un ente animado y que el rasgo inanimado se ve favorecido por las citas sin marco. En nuestro caso, el rasgo inanimado se manifiesta, contrariamente, en los EDR con marco y fundamentalmente en el DD.

En las citas con sujeto explícito también se ha observado el orden de palabras de los constituyentes oracionales. Como es bien sabido, en español el orden de palabras no marcado suele ser SV; en realidad, SVO, pero no se ha etiquetado de esta manera porque en el DN el último constituyente –el objeto directo– puede estar presente o no. De los 708 casos de la muestra, el orden marcado VS en la cláusula de reporte solamente se registra 57 veces: 27 en el DD, 18 en el DI y 12 en el DN. Este orden aparece tanto en posición inicial de la cláusula de reporte (202) como en posición final (203).

(202) <u>me está diciendo la maestra</u> / <cita> tienes que traerlo porque es bastante inteligente </cita> (CARA_H11_006)

(203) entonces tiraban esas cosas y bombones <tiempo = "05:00"/> finísimos y tal / olvídate de / de agua ni de nada de eso / era algo<alargamiento/> de verdad / digno de vivir / <u>me dice mi / mi abuela</u> / (CARA_M33_107)

Si bien en principio también se consideró la posibilidad de analizar la posición de la cláusula de reporte, que puede ser inicial, media o final, este aspecto no se ha recogido finalmente en la presente investigación, pues en nuestras entrevistas: i) se privilegia la posición inicial, ii) no se han encontrado casos de posición media y iii) apenas se contabilizan 4 ocurrencias de marco introductor en posición final.

Además del verbo y del sujeto, se analizó si en el total de casos de la muestra está presente o no un complemento indirecto a través del cual se especifique a quién se transmite el mensaje referido por el locutor. En el cuadro 17 se observan los resultados que se obtuvieron sobre este aspecto.

El cuadro 17 deja ver que lo más común en términos de frecuencias absolutas es que el complemento indirecto esté ausente –1506 casos–. Por la constitución interna diversa de los fenómenos del DR analizados, es lógico que en las filas correspondientes a CA, CG, CP y E no aparezca ningún caso. La descripción se centrará entonces en los resultados variables que ofrecen la CM, el DD, el DI y el DN.

Cuadro 17. DR y complemento indirecto

Complemento indirecto		Discurso referido								Total
		CA	CG	CM	CP	DD	DI	DN	E	
Ausencia	N	11	28	13	34	879	185	339	17	1506
	%	0,7	1,9	0,9	2,3	58,4	12,3	22,5	1,1	100,0
Presencia	N	0	0	6	0	326	76	180	0	588
	%	0,0	0,0	1,0	0,0	55,4	12,9	30,6	0,0	100,0
Total	N	11	28	19	34	1205	261	519	17	2094
	%	0,5	1,3	0,9	1,6	57,5	12,5	24,8	0,8	100,0

La variante relacionada con la presencia del complemento indirecto se manifiesta en el DD en un 55,4 %; seguida del DN, con 30,6 %; del DI, con 12,9 %; y de la CM, con apenas 6 %, que se traduce en apenas 1 ocurrencia.

Ahora bien, si se compara la ausencia~presencia en estos tipos de DR, se observa que en términos porcentuales los datos son muy similares: 0,9 % y 1 % de CM; 58,4 % y 55,4 % de DD; 12,3 % y 12,9 % de DI; y 22,5 % y 30,6 % de DN. La mayor diferencia porcentual –de casi 8 puntos– se registra en el DN. Esto dificulta que pueda establecerse alguna afirmación o tendencia más o menos concluyente sobre este particular.

En el cuadro 18 se refleja la distribución de los casos en los que está presente un complemento indirecto (CI) especificando si se trata de un nombre –con el correspondiente pronombre correferencial, necesario en español– como en (204), o de un pronombre, como en (205).

Cuadro 18. DR y CI según clase de palabra

Tipo CI		Discurso referido				Total
		CM	DD	DI	DN	
Pronombre	N	6	320	76	160	562
	%	1,1	56,9	13,5	28,5	100,0
Sustantivo	N	0	6	0	20	26
	%	0,0	23,1	0,0	76,9	100,0
Total	N	6	326	76	180	588
	%	1,0	55,4	12,9	30,6	100,0

(204)   ellos dos <u>le</u> contaron <u>a mi mamá</u> (CARA_M11_012)

(205)   yo <u>les</u> dije / <cita> yo los voy a llevar a todos para que vean </cita> / (CARA_M11_011)

Una vez más, el pronombre es la forma más empleada, con 562 casos frente a los 26 de sustantivo. De estos casos 434 corresponden al pronombre de 1.ª persona *me*, forma átona de *yo* que como dativo designa a la persona que habla. A este pronombre personal le sigue con 199 ocurrencias el pronombre de 3.ª persona singular *le*, forma átona de *él* para referirse a alguien mencionado en el discurso, distinto del locutor y del destinatario.

Estos datos confirman, aunque inversamente, la tendencia que se señalaba antes a propósito del uso de la 1.ª y 3.ª persona del singular. Mientras que en la desinencia verbal se emplea la 3.ª del singular y, en menor medida, la 1.ª; en lo que respecta al complemento indirecto, la 1.ª y, en menor proporción, la 3.ª. En líneas generales, esto quiere decir que en nuestras entrevistas el locutor suele referir principalmente lo que le han dicho otros a él mismo –o a su grupo– y, en menor escala, lo que él –*yo* de la narración– ha transmitido a los otros.

En términos discursivos esto permite apreciar, por un lado, en qué medida el locutor incorpora a los enunciadores en su propio relato y, en consecuencia, se distancia de aquello que refiere; y, por otro, cuando hace lo contrario, es decir, cuando asume la responsabilidad de lo dicho a través de su propia voz. Se profundizará sobre este asunto en § 4.5.3.

En el cuadro 18 se aprecia también que en la CM y en el DI no se registraron casos de sustantivos con función de complemento indirecto. Esto parece indicar, al menos en el DI, que la tendencia es claramente a favor del uso de pronombres para el CI. Se trataría, igualmente, de una tendencia extensiva al DD, en el que apenas se registran 6 casos de sustantivo.

Si se comparan los cuatro tipos de DR de la tabla en función del sustantivo, queda evidenciado que su presencia se ve favorecida cuando se trata de un discurso narrativizado.

4.4.2. Contenido citado y modalidad oracional

En el estudio del DR nos hemos interesado, de la misma manera, por la constitución interna de la cita. Aunque no existe unanimidad en el tipo de relación sintáctica que se establece entre las cláusulas que conforman el estilo directo (*cf.* Gallucci 2017: 236), las gramáticas del español suelen acotar que el DD y DI tradicionales están conformados por una cláusula de reporte introducida por un verbo de comunicación conjugado, seguida de una cláusula reportada que funciona como objeto directo en el DI y en la que se pone de manifiesto la información que reproduce el hablante (qué se dijo).

Hasta ahora la descripción de los distintos procedimientos del DR en función del marco introductor permitiría cuestionar la primera de estas afirmaciones. Si bien es cierto que en la muestra se han registrado muchos casos que requieren un verbo introductor, también hay un número importante de enunciados, incluso superior, en los que se prescinde del verbo. Recordemos, por ejemplo, que del DDT se obtuvieron 490 ocurrencias, que representan el 40,7 % del total, y del DDL, 502 casos (41,7 %). Si a esto se le suma el DDSN, el DDM, el DDQ y el DDA, que en total constituyen 213 casos, las formas sin verbo suman en la cita directa 715 ocurrencias; casi la tercera parte de todos los enunciados citativos de la muestra.

La segunda afirmación a propósito de los verbos de comunicación como introductores de cita también se ha puesto a prueba y se ha confirmado que, aunque en su mayoría en las citas introducidas con verbo estos últimos suelen pertenecer a esa clase, no se trata de un requisito exclusivo o restrictivo, pues los hablantes cuentan con una amplia gama de posibilidades que excede los límites de los verbos de decir.

En cuanto a la tercera afirmación, aquella que sostiene que en el DR siempre se reproduce una oración, Maldonado (1999), a diferencia de otros gramáticos, reconoce que cuando se trata del DD o del DI el contenido citado no siempre se corresponde con una oración. La autora afirma que en el DI se pueden introducir «fragmentos sintácticos menores que la oración»; planteamiento que se recoge posteriormente en la *NGLE* (2009) y en el *Manual* (2010) de la RAE y la ASALE.

En el cuadro 19 se condensan los resultados obtenidos a partir de la distinción entre oración y < oración [menor que oración] en los EDR con contenido citado de la muestra. Por razones obvias, se ha excluido la cita de gestos (28 casos); de allí que el total de ocurrencias que se muestra en la tabla es 2066 y no 2094.

Cuadro 19. DR y contenido citado

Contenido		Discurso referido							Total
		CA	CM	CP	DD	DI	DN	E	
Oración	N	0	16	0	1024	222	484	2	1748
	%	0,0	0,9	0,0	58,6	12,7	27,7	0,1	100,0
< Oración	N	11	3	34	181	39	35	15	318
	%	3,5	0,9	10,7	56,9	12,3	11,0	4,7	100,0
Total	N	11	19	34	1205	261	519	17	2066
	%	0,5	0,9	1,6	58,3	12,6	25,1	0,8	100,0

El cuadro 19 muestra que de 2066 citas 1748 tienen como contenido citado una oración, como en (206). Los 318 casos restantes, si bien son minoría, dejan ver que en el interior de la cita puede haber también estructuras menores a la oración, como en (207):

(206)   él me dice <cita> <u>sí / estoy tratando</u> </cita> (CARA_M33_107)

(207)   el señor de taxista dijo que <u>más nunca</u> / (CARA_M13_083)

Las frecuencias absolutas de los fenómenos del DR constituidos internamente por una estructura menor a la oración evidencian cuatro cuestiones. En primer lugar, que el mayor número de citas de este tipo corresponde al DD (181/318). En segundo lugar, que la CA y la CP se construyen exclusivamente con < oración; lo cual es esperable en las CP, ya que están constituidas por onomatopeyas e interjecciones, y en las CA, aunque estas últimas podrían incluir una oración o no. En tercer lugar, que el número de casos de < oración en el DI y en el DN son muy similares (39 vs. 35, respectivamente). Y, por último, que los ecos suelen reproducir, sobre todo, < oración (15 casos), como en (208), y, excepcionalmente, una cláusula (2 casos), como en (209).

(208)   E1: mira y con respecto a la música / o sea / aparte del fútbol / ¿qué te gusta?
        I: <u>¿la música?</u> (CARA_H13_077)

(209)   E1: ¿por qué se tuvieron que ir a Maracaibo? /
        I: <u>¿por qué nos fuimos a Maracaibo?</u> (CARA_M33_108)

Ahora bien, en aquellos enunciados en los que el contenido citado ha resultado ser una cláusula o una oración –1748–, estas últimas se han clasificado según la modalidad oracional, como se observa en el gráfico 8.

El gráfico 8 muestra que cuando el contenido citado es una oración, en más de la mitad de los casos esta última suele ser afirmativa (958 casos, que representan el 54,8 % del total); seguida de las imperativas, con 363 ocurrencias (20,8 %). Las interrogativas ocupan la tercera posición, con 208 enunciados (11,9 %); la cuarta y la quinta posición la ocupan las negativas y las exclamativas, con 111 y 108 casos que conforman, respectivamente, el 6,4 % y el 6,2 % del total.

En el cuadro 20 se ofrece el desglose de la modalidad oracional de la cláusula reportada en función de los tipos principales de DR que se han distinguido en esta investigación.

Los resultados del cuadro 20 dejan ver que: i) en la CM la cláusula es sobre todo afirmativa (10/16); ii) en el DD también suele ser afirmativa en casi la mitad de los casos (415/1024), pero en el resto puede ser o bien imperativa, con 258

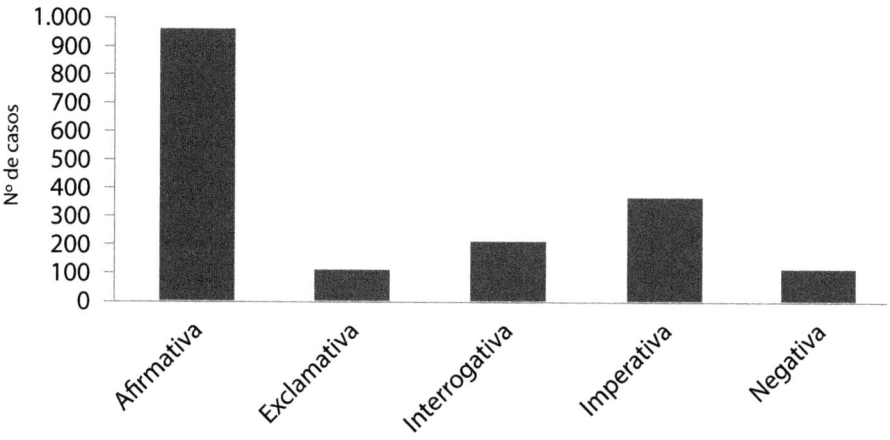

Gráfico 8. Modalidad oracional del contenido citado

Cuadro 20. DR y modalidad oracional de la cláusula reportada

Modalidad		Discurso referido					Total
		CM	DD	DI	DN	E	
Afirmativa	N	10	415	142	390	1	958
	%	1,0	43,3	14,8	40,7	0,1	100,0
Imperativa	N	4	258	48	52	1	363
	%	1,1	71,1	13,2	14,3	0,3	100,0
Interrogativa	N	1	196	8	3	0	208
	%	0,5	94,2	3,8	1,4	0,0	100,0
Negativa	N	1	56	16	38	0	111
	%	0,9	50,5	14,4	34,2	0,0	100,0
Exclamativa	N	0	99	8	1	0	108
	%	0,0	91,7	7,4	0,9	0,0	100,0
Total	N	16	1024	222	484	2	1748
	%	0,9	58,6	12,7	27,7	0,1	100,0

ocurrencias, o bien interrogativa, con 196 (ambos tipos son los que registran mayor frecuencia en estas categorías); iii) tanto en el DI como en el DN la cláusula en cuestión es primero afirmativa y, después, imperativa (48 y 52 casos, respectivamente); iv) los 2 casos de E no permiten establecer relación alguna entre procedimientos citativos y el tipo de cláusula.

Las secuencias exclamativas e interrogativas reflejadas en el cuadro 20, introducidas a través del verbo *decir*, guardan relación con la discordancia modal referida por Benavent Payá (2002) a propósito de la posible gramaticalización de este verbo en el contexto de la narración oral conversacional.

4.5. El DR desde un punto de vista semántico-discursivo

Corresponde ahora detenerse en el análisis semántico-discursivo que se ha llevado a cabo a propósito del DR. A diferencia del apartado anterior, aquí el énfasis estará puesto en aquellos aspectos relacionados con el DR que traspasan las fronteras de la oración.

En este apartado se describirá con qué sentido se emplea *decir* como marco introductor; si hay presencia de marcadores discursivos al inicio de las citas y, de ser así, cuáles son; a quién le atribuyen la palabra los hablantes cuando usan un EDR; en qué tipo de secuencia textual suelen insertarse las citas; y cuál es la función pragmática de los distintos procedimientos citativos objeto de estudio.

4.5.1. *Decir* y sus distintos significados

Como ya se ha indicado a lo largo de esta monografía, *decir* suele ser la forma más utilizada en español cuando el marco introductor del DR es un verbo. Así ha quedado de manifiesto tanto en los datos obtenidos en el DDT, DIT, DN y CM como en todos los estudios que conforman los antecedentes de este trabajo y que se han detallado en el capítulo 2. Sin embargo, como se apreciará enseguida, aunque no deja de ser un verbo de comunicación, no se emplea siempre con el mismo significado.

En el gráfico 9 se recoge la distribución general de este verbo (incluyendo tanto las formas verbales simples y complejas como las perífrasis, donde aporta la carga semántica a la construcción), según los cuatro significados identificados en la muestra: i) manifestar o 'comunicar [algo] con palabras' (*DPD* 2005); ii) 'relatar o contar'; iii) 'rezar' («dicho de un libro o de un escrito que contiene ciertos temas e ideas», *DLE* 2014); y iv) 'preguntar'. Como se especificaba en el capítulo 3, en esta ocasión no se ha incluido otro de los significados posibles de *decir* –el de 'creer o pensar'–, pues en el presente estudio no se han considerado los EDR de este tipo.

Para determinar en cada caso el significado de *decir* a través de un mecanismo de sustitución, ha sido fundamental el contexto lingüístico del EDR y, también, cuando corresponde (DDT, DIT y CM), el contenido citado, como se puede apreciar en (210)-(213).

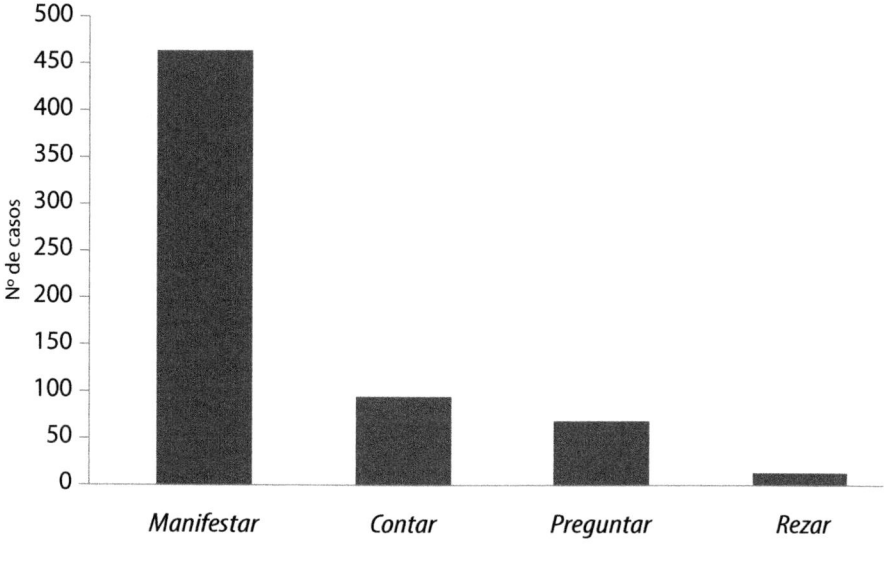

Gráfico 9. Significados de *decir*

El gráfico 9 muestra la distribución general de las 640 citas de la muestra introducidas por el verbo *decir*. En 466 EDR, que representan el 72,8 % del total, la forma escogida mayoritariamente por los hablantes corresponde al significado de base o primario de *decir*, que es 'comunicar [algo] con palabras', como en (210). A este significado le siguen, respectivamente, con frecuencias absolutas y relativas de 94 (14,7 %) y 68 casos (10,6 %), 'contar' (211) y 'preguntar' (212). Con el significado de 'rezar', como en (213), se manifiesta en apenas 12 EDR (1,9 %).

(210) me <u>dicen</u> [manifiestan / comentan] que canto muy bien (CARA_H11_006)

(211) y me <u>dicen</u> [cuentan] que tú abres el chorro y sale el agua con cosas negras (CARA_M33_107)

(212) y / <cita> ¿para qué hay que sacarle esas tres copias? </cita> / me <u>dice</u> [pregunta] ella / (CARA_M11_011)

(213) y nosotras con todo y eso con la camisa que <u>dice</u> [reza] Católica (CARA_M13_83)

En el cuadro 21 se muestra la tabulación cruzada entre los distintos significados de la forma *decir* y los fenómenos del DR en los que aparece este verbo (CM, DD, DI y DN):

Cuadro 21. DR y significados de *decir*

Significado *decir*		Discurso referido				Total
		CM	DD	DI	DN	
Manifestar	N	7	279	116	64	466
	%	1,5	59,9	24,9	13,7	100,0
Contar	N	2	37	25	30	94
	%	2,1	39,4	26,6	31,9	100,0
Preguntar	N	0	60	8	0	68
	%	0,0	88,2	11,8	0,0	100,0
Rezar	N	0	9	3	0	12
	%	0,0	75,0	25,0	0,0	100,0
Total	N	9	385	152	94	640
	%	1,4	60,2	23,8	14,7	100,0

El cuadro 21 muestra que *decir* con el significado de 'preguntar' y 'rezar' no se emplea, en ningún caso, cuando el EDR se materializa a través de una CM o del DN. Si bien 'manifestar o comunicar [algo] con palabras' es la opción preferida en todos los casos, a esta le sigue en el DD 'preguntar' (60 casos); pero en el DI y el DN, 'contar' (25 y 30 ocurrencias, respectivamente). Esto permite afirmar, al menos de manera preliminar, que parece existir cierta relación entre el DD –el DDT, específicamente– y el significado de *decir* como 'preguntar'. Con el significado de 'contar' no es posible plantear lo mismo, pues no hay mucha diferencia entre las frecuencias absolutas obtenidas en esta categoría en el DD, DI y DN: 37, 25 y 30, respectivamente. De la CM, si bien en la mayoría de los casos se emplea *decir* como 'manifestar', se han obtenido muy pocos casos como para establecer alguna conclusión en este sentido.

Los resultados de Gallucci (2010: 84) coinciden con los obtenidos aquí. La autora también encuentra que el verbo *decir* se usa, en la mayoría de los casos, con el significado de 'manifestar mediante palabras una idea'.

4.5.2. Marcadores discursivos en el interior de la cita

A partir de la propuesta de análisis de las citas en los corpus del PRESEEA (Camargo Fernández 2008a), se ha considerado si al inicio de la cita están presentes o no marcadores discursivos; y, si están, cuáles son. En este punto es importante recordar que esta categoría no debe confundirse con el DDM, es decir, con la cita directa que se introduce a través de un marcador. Aquí se hace referencia a la presencia de un marcador discursivo en el interior de la cita.

En el gráfico 10 se aprecia que de los 2094 EDR de la muestra en apenas 228 (10,9%) aparece un marcador al inicio. La tendencia es claramente a favor de la ausencia de marcador (1866 ocurrencias que conforman el 89,1% del total de casos).

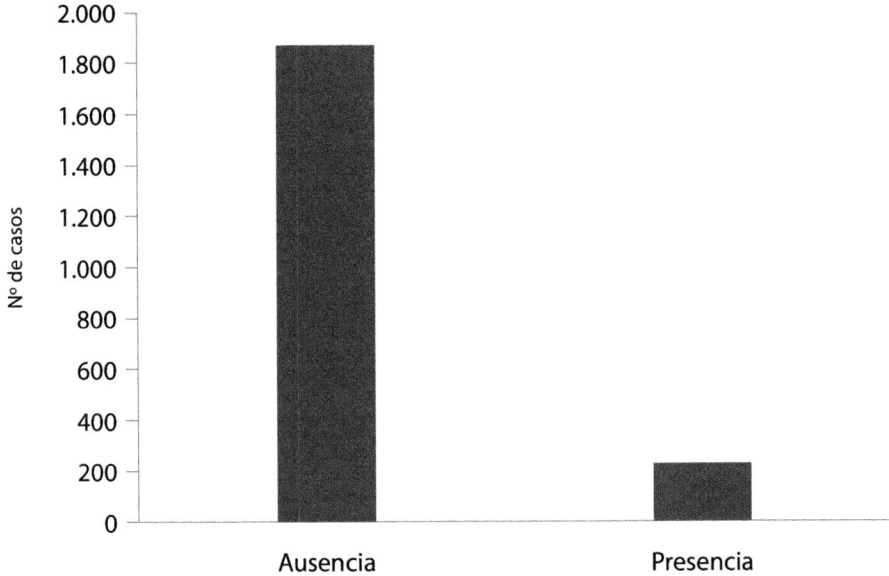

Gráfico 10. Ausencia~presencia de marcador en el interior del DR

En el cuadro 22 se ofrece la distribución de la ausencia~presencia del marcador en función de los fenómenos del DR estudiados.

Cuadro 22. DR y marcador al inicio de la cita

Marcador		Discurso referido								Total
		CA	CG	CM	CP	DD	DI	DN	E	
Ausencia	N	11	28	15	34	997	245	519	17	1866
	%	6,0	1,5	0,8	1,8	53,4	13,1	27,8	0,9	100,0
Presencia	N	0	0	4	0	208	16	0	0	228
	%	0,0	0,0	1,8	0,0	91,2	7,0	0,0	0,0	100,0
Total	N	11	28	19	34	1205	261	519	17	2094
	%	0,5	1,3	0,9	1,6	57,5	12,5	24,8	0,8	100,0

El cuadro 22 muestra que en ningún caso está presente un marcador cuando se trata de una CA, CG, CP, DN y de E; lo cual es esperable, pues no todos estos tipos de citas suelen incluir un contenido citado (piénsese, por ejemplo, en el DN). La variación se aprecia entonces en la CM, el DD y el DI. En estos tres últimos casos predomina la ausencia.

A juzgar por las frecuencias absolutas, un marcador suele estar presente al principio del contenido citado especialmente cuando la cita es directa (208/228).

En el gráfico 11 se recoge la distribución de estos 208 casos según el tipo de DD y el marcador empleado en cada caso.

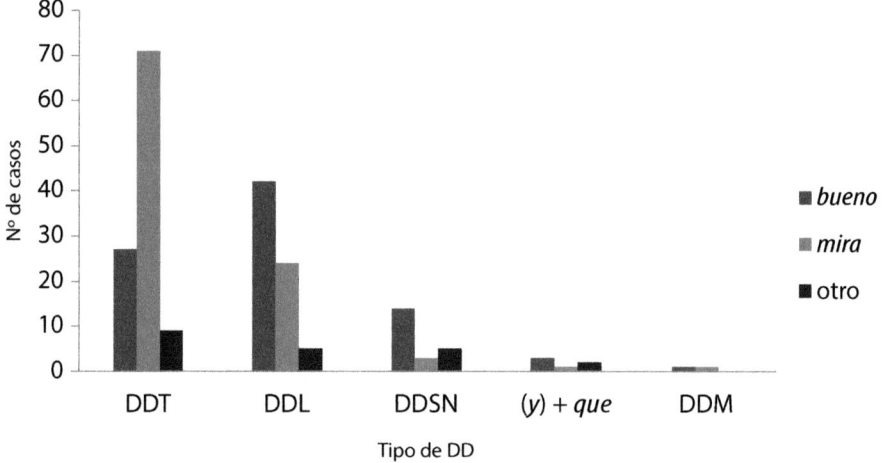

Gráfico 11. DD y marcador discursivo

Los datos generales obtenidos evidencian que en este caso el marcador más usado es *mira*, con 100 casos en total, y *bueno*, con 87; ambos marcadores pertenecen al grupo de los conversacionales (Martín Zorraquino y Pórtoles Lázaro 1999: 4060). El primero, un enfocador de la alteridad, y el segundo, un metadiscursivo conversacional, al menos en nuestras entrevistas. Recuérdese que *bueno* también puede funcionar como un marcador conversacional de modalidad deóntica (Martín Zorraquino y Pórtoles Lázaro 1999).

Del gráfico 11 se desprende que *mira* se utiliza sobre todo en DDT y DDL (71 vs. 24 ocurrencias), como en (214) y (215); mientras que con *bueno* la correlación es inversa: 42 casos de DDL frente a 27 de DDT. En (216) y (217) se ilustran estos dos últimos casos.

Aunque son pocas ocurrencias, en el DDSN se emplea más el marcador *bueno* –14 EDR frente a 3 de *mira* y 5 de otros marcadores– (218). En la categoría «otro» se agruparon marcadores con menos de 5 casos (*de repente, entonces, epa, o sea* y *oye*).

(214)   después esta semana llegaron y me dijeron / <cita> <u>mira</u> / F / muy inteligente </ cita> (CARA_M11_011)

(215) eso me ha ayudado mucho / <cita> mira / esta es la clave de A / la clave de esta </cita> / (CARA_M11_011)

(216) <cita> bueno / yo voy a dormir </cita> / (CARA_H33_101)

(217) me dice <cita> bueno / sabrás que acabo de venir de / de Disney / fui con mis cuatro hijos / con siete primos / con los no sé qué / estábamos desespe-rados y la única manera yo me quitaba la chola y / y les daba cholazos </cita> (CARA_M33_108)

(218) y yo <cita> bueno / si me muero de hambre / yo me voy a tu casa y tú me das de comer </cita> / (CARA_M13_083)

4.5.3. ¿A quién se le atribuye la palabra?

Siguiendo la propuesta de Marcuschi (1997), quien explica que a través de la *fala reportada* el hablante puede reproducir lo que él mismo o su grupo ha dicho –au-tocitación– o hacer referencia a lo que han dicho los otros –heterocitación–, se ana-lizó a quién(es) le atribuyen la palabra los hablantes de la muestra. En el cuadro 23 se presentan los datos obtenidos según esta categorización.

Cuadro 23. DR y atribución de la palabra

Atribución		Discurso referido								Total
		CA	CG	CM	CP	DD	DI	DN	E	
Heterocitado	N	5	5	16	18	699	194	282	16	1235
	%	0,4	0,4	1,3	1,5	56,6	15,7	22,8	1,3	100,0
Autocitado	N	6	23	3	16	506	67	237	1	859
	%	0,7	2,7	0,3	1,9	58,9	7,8	27,6	0,1	100,0
Total	N	11	28	19	34	1205	261	519	17	2094
	%	0,5	1,3	0,9	1,6	57,5	12,5	24,8	0,8	100,0

En líneas generales, el cuadro 23 deja ver la preferencia de los hablantes ca-raqueños de la muestra por la heterocitación frente a la autocitación: 1235 y 859 casos, respectivamente. En términos porcentuales la heterocitación representa el 59% del total de citas y la autocitación, el 41%.

En el caso específico de los fenómenos del DR, en la CA y en el CP, como mues-tran las frecuencias relativas, no se aprecian diferencias importantes entre ambas formas de atribución: 0,4% y 0,7% en la CA; y 1,5% y 1,9% en la CP. Con la CM ocurre algo parecido, pues, aunque hay más EDR de heterocitación (16 vs. 3), en términos de frecuencias relativas la diferencia entre esta última y la autocitación es de apenas un 1%. Con el E la diferencia es un poco superior: 1,2%, que resulta de restar 0,1% a 1,3%. Los E casi siempre son heterocitados, como en (219), porque el entrevistado repite algo que le ha formulado el entrevistador, generalmente en forma de pregunta y en el turno de habla anterior.

La diferencia se incrementa en términos porcentuales cuando se trata de la CG (0,4% vs. 2,7%), que es fundamentalmente autocitada, como en (220). Con el DD la diferencia también es de 2,3% en frecuencias relativas (58,9% menos 56,6%), aunque las frecuencias absolutas se traducen en un mayor número de casos de heterocitación.

(219) E1: entonces / I. / háblanos un poco de tu familia /
I: ¿de mi familia? bueno / eeh los miembros más cercanos son / somos cuatro
(CARA_M13_083)

(220) ¡nada! / bueno / como muy poco / porque <silencio/> <observación complementaria = "hace un gesto"/> (CARA_M33_107)

La mayor discrepancia se encuentra en lo que respecta al DI, con 194 casos de heterocitación (15,7%), como en (221), y 67 (7,8%) de autocitación, como en (222).

(221) me dice una compañera / que ella el año <sic> pasao </sic> tenía / no este año
/ (CARA_M11_011)

(222) yo les dije que lo íbamos a pasar con Diosito y no están muy convencidas, pero
ahí vamos / (CARA_M13_084)

A diferencia de los otros fenómenos, que suelen estar bastante parejos, al menos en lo que se refiere a las frecuencias relativas de una y otra forma de atribución, como ya se ha señalado en el DI, los EDR de heterocitación –194– prácticamente triplican a los de autocitación –67–; lo cual reflejaría que el DI está más vinculado con la heterocitación que el resto de las formas del DR.

Estos resultados coinciden con los de Gallucci (2010, 2013) sobre el habla caraqueña. En el primer estudio, la autora encuentra una leve preferencia de los hablantes por citar lo que otros han dicho en una situación determinada (629 casos, 53%). En los casos en ED, el uso de la autocitación y de la heterocitación es muy similar: 529 casos frente a 528. Los datos evidencian que el EI está más vinculado con la heterocitación (101 casos de un total de 135); tendencia que se confirma posteriormente en Gallucci (2013).

En otro corpus del español de Caracas, Vargas (2014) también encuentra que los hablantes prefieren citar el discurso de otros (241 casos vs. 135) y suelen hacerlo empleando el ED (292 casos vs. 84). En el español de Mérida (Venezuela), en el corpus PRESEEA de esta última ciudad también predomina la heterocitación (Fernández 2011).

En términos generales, el uso de la heterocitación en muestras como las analizadas en esta investigación, esto es, sin preguntas cerradas y con temas que le interesen al entrevistado, etc., refleja que los hablantes prefieren comprometerse menos con lo que dicen. Es decir, al atribuir cierto mensaje a otra persona la responsabilidad frente a lo dicho no recae sobre el emisor-locutor que emplea la cita, sino en el otro, en el enunciador que no está presente en el momento del intercambio comunicativo. De esta manera, el locutor evita posicionarse (o reduce su voz) como enunciador y el grado de compromiso frente a lo que dice es, en términos discursivos, menor. Esto también se ve reflejado en el uso recurrente del DD, en el que, como es bien sabido, la perspectiva de lo citado recae siempre en el hablante original, a diferencia del DI, que suele construirse desde la perspectiva del sujeto hablante.

4.5.4. ¿En qué tipo de secuencia textual se insertan las citas?

A partir de la clasificación de Adam (1992) se ha determinado la secuencia textual envolvente en la que aparecen los EDR de la muestra. Como ya se apuntaba en el capítulo 3, en este caso, por tratarse de entrevistas, la secuencia dominante, es decir, aquella que enmarca al texto en su totalidad y le da sentido, es dialogal; mientras que la secundaria, por la configuración de las entrevistas, suele ser narrativa. En el cuadro 24 se ofrece la distribución de los ocho fenómenos generales del DR identificados en este estudio en función de las secuencias textuales en las que se insertan (narrativa, dialogal, descriptiva, argumentativo-explicativa).

Los totales generales del cuadro 24 muestran que la secuencia envolvente en la que se insertan los 2094 enunciados citativos suele ser sobre todo narrativa y dialogal con 938 (44 %) y 670 (31 %) ocurrencias que, en conjunto, conforman el 75 % del total. A estos dos tipos de secuencia le sigue la descriptiva con 425 EDR (20,2 %), y la argumentativo-explicativa, con apenas 61 EDR que constituyen el 2,9 %.

En cuanto al predominio de la narración como secuencia secundaria envolvente, estos resultados son en cierta manera esperables por las características de las entrevistas recogidas en el PRESEEA-CA, que son fundamentalmente narraciones de historias personales de hablantes caraqueños.

Cuadro 24. DR y secuencia textual

Secuencia		Discurso referido								Total
		CA	CG	CM	CP	DD	DI	DN	E	
Narrativa	N	7	19	10	19	416	146	321	0	938
	%	0,7	2,0	1,1	2,0	44,3	15,6	34,2	0,0	100,0
Dialogal	N	0	2	5	4	622	14	6	17	670
	%	0,0	0,3	0,7	0,6	92,8	2,1	0,9	2,5	100,0
Descriptiva	N	4	7	3	11	145	90	165	0	425
	%	0,9	1,6	0,7	2,6	34,1	21,2	38,8	0,0	100,0
Argumentativa	N	0	0	1	0	22	11	27	0	61
	%	0,0	0,0	1,6	0,0	36,1	18,0	44,3	0,0	100,0
Total	N	11	28	19	34	1205	261	519	17	2094
	%	0,5	1,3	0,9	1,6	57,5	12,5	24,8	0,8	100,0

En lo que respecta al diálogo como secuencia dominante y envolvente, también tiene que ver con la manera en que se desarrollaron las entrevistas –en forma de conversación– con la finalidad de minimizar la paradoja del observador (Labov 1972).

En cuanto a las secuencias descriptivas, también es de esperar que tengan lugar en los relatos de los entrevistados, porque suelen acompañar y complementar las secuencias narrativas.

Por último, el bajo número de citas en las secuencias de tipo argumentativo-explicativo (en el cuadro 24 se ve que aparecen especialmente en el DD o en el DN) obedece a que en las entrevistas se limitaron intencionadamente algunos tópicos de interés, como el tema político, que hubieran podido desencadenar secuencias de este tipo y terminar enfrascando la conversación en un solo aspecto. Esto último obedeció a la situación de polarización extrema en la que se encontraba Venezuela mientras se recolectaban las muestras (2004-2010).

Ahora bien, la tabulación cruzada del cuadro 24 permite establecer algunas relaciones entre los fenómenos del DR y el tipo de secuencia textual.

La CA se manifiesta solamente en secuencias narrativas o descriptivas y con frecuencias relativas muy cercanas (0,7 % y 0,9 %). Algo similar ocurre con la CG, cuyo uso se circunscribe básicamente a estos dos tipos de secuencias (19 ocurrencias en secuencia narrativa y 7 en descriptiva) y, en menor medida –apenas 2 casos–, a una de tipo dialogal. El panorama es similar en la CM, a diferencia de 1 EDR en secuencia argumentativa explicativa en esta categoría. Lo mismo ocurre con la CP, que es o narrativa o descriptiva (19 casos vs. 11) o bien, con muy pocos casos (4 EDR), dialogal.

A diferencia de lo que ocurre con la CA, CG, CM y CP –incluso con el E, que siempre se inserta en secuencias dialogales, como deja ver el cuadro 24– en el resto de los fenómenos, por el número de casos que se registran en cada casilla sí es posible establecer una relación más firme entre tipo de DR y secuencia.

El DD, por ejemplo, registra mayor número de casos en secuencias dialogales que el resto de las formas del DR (622 / 670) y en lo que respecta al fenómeno en sí mismo, supera incluso a los enunciados citativos de DD en secuencias narrativas (416 casos). Esta correlación entre DD y secuencia dialogal se confirma igualmente en las frecuencias relativas: 622 (92,8 %) de dialogales frente a 416 (44,3 %) de DD en secuencias narrativas. Si se indaga según el tipo de DD, casi la mitad de estos casos de secuencias dialogales son de DDL –314– y una parte importante –185– de DDT, como se aprecia en (223).

Todo lo indicado a propósito del DD refleja la relación entre cita directa y secuencia dialogal. Esto se confirma, asimismo, a través de los diálogos reconstruidos en los que el entrevistado, como locutor, reproduce y anima las distintas voces representadas (Goffman 1974, 1981; Gallucci 2021).

(223)   yo le digo <cita> mami / ¿qué haces tú con estas metras en el bolso? </cita> / <cita> no / papi / que me las regaló yo no sé quien / un niñito </cita> / yo <cita> ¡ah! / okey / está bien </cita> / <ruido = "chirrido silla"/> y / bueno / <cita> yo / que sepa yo / las niñas no juegan metras </cita> / <cita> bueno / papi / pero si a mí me gustó jugar metras / yo no <ruido = "crujido silla"/> sé </cita> / <cita> ¿pero qué te las regaló o te las ganaste? </cita> / <cita> no / me las regaló </cita> / yo <cita> ¡ah / okey! </cita> (CARA_H11_005)

El DI, en cambio, no suele insertarse en secuencias dialogales. El cuadro 27 (página 197) muestra que se registra en su mayoría en secuencias narrativas –146 casos– o descriptivas –90 ocurrencias–, como en (224) y (225). Algo parecido ocurre con el DN, con la excepción de que el mayor número de enunciados citativos aparece en secuencias descriptivas (165/425), como en (226), y en las argumentativo-explicativas –27–, como en (227).

(224)   entonces el profesor que también era<alargamiento/> de / de la Capella / me dijo que por favor necesitaba refuerzos de soprano y bueno / fui yo / fue A. / el amigo / (CARA_M33_107)

(225)   pues / me encontré con un lugar donde te enseñan a un Dios mucho más cercano / no es el que conocimos desde que nacemos / que Él está en la iglesia / que ahí no puedes ir en esta forma vestida / que no puedes hacerte tal cosa / que te castiga / que todo es malo / <cita> que Dios te va a juzgar </cita> sino te presentan a un Dios totalmente diferente / un amigo / una persona con quien te puedes eeh entablar conversaciones y sientes respuesta (CARA_M13_084)

(226)   en la medida que uno interiorice que uno no puede cambiar la manera de educar de otra persona / uno puede recomendar / uno puede aconsejar / uno puede decirles / pero hasta ahí o sea (CARA_M33_108)

(227)   ¡nosotros nos levantábamos de la mesa con dolor de cabeza del hambre! / nos levantábamos de la mesa sin comer porque no se podía comer / eran cosas incomibles y que lo diga yo que soy una necia / pero que lo digan ellos es muy diferente <ruido = "voces de niños del colegio contiguo"/> (CARA_M33_107)

4.5.5. ¿Con qué finalidad se emplean las citas?

En estrecha relación con la secuencia discursiva en la que se inserta la cita, se dará cuenta de la función que cumplen los EDR en esas secuencias envolventes que, como ya se ha indicado, forman parte, a su vez, de otras secuencias mayores. El objetivo ha sido conocer, en la medida de lo posible, para qué el hablante incorpora un enunciado citativo en su discurso.

Además de la función general del DR –esto es, contar e indicar la procedencia del conocimiento–, a través de la cita el locutor puede ejemplificar, argumentar o repetir. En el cuadro 25 se reflejan los resultados obtenidos sobre este aspecto.

Cuadro 25. DR y función pragmática

Función pragmática		Discurso referido								Total
		CA	CG	CM	CP	DD	DI	DN	E	
Narrar	N	5	4	12	1	735	173	507	0	1437
	%	0,3	0,3	0,8	0,1	51,1	12,0	35,3	0,0	100,0
Ejemplificar	N	5	24	5	33	238	53	9	0	367
	%	1,4	6,5	1,4	9,0	64,9	14,4	2,5	0,0	100,0
Argumentar	N	1	0	2	0	232	35	3	0	273
	%	0,4	0,0	0,7	0,0	85,0	12,8	1,1	0,0	100,0
Repetir	N	0	0	0	0	0	0	0	17	17
	%	0,0	0,0	0,0	0,0	0,0	0,0	0,0	100,0	100,0
Total	N	11	28	19	34	1205	261	519	17	2094
	%	0,5	1,3	0,9	1,6	57,5	12,5	24,8	0,8	100,0

El total de EDR del cuadro 25 muestra que, si bien, ciertamente, los hablantes caraqueños emplean las citas para relatar o contar una anécdota –1437 casos que representan el 68,7 % del total–, el DR también puede cumplir otras funciones, aunque en menor escala: ejemplificar (367 casos, 17,5 %); argumentar (273 ocurrencias, 13 %); y repetir (17 EDR, 0,8 %).

El desglose por fenómenos no evidencia diferencias importantes en la CA, que se usa esencialmente para narrar y ejemplificar. Una vez más, como son pocos casos de este tipo de DR no es posible establecer una tendencia clara en este sentido, al menos en este estudio.

La CG, en la que las imitaciones o demostraciones juegan un papel fundamental, sí se usa casi exclusivamente para ejemplificar, como se aprecia en (228).

> (228) ¡ah! ¡no! y en las noches / imagínate / en las noches me acuesto así <observación complementaria = "mira hacia el cielo"/> a ver las estrellas fugaces y a identificar estrellas (CARA_M33_107)

En la CM la tendencia es a la narración (12/19), aunque se trata, nuevamente, de pocos casos.

Con el E, en cambio, no hay duda de que su función no es otra que repetir (17/17), pero no sin más. A través del E el entrevistado repite inmediatamente algo que le ha preguntado el entrevistador y esa repetición tiene una finalidad específica: le sirve al primero para iniciar el turno de habla e introducir, al mismo tiempo, el tópico sobre el que discurrirá su intervención, como en el fragmento (229):

> (229) E1: ¿por qué se tuvieron que ir a Maracaibo? /
> I: ¿por qué nos fuimos a Maracaibo? porque<alargamiento/> la familia de mi esposo estaba muy ligada con lo que era la <siglas = [kreole]> CREOLE </siglas> de aquella época <siglas = [lagoben]> LAGOVEN </siglas> y después / no sé ahora cómo se llama / este<alargamiento/> el papá de él trabajaba ahí y él pidió un<alargamiento/> un trabajo en <siglas = [lagoben]> LAGOVEN </siglas> y se / que era la <siglas = [kreole]> CREOLE </siglas> y lo / se lo dieron en el Zulia / en Mara <palabra_cortada/> en / en / en los campos petroleros del Zulia / y después por eso nos fuimos para allá / pero estuvimos allá dos años / en esos dos años nacieron / ¿dos años? / casi tres / nacieron mis dos hijas / por eso nacieron en Maracaibo y después en la misma <siglas = [kreole]> CREOLE </siglas> le dio la beca para irse para<alargamiento/> para Standford / la Universidad de Standford a hacer el postgrado (CARA_M33_108)

Por su parte, el DD se emplea para narrar, con 735 enunciados, y después, con frecuencias absolutas muy cercanas (238 vs. 232), para ejemplificar y argumentar. Sobre esta última función se debe destacar que de los 273 casos que se registran en total, 232 son de DD, es decir, cuando de lo que se trata es de emplear la cita para argumentar, se utiliza fundamentalmente la cita directa. Es probable que esto obedezca a toda la información que se puede incluir en este tipo de procedimiento citativo, que siempre conlleva un contenido citado que puede reproducirse como si fuese de primera mano y que se justificaría, por la lectura *de dicto* que supone, en lo que han dicho los otros, o sea, en la heterocitación, y bajo una literalidad que es pretendida, como en el segmento (230). Desde este punto de vista se asume que el sujeto reproductor de un mensaje refiere las palabras de alguien prácticamente sin ajustes gramaticales.

(230)   por lo menos mi hermano que era manco / y lo dejaban quieto en la casa / <cita> bueno es que<alargamiento/> / G. se queda aquí hoy porque<alargamiento/> / no va<alargamiento/> a salir por ahí / pero tú sí / tú te vas a cortarle hierba al burro / te vas a<alargamiento/> buscar la leña / te vas a <vacilación/> </cita> (CARA_H31_029)

En cambio, el DI suele ser utilizado cuando la finalidad no es otra que narrar o contar un acontecimiento (173/261), aunque también se registran algunos casos de DI con la función de ejemplificar –53–, como en (231), o de argumentar –35–, como en (232).

En el DN la situación es similar al DI en lo que respecta al hecho de que su función primordial no es otra que narrar acciones verbales de esas distintas voces –o personajes– que el locutor convoca en su relato (507/519).

(231)   a mí me costó pa' conseguirla / esa caña la india / <ruido = "bocina"/> porque a mí me decían que caña la india / caña la india / pero yo nunca la conocía / ¿ves? (CARA_H11_005)

(232)   el colegio realmente <énfasis> no me gusta </énfasis> / el colegio donde está la niña / entonces / la directora me dijo que yo como representante y el niño po<alargamiento/>r / por lo que ha dado en el colegio que yo me merezco el cupo / (CARA_M11_011)

Algunos de los antecedentes de la presente investigación (ver capítulo 2 de este trabajo) han aplicado esta clasificación de las citas según su función que proviene de un estudio piloto de Gallucci (2010). Es el caso de Fernández (2011), Gallucci (2013) y Vargas (2014), aunque todos estos estudios han analizado solamente el DD y el DI como procedimientos de citación.

En lo que respecta al español de Caracas, Gallucci (2010, 2013) encuentra, como aquí, que los hablantes emplean en primera instancia los mecanismos de cita básicamente para relatar una anécdota y, en segundo lugar, para ejemplificar una circunstancia. En el primero de estos estudios (Gallucci 2010), los hablantes suelen citar para relatar (563 casos) y ejemplificar (204 casos), cuando la cita es directa; mientras que en el DI lo hacen para relatar y argumentar (66 y 41 casos, respectivamente).

Estos resultados coinciden parcialmente con los de la presente monografía: en lo que atañe al DD y al DI, pero, sobre este último, solo en cuanto a la preponderancia de la función de narrar (no de la de argumentar, ya que en nuestro caso la segunda función más frecuente del DI ha sido ejemplificar). En Gallucci (2013) los hablantes también utilizan las citas para relatar una anécdota. En cuanto al DD, suelen hacerlo con las funciones pragmáticas de relatar y ejemplificar, y en EI, para relatar, argumentar y ejemplificar. La tendencia hacia la función pragmática de narrar, seguida de la de ejemplificar, también se repite en Vargas (2014).

En oposición a lo que se ha indicado, en el PRESEEA de la ciudad de Mérida la función pragmática más empleada en DD ha sido ejemplificar y en el DI, como aquí, narrar o relatar (Fernández 2011).

Ahora bien, en virtud de la estrecha relación que se establece entre la función pragmática de la cita y el tipo de secuencia, se han cruzado los datos obtenidos en ambas categorías, como se aprecia en el gráfico 12.

El gráfico 12 muestra la preponderancia de la función 'narrar' en todos los tipos de secuencia: narrativa (644 casos), dialogal (446 enunciados), descriptiva (301 ocurrencias) y argumentativa (46 casos). En conjunto los fenómenos del DR con función narrativa y en secuencias narrativas suman 1437 casos de los 2094 EDR que constituyen el total de nuestra muestra. A través de estos datos se comprueba empíricamente la afirmación de Reyes (1994b: 58), quien ha señalado que la función predominante de la cita directa e indirecta no es otra que contar lo que dijo alguien e indicar la procedencia del conocimiento. También se ha visto, aunque en menor proporción, que pueden estar presentes otras funciones. Esto podría variar en función del género textual y del registro de la muestra en cuestión.

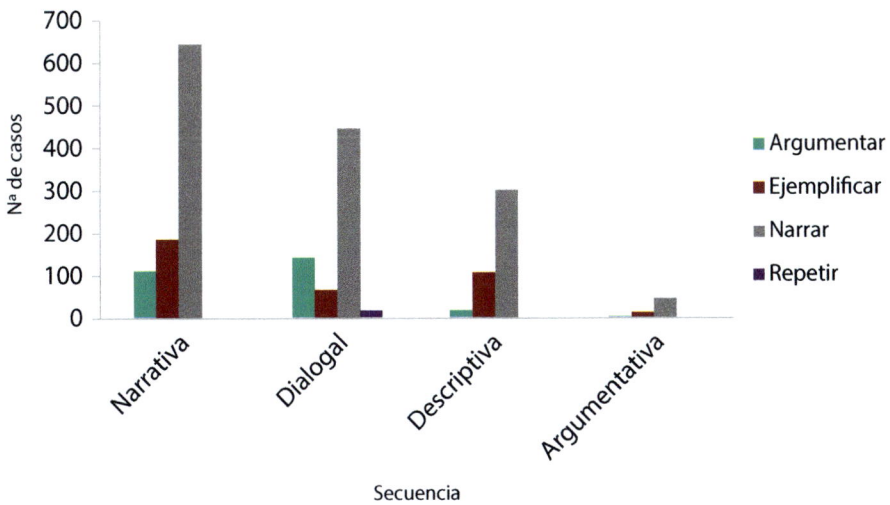

Gráfico 12. Función pragmática y secuencia discursiva

El gráfico 12 deja ver, igualmente, que la función de ejemplificar se manifiesta especialmente en secuencias narrativas y descriptivas (184 y 106 casos). En lo que respecta a la función de argumentar, se ve privilegiada en secuencias dialogales que corresponden a diálogos reconstruidos que se materializan íntegramente en el interior del turno de habla del entrevistado. Por su parte, la función denominada 'repetir', que sirve, como se ha visto, para empezar un turno de habla y establecer el tópico de ese segmento, se restringe estrictamente a secuencias dialogales de nuestras entrevistas que, a diferencia de lo que se ha comentado a propósito de la función argumentativa, están conformadas por un turno del entrevistador y otro del entrevistado. En este último se materializa el eco, que es producto de la reproducción de una parte del turno inmediatamente anterior del entrevistador.

4.6. El DR y las variables extralingüísticas

Por último, y a los fines del enfoque sociolingüístico del presente estudio, se han analizado los fenómenos del DR en relación con las variables extralingüísticas inherentes a la muestra. Como ya se ha visto, se trata de tres variables sociales: i) edad (con dos variantes: 20 a 34 años, 55 años y más); ii) sexo (hombres y mujeres); y iii) grado de instrucción (sin instrucción con instrucción primaria, y con instrucción universitaria).

Aunque en principio se consideró el cálculo del χ^2 en cada caso, para poder establecer estadísticamente si hay relación o no entre el fenómeno de estudio y dichas variables independientes, se prescindió de este cálculo pues, como apunta Larson-Hall (2012: 267), no puede aplicarse si se tienen menos de 5 ocurrencias en alguna casilla de las tablas, como es nuestro caso. Por esta razón, se adoptaron dos decisiones metodológicas en este sentido: en primer lugar, calcular únicamente el valor de *p* según Fisher –o *Fisher's exact p-value*–, que permite indicar si dos variables están relacionadas o no; en segundo lugar, calcular el χ^2 en otras tablas de contingencia de 2 x 2 en las que solamente se han incluido el DD y el DI como fenómenos del DR. Como se verá más adelante, esto último, además de subsanar el problema de las casillas con menos de 5 casos, permitirá establecer algunas comparaciones con investigaciones previas sobre la cita directa e indirecta en el español caraqueño.

En el cuadro 26 se presentan las frecuencias absolutas y relativas de los EDR en relación con la edad de los hablantes de la muestra. Como es habitual en los estudios sociolingüísticos, no se ha empleado la edad numérica real de los hablantes, sino que estos se han dividido en grupos siguiendo los lineamientos del PRESEEA, como ya se ha señalado en el capítulo 3. Los jóvenes, por ejemplo, suelen manifestar usos innovadores que podrían traducirse en un cambio lingüístico en progreso, mientras que los mayores podrían dar cuenta de que un fenómeno determinado está en desuso o de que no se trata de un cambio lingüístico propiamente.

Cuadro 26. DR y edad

Edad		Discurso referido								Total
		CA	CG	CM	CP	DD	DI	DN	E	
20 a 34 años	N	10	3	14	17	709	159	248	14	1174
	%	0,9	0,3	1,2	1,4	60,4	13,5	21,1	1,2	100,0
55 años y más	N	1	25	5	17	496	102	271	3	920
	%	0,1	2,7	0,5	1,8	53,9	11,1	29,5	0,3	100,0
Total	N	11	28	19	34	1205	261	519	17	2094
	%	0,5	1,3	0,9	1,6	57,5	12,5	24,8	0,8	100,0

Fisher's Exact Test $p = 0,578$

El cuadro 26 permite apreciar que en general el grupo etario de los jóvenes concentra un número de citas superior que el de los mayores de 55 años (1174 vs. 920).

Aunque el desglose por fenómenos deja ver más casos de CA en el grupo de 20 a 34 años, no es un un dato importante aquí, pues una parte de estas citas (más de la mitad) pertenece al mismo hablante, como se comentó antes.

En lo que respecta a la CG, los datos dejan ver que se concentra en los hablantes de más de 55 años –25 casos (2,7 %) frente a 3 casos (0,3 %) en el grupo de los jóvenes–. Con la CM sucede lo contrario, ya que hay más casos en el grupo de los jóvenes –14 (1,2 %)–. Esta situación se repite en los E. De la CP se obtuvo el mismo número de casos en ambos grupos etarios.

En cuanto a los procedimientos más empleados, es decir, el DD, el DI y el DN, la mayor diferencia en cuanto a frecuencias absolutas y relativas se encuentra en el primero. Del DD se registran 709 casos (60,4 %) en los jóvenes y 496 (53,9 %), en los mayores. En el DI la discrepancia va en el mismo sentido, pero la diferencia porcentual es mucho más pequeña, pues se trata de 159 casos vs. 102 que se traducen en 13,5 % y 11,1 %, respectivamente. En cambio, en el DN son los entrevistados de 55 años y más los que registran un número ligeramente mayor de ocurrencias –271 (29,5 %) vs. 248 (21,1 %)–.

A pesar de las diferencias señaladas en términos porcentuales, el resultado del test de Fisher ($p = 0,578 > 0,050$) indica que, al menos en nuestras entrevistas, la edad de los hablantes no está relacionada con el uso variable de los fenómenos del

DR. Recordemos que el valor de *p* se traduce en la probabilidad que permite declarar la significación de una prueba y que la hipótesis para contrastar es que no existe diferencia entre dos tratamientos.

Los resultados generales obtenidos en este sentido coinciden parcialmente con los de Camargo Fernández (2004); Gallucci (2010, 2013); San Martín y Guerrero (2013); Guerrero (2014) y San Martín (2015). «Parcialmente» pues, aunque estos estudios se relacionan con nuestra investigación, de este grupo solamente los de Gallucci (2010, 2013) son sobre el español de Venezuela y el mismo corpus –pero no con las mismas muestras ni los mismos fenómenos–; los de San Martín y Guerrero (2013), Guerrero (2014) y San Martín (2015) se fundamentan en el PRESEEA –pero de Santiago de Chile, cuyas entrevistas difieren de las nuestras, pues son más dirigidas que semidirigidas–; y el de Camargo Fernández (2004) sobre el español peninsular en dos tipos de corpus diferentes en cuanto al grado de formalidad de las entrevistas y a la forma en que se obtuvieron (con grabadora a la vista y entrevistas secretas).

Gallucci (2010) encontró que el uso del DD y del DI según la edad es muy similar tanto en el grupo etario 1 (20-34 años) como en el grupo etario 3 (55 años y más): de 1192 casos, 51 % (604) corresponde a los jóvenes, y 49 % (588), a los hablantes de 55 años en adelante. En Gallucci (2013) la autora afirma que la edad no condiciona el empleo de la cita directa e indirecta.

Sobre el español de Santiago de Chile, San Martín y Guerrero (2013) llegan a la conclusión de que, en relación con el grupo de edad, el DD se manifiesta con porcentajes similares en el primer y tercer grupo etario, es decir, entre 20-34 años y entre 55 y más años (25,8 % y 27,1 %, respectivamente). Esto se confirma en Guerrero (2014), estudio en el que la edad de los hablantes tampoco mostró significatividad estadística, como ocurre en San Martín (2015).

En el caso de Camargo Fernández (2004), los datos extraídos del *AlecMan-Cuenca* muestran que en las mujeres los distintos modos de citar no están relacionados con la edad, pero que esta última sí influye en el uso que hacen los hombres de las citas.

En el cuadro 27 se ofrece la distribución de los fenómenos del DR en relación con la variable 'sexo'. Como es bien sabido, se trata de una variable clásica en los estudios sociolingüísticos. Por lo general, se reinterpreta como 'género' o 'sexo/género', ya que se ha demostrado ampliamente que el comportamiento vinculado con el sexo biológico está determinado por una serie de normas sociales. Como es de suponer, en este estudio no se ignora el vínculo con la noción de género, pero se hace referencia al sexo del hablante, pues así se ha considerado en las entrevistas siguiendo los lineamientos del PRESEEA.

Cuadro 27. DR y sexo

Sexo		Discurso referido								Total
		CA	CG	CM	CP	DD	DI	DN	E	
Hombres	N	2	11	8	22	660	92	199	11	1005
	%	0,2	1,1	0,8	2,2	65,7	9,2	19,8	1,1	100,0
Mujeres	N	9	17	11	12	545	169	320	6	1089
	%	0,8	1,6	1,0	1,1	50	15,5	29,4	0,6	100,0
Total	N	11	28	19	34	1205	261	519	17	2094
	%	0,5	1,3	0,9	1,6	57,5	12,5	24,8	0,8	100,0

Fisher's Exact Test $p = 0,000$

El total general del cuadro 27 muestra una leve diferencia de 84 casos a favor de las mujeres en el uso de las citas (1089 de las primeras y 1005 de los hombres). En cuanto a los fenómenos menos frecuentes de la muestra, las mujeres emplean más, aunque por poco margen, la CA (9 casos vs. 2), la CG (17 vs. 11) y la CM (11 vs. 8). En contraste con este hecho, los hombres registran un mayor número de ocurrencias que las mujeres en la CP (22 vs. 12) y en los E (11 vs. 6).

Las diferencias más importantes tienen que ver con el DD. Los hombres son los que más utilizan este procedimiento citativo: 660 casos (65,7%) vs. 545 (50%) de las mujeres. Por su parte, las mujeres de nuestra muestra son las que más emplean el DI (15,5% vs. 9,2%) y el DN (29,4% vs. 19,8%). El resultado de la prueba de Fisher (0,000 < 0,050) permite rechazar la H0 (hipótesis nula) y afirmar que, al menos en las entrevistas analizadas, el uso del DR estaría relacionado con el sexo de los hablantes.

La comparación con algunos de los antecedentes de este estudio que dan cuenta de variables sociales deja ver que las tendencias a propósito de la influencia de la variable independiente 'sexo' en el DR, a diferencia de la edad, son divergentes.

Los hallazgos sobre un mayor número de citas en las mujeres y, también, de más casos de DI en este grupo coinciden en gran parte con Gallucci (2013) y San Martín y Guerrero (2013) en lo que respecta a la frecuencia similar de empleo de las variantes generales de DR según el sexo de los informantes; a pesar de que estos últimos autores registran diferencias más marcadas que se traducen en un mayor porcentaje de aparición en las mujeres con un 40,8% de DD y un 14,6% de DI, frente al 33,5% de DD y el 11,1% de DI en los hombres. Esta situación se repite en parte en San Martín (2015), estudio en el que el autor encontró que las mujeres usan más el DD (73,1%) y los hombres, el DI (33,1%), aunque las mujeres emplean más el discurso referido en general. Sin embargo, en este punto se debe recordar que el autor incluye en el DI lo que aquí se ha analizado como DN. Lo mismo ocurre en Guerrero (2014), aunque esta variable externa no manifieste significatividad estadística en la investigación de la autora. En nuestro caso, las entrevistadas usan un poco más el DR que los hombres, pero han sido estos últimos los que más emplean el DD y las mujeres, el DI, como ya se ha indicado.

En contraste con lo que se acaba de señalar, Fernández (2011) y Vargas (2014) indican que en sus muestras el sexo-género no condiciona el uso que hacen los hablantes del DR. En este punto hay que subrayar que ambas autoras analizan muy pocas muestras en las que encuentran, además, pocos casos. Tampoco ofrecen datos de estadística inferencial que permitan corroborar este planteamiento.

Todos estos resultados evidencian que en los estudios empíricos sobre el DR existen conclusiones divergentes en lo que respecta a la influencia de los factores sociales en el uso de los procedimientos de cita. Tal como explica Tagliamonte (2016: 20), este tipo de controversia puede resolverse adecuadamente mediante el uso de diferentes herramientas estadísticas. En § 4.6.2. se ofrecen los resultados obtenidos al utilizar una de estas herramientas.

En el cuadro 28 se refleja el uso del DR según el grado de instrucción de los hablantes. Se trata también de una variable tradicional de las investigaciones sociolingüísticas que parten de la asunción de que el nivel educativo puede tener consecuencias sobre la conciencia lingüística de los hablantes.

Los resultados del cuadro 28 muestran un mayor número de casos de DR en el grupo de instrucción universitaria –1200– en comparación con los hablantes del grado de instrucción 1 –894–. En el grado de instrucción 3 también se registran más casos de CA, CG, CM, CP y E: 9 vs. 2, 21 vs. 7, 14 vs. 5, 26 vs. 8, 14 vs. 3, respectivamente. Sin embargo, la diferencia en términos porcentuales es baja.

Cuadro 28. DR y grado de instrucción

Instrucción		Discurso referido								Total
		CA	CG	CM	CP	DD	DI	DN	E	
Primaria	N	2	7	5	8	505	102	262	3	894
	%	0,2	0,8	0,6	0,9	56,5	11,4	29,3	0,3	100,0
Universitaria	N	9	21	14	26	700	159	257	14	1200
	%	0,8	1,8	1,2	2,2	58,3	13,3	21,4	1,2	100,0
Total	N	11	28	19	34	1205	261	519	17	2094
	%	0,5	1,3	0,9	1,6	57,5	12,5	24,8	0,8	100,0

Fisher's Exact Test $p = 0,407$

Lo mismo ocurre en el DD (56,5% = 505 casos vs. 58,3% = 700 casos) y en el DI (11,4% = 102 casos vs. 13,3% = 159 casos), a pesar de que en los dos también se registran más ocurrencias en el grupo de hablantes con instrucción universitaria.

Del DN hay más casos en el grupo de instrucción primaria –262– que en el de instrucción universitaria –257–, pero la diferencia entre uno y otro es, en frecuencias absolutas, mínima (5 casos).

El valor obtenido en el test de Fisher ($p = 0,407 > 0,050$) permite confirmar que los fenómenos del DR y el nivel de instrucción de los hablantes no están relacionados.

Gallucci (2010, 2013) llega a la misma conclusión. San Martín y Guerrero (2013), Guerrero (2014) y San Martín (2015) también, aunque los autores se refieren al nivel socioeconómico (bajo, medio bajo, medio, medio alto) que incluye el grado de instrucción, pero no es exactamente lo mismo.

Camargo Fernández (2004), en cambio, refleja resultados disímiles en función del corpus en cuestión: mientras que en el *Corpus Espontáneo* los resultados revelan que, en lugar del grado de instrucción, los factores que más influyen en los modos de citar son el auditorio y la situación comunicativa; en el *AleCMan-Cuenca* el nivel de instrucción sí influye en el uso que hacen los hombres del DR.

4.6.1. DD~DI como variable dependiente discursiva

Como se ha señalado antes, las casillas con menos de 5 casos en lo que respecta a los fenómenos del DR y su distribución según las variables sociales inherentes a nuestra muestra impiden calcular con precisión si el uso de los distintos tipos de DR está relacionado o no con la edad, el sexo o el grado de instrucción de los hablantes del español caraqueño. Por esta razón, se ha optado, siguiendo a San Martín (2015: 21), por aplicar el concepto de *variable sociolingüística* –en un sentido amplio del término– al estudio del discurso referido. De esta manera, el DR tendría como variable dependiente discursiva dos variantes: DD y DI. Aunque no se trate exactamente de paralelos semánticos, ambas variantes comparten dos características que están muy relacionadas: i) se emplean con una misma función general: reproducir palabras y ii) en su interior siempre se manifiesta, independientemente del marco introductor, un contenido citado. Además de lo anterior, el DD y el DI pertenecen al grupo de citas propias. Si se tomaran en cuenta todos los fenómenos del DR (suponiendo que se tuvieran muchos más casos por casilla), citas propias e impropias solamente comparten como característica común el hecho general de reproducir un discurso. En consecuencia, con el resto de los fenómenos no se podría establecer la misma relación. Esta decisión metodológica permitirá, igualmente, emplear otras herramientas estadísticas novedosas para corroborar o no los resultados preliminares que se ofrecen aquí. Para el correcto uso de estas herramientas un componente fundamental es la tabulación cruzada, como la que se ha venido empleando hasta ahora, pues permite evaluar en qué medida diferentes factores se intersectan con otros (Tagliamonte 2016: 2).

Las dos variantes del DR seleccionadas según lo apuntado antes, es decir, el DD y el DI, suman 1466 ocurrencias y representan el 70% del total de casos del DR –2094– de la muestra.

En los cuadros 29, 30 y 31 se refleja, respectivamente, la distribución del DD y del DI según la edad, el sexo y el grado de instrucción. Se trata de un conjunto de tres tablas de contingencia que recogen el cálculo de los valores de χ^2 y p.

El cuadro 29 deja ver, como ocurría con todos fenómenos del DR según la edad de los hablantes, que esta variable no guarda relación con el uso del DD y el DI. La prueba del χ^2 señala que no hay probabilidad de que esta variable se relacione significativamente con la variable dependiente ($p = 0,535 > 0,050$).

Cuadro 29. DD~DI y edad

Edad		Discurso referido		Total
		DD	DI	
20 a 34 años	N	709	159	868
	%	81,7	18,3	100,0
55 años y más	N	496	102	598
	%	82,9	17,1	100,0
Total	N	1.205	261	1466
	%	82,2	17,8	100,0

$\chi^2 = 0,285$ 1g.d.l. (3,841) $p = 0,535$

Como se aprecia en el cuadro 30, según la prueba del χ^2, hay probabilidad de que el sexo incida en el uso variable del DR ($p = 0,000 < 0,050$), ya que el valor de la muestra (32,729) supera con creces el esperado (3,841). En este caso, se rechaza la H0 –o de partida– que postula que dos variables no están relacionadas. Los datos confirman la tendencia de las mujeres al uso de la cita indirecta, como ya se señalaba en Gallucci (2010, 2013, 2014). Además, hay un número ligeramente mayor de ocurrencias de DD en los hombres. En este caso, el TE es 0,149, lo que se traduce en que la magnitud del efecto es pequeña (ver § 4.6.2.1.).

El cuadro 31 muestra que, según la prueba del χ^2, el grado de instrucción de los hablantes es una variable extralingüística que no incide en el uso del DD y el DI. El valor teórico o esperado es 3,8414 y el experimental, 0,707, lo que permite aceptar la hipótesis nula (o H0) ($p = 0,400 > 0,050$).

Cuadro 30. DD~DI y sexo

Sexo		Discurso referido		Total
		DD	DI	
Hombres	N	660	92	752
	%	87,8	12,2	100,0
Mujeres	N	545	169	714
	%	76,3	23,7	100,0
Total	N	1205	261	1466
	%	82,2	17,8	100,0

$\chi^2 = 32,729$ 1g.d.l. (3,841) $p = 0,000$

Cuadro 31. DD~DI y grado de instrucción

Grado de instrucción		Discurso referido		Total
		DD	DI	
Primaria	N	505	102	607
	%	83,2	16,8	100,0
Universitaria	N	700	159	859
	%	81,5	18,5	100,0
Total	N	1205	261	1466
	%	82,2	17,8	100,0

$\chi^2 = 0,707$ 1g.d.l. (3,841) $p = 0,400$

4.6.2. El DD y el DI a la luz de nuevas herramientas estadísticas: análisis exploratorio

Ahora bien, una vez que se ha llevado a cabo el análisis distribucional (o *factor by factor analysis*), se conocen las frecuencias de uso y se han adelantado algunas hipótesis en lo que respecta a la influencia de cada uno de los factores sociales en el DR, se hace necesario contar con un análisis estadístico más específico que permita corroborar, por ejemplo, que en la muestra el sexo de los hablantes es la única variable extralingüística vinculada con el uso del DD y del DI.

Para tal fin el investigador cuenta con herramientas tradicionales, como la regresión logística a través de los programas de la familia *Varb*, y con nuevos instrumentos: los modelos de efectos mixtos (*mixed effect models*) (Baayen 2008, Jaeger 2008, Tagliamonte 2016). En este caso, se emplearán los últimos por las ventajas que ofrecen y que se detallan a continuación.

Los modelos de efectos mixtos toman en cuenta al hablante como un efecto aleatorio, lo que permite incluir la variabilidad individual inherente a una muestra sociolingüísticamente estratificada. Como es bien sabido, en sociolingüística los datos provenientes de la producción real de individuos no suelen estar distribuidos idealmente, ya que no reflejan un fenómeno de la misma manera en términos de ocurrencia, están segmentados en función de factores sociales y lingüísticos, etc. Como explica Tagliamonte (2016: 18), a diferencia de los modelos fijos tradicionales, es decir, aquellos que son más conservadores y no tienen en cuenta al individuo y, en consecuencia, pueden sobreestimar la significancia estadística, los modelos de efectos mixtos permiten afrontar satisfactoriamente el dilema al que se ha hecho referencia y que suele ser muy común en el estudio de individuos reales en comunidades de habla también reales.

4.6.2.1. Regresión logística de efectos mixtos

Como ya se ha afirmado, la regresión logística es ideal para muestras sociolingüísticas en las que un conjunto de factores influye en la selección de una variante u otra. En este procedimiento suelen ponerse de manifiesto tres líneas de evidencia que advierte Tagliamonte (2016: 3) a propósito de las investigaciones con muestras de este tipo: i) significancia estadística, ii) magnitud del efecto y iii) dirección del efecto. En el primer caso, se puede determinar qué factores son estadísticamente significativos en el nivel del valor *p* (0,050). En el segundo, el programa estadístico en cuestión asigna diferentes pesos o probabilidades de cada categoría perteneciente a los grupos de los factores incluidos en el análisis. Estos factores miden la influencia de las variables independientes en la selección de una u otra variante de la variable dependiente. En el tercero, es necesario conocer: i) el rango en cada grupo de factores (mediante la comparación entre el valor más alto y bajo en cada uno), donde el más bajo se considera más débil y el más alto, el más fuerte; y ii) el orden de selección de estos factores en el análisis de regresión (Tagliamonte 2016: 3-5). En nuestro caso, únicamente puede referirse la significancia estadística y la magnitud del efecto.

La regresión con modelos de efectos mixtos o *modelos lineales generalizados mixtos* (Baayen 2008) incorpora simultáneamente factores fijos que se repiten y cuyos niveles son limitados (edad, sexo, instrucción), es decir, variables que se componen de un número específico de categorías; y factores aleatorios, como la variabilidad individual existente de un hablante a otro (en nuestro caso, 16 entrevistados) que no se repiten y, por tanto, no tienen categorías fijas o predeterminadas. La inclusión de factores o variables aleatorias permite la nivelación de los resultados para cada hablante, lo que proporciona una imagen mucho más acertada de la variación. Como ya se ha dicho, se trata de una herramienta muy útil en las entrevistas sociolingüísticas en las que las contribuciones de los participantes suelen ser heterogéneas en términos de frecuencias absolutas (Tagliamonte 2012, 2016; Tagliamonte y Baayen 2012).

4.6.2.2. Modelo de regresión

Para llevar a cabo la regresión logística de efectos mixtos, el analista debe diseñar a través de un paquete estadístico varios modelos que le permitan comparar el poder de predicción de cada uno y la cantidad de variación que pueden explicar. En nuestro caso, para este fin se empleó *R* (Team 2007), específicamente la función de efectos mixtos *lme4* (Bates, Maechler y Bolker 2015).

En el cuadro 32 se presentan de manera resumida las variables independientes utilizadas en los distintos modelos en función de su carácter aleatorio o no aleatorio. Las variables aleatorias representan una unidad de muestra que no es controlada directamente por el investigador; a diferencia de las no aleatorias o deterministas que, en este caso, se establecen incluso antes de la recolección de muestras de habla.

Cuadro 32. Lista de variables consideradas en el modelo estadístico

Variable	Niveles	Tipo
Sexo	hombre, mujer	No aleatoria
grupo_edad	1, 3	No aleatoria
nivel_instr	primaria, universitaria	No aleatoria
Hablante	16 hablantes	Aleatoria

En primer lugar, es importante conocer de qué manera se lleva a cabo la codificación de estas variables en el programa *R*. Tomando en cuenta que las variables de este estudio son categóricas, o sea, no son numéricas, para hacer los cálculos el programa asigna de manera automática un valor a cada variante: i) DR (0 = DD, 1 = DI); ii) sexo (0 = hombres, 1 = mujeres); iii) grado de instrucción (0 = primaria, 1 = universitaria). En regresión estadística, los valores 0 funcionan como niveles de referencia (o *intercepto*) a partir de los cuales se establecen las comparaciones entre las distintas variantes.

En segundo lugar, una vez establecida la codificación, se construyen varios modelos mixtos en los que la variable aleatoria 'hablante' siempre ha estado presente. El proceso de selección se hizo por pasos hacia adelante, o sea, se fueron incorporando sucesivamente las distintas variables no aleatorias: primero 'sexo', después 'sexo' y 'edad'; luego 'sexo', 'edad' y 'grado de instrucción' y, por último, 'sexo', 'edad', 'grado de instrucción', así como la interacción entre estos tres factores. Durante este proceso, el programa *R* determinó que la variable 'edad', tanto como grupo, es decir, jóvenes o mayores, tal como está establecida en el PRESEEA, o como variable continua (o sea, edad de cada hablante especificada) presenta un desbalance importante. Esto hace que cuando se incluye la edad como variable –de las dos maneras– los modelos no converjan; en otras palabras, *R* no puede ofrecer los cálculos respectivos. En consecuencia, se excluyó de los modelos mixtos que se construyeron después.

El modelo más idóneo resultó ser el siguiente:

DR ~ sexo * instrucción + (1|hablante)

En este modelo se incluyen, además de la variable dependiente (DR), que agrupa las variantes DD y DI, la interacción entre los *regresores* (especificada en el modelo mediante el asterisco), es decir, las variables no aleatorias 'sexo' y 'grado de instrucción', y la variable aleatoria 'hablante'. Con este modelo el objetivo ha sido predecir si el uso del DR depende de la interacción entre el sexo y el grado de instrucción tomando en cuenta, asimismo, la variabilidad individual inherente a los hablantes. Los resultados obtenidos a partir de este modelo se observan en el cuadro 33.

Cuadro 33. Resultados del análisis de regresión logística de efectos mixtos

Efecto fijos	Estimación	Error típico de estimación	z-valor	*p-valor*
Intercepto	-1,599	0,281	-5,694	1,24e-08 *
Sexo	0,263	0,400	0,657	0,511
Grado de instrucción	-0,594	0,408	-1,457	0,145
Sexo: grado de instrucción	1,048	0,561	1,867	0,062
Efectos aleatorios	Varianza	Desviación típica		
Hablante	0,208	0,456		

*$p < 0,001$

Como es bien sabido, en los modelos de regresión logística se examinan los efectos de los predictores en la escala de logaritmos de posibilidades (o *log odds*), que se especifican en la columna *estimación*. En esta escala, los valores positivos indican que la probabilidad de usar DI se incrementa; y los negativos, que esta probabilidad disminuye.

En el caso de la variante 'sexo_mujer' y de la interacción entre el sexo femenino y el grado de instrucción universitario, los valores positivos del cuadro 33 (0,263 y 1,048, respectivamente) indican que estos predictores contribuyen con el incremento en la probabilidad de uso del DI. En contraposición con esto, el valor negativo de la variante grado de instrucción universitaria, es decir, 'instrucción_univers' (-0,594), disminuye la probabilidad de emplear el DI.

En la primera fila del cuadro 33 se muestra también el *intercepto*, que representa simultáneamente los niveles de referencia de todos los predictores ('sexo' y 'grado de instrucción'). El valor de estimación del intercepto es el promedio de los logaritmos de probabilidades (*logits*) para hombres y grado de instrucción primaria. Es decir, tomando el intercepto como referencia, nuestro modelo está calculado para las ocurrencias de hombres de grado de instrucción primaria. Como ya se afirmaba a propósito de la codificación de variables categóricas, se trata de valores asignados por *R* y a partir de ellos se calculan los efectos de las demás variantes, que son las que aparecen reflejadas en el cuadro. En este caso, el valor negativo (-1,599) indica que hay más casos de DD que de DI.

La segunda columna del cuadro 33 se refiere al *error típico de estimación* o *ETE*, que está asociado con el estimado que se acaba de indicar. Se emplea para medir la certeza del valor estimado. Mientras más alto sea el valor de ETE, mayor será la posibilidad de error de este estimado. En nuestro caso, el mayor valor obtenido (0,561) corresponde a la interacción entre sexo femenino y grado de instrucción universitario. En el modelo esto se refleja así, pues se está considerando la combinación de dos variantes en lugar de una. No obstante, este valor no invalida el modelo escogido y los resultados derivados de él.

La tercera columna ofrece el valor *z*, que se obtiene dividiendo el estimado entre el ETE. Este valor permite calcular el nivel de significancia que se refleja en la cuarta columna. En esta última, excluyendo el intercepto[41], los valores superiores a 0,050 indican que la distribución del DI en función de las distintas variantes consideradas es aleatoria, es decir, no está relacionada, al menos en la muestra estudiada, con el uso que hacen los hablantes de este procedimiento de cita. Como se aprecia en el cuadro 33, en lo que respecta al *p* valor correspondiente a las variables extralingüísticas no hay un efecto principal ni del sexo femenino ni del grado de instrucción universitario, ya que no alcanzan significación estadística: 0,511 > 0,050 y 0,145 > 0,050, respectivamente. No obstante, cuando se combina el sexo

---

41. Esta exclusión obedece a que el intercepto refleja la variante no marcada DD, que es la que el programa *R* toma como referencia. Por tanto, el valor 1,24e-08, que en anotación matemática es igual a 0,00000000124, indica que el uso del DD por parte de los hombres de educación primaria es altamente significativo ($p < 0,001$). Sin embargo, se trata solamente del punto de partida para comparar la incidencia de las variables extralingüísticas a propósito de la forma marcada (en nuestro caso, el DI).

femenino con la instrucción universitaria sí hay una interacción de los factores que es marginalmente significativa ($p = 0,062 > 0,050$), esto es, que se acerca al nivel mínimo de significancia establecido en las ciencias sociales, pero no lo alcanza. En líneas generales, a pesar de que no existe significancia estadística, esta interacción se traduce en que el efecto de la variable 'sexo' es diferente en función del grado de instrucción de los hablantes. Esto quiere decir que un hablante de sexo femenino y grado de instrucción universitaria tiene más probabilidades de producir un DI que un entrevistado que no tenga estas características.

En cuanto a los efectos aleatorios, técnicamente la inclusión del hablante como predictor permite ajustar el intercepto en función de cada individuo de nuestra muestra. En el cuadro 33 se puede observar que la variable aleatoria 'hablante', de 16 niveles, presenta una varianza de 0,208 y un ETE de 0,456. Estos dos valores pueden ser utilizados para comparar el efecto aleatorio de nuestra muestra con el de otras investigaciones que incluyan el mismo procedimiento empleado aquí. Hasta donde llegan nuestros conocimientos, de momento no se cuenta con estudios en español que ofrezcan este cálculo a propósito del estudio sociolingüístico del discurso referido.

Más allá de conocer los valores exactos de los efectos individuales, los efectos aleatorios en sí mismos fortalecen la confianza en la significancia de los otros factores incluidos en el modelo y, más importante aún, permiten tener en cuenta la variación propia de los hablantes en una comunidad de habla determinada (Johnson 2009). De esta manera se presupone, por una parte, que no todos los hablantes incluidos en la muestra contribuyen de la misma manera, pues algunos producen más casos de DR que otros; y, por otra, que los entrevistados de la muestra son heterogéneos, ya que su actuación lingüística no responde solamente a las características sociales que comparten en la estratificación social del PRESEEA.

En el cuadro 34 se reflejan los ajustes del intercepto para cada hablante de la muestra. Según se desprende de la tabla, más de la mitad de los hablantes, o sea, 9/16 (aquellos con valores positivos), contribuye al uso del DI; mientras que el resto hace lo propio, pero en lo que concierne al DD. Los datos del cuadro están ordenados en modo decreciente, es decir, empezando con el hablante que más peso aporta al uso de la variante marcada DI (CARA_M11_012).

Por último, a fin de conocer si efectivamente la inclusión o no del efecto aleatorio en el modelo estadístico empleado explica mejor la variabilidad en los datos obtenidos, se hace necesario calcular el valor de R2 (r.squaredGLMM) (Nakagawa y Schielzeth 2013), esto es, la proporción de variación que se puede explicar a través de dicho modelo. Los resultados obtenidos en este sentido en el cuadro 34 reflejan que el modelo que incluye solamente los efectos fijos (R2m) explica 7 % de la variabilidad de los datos; mientras que aquel que toma en cuenta el modelo

Cuadro 34. Ajustes para cada hablante como efecto aleatorio

Hablante	Ajuste (pro=DI)
CARA_M11_012	0,776
CARA_H31_030	0,465
CARA_M33_107	0,376
CARA_H33_102	0,268
CARA_M13_084	0,267
CARA_H13_077	0,211
CARA_H31_029	0,211
CARA_H13_078	0,115
CARA_M31_035	0,077
CARA_M13_083	-0,294
CARA_H11_005	-0,301
CARA_H11_006	-0,317
CARA_M33_108	-0,321
CARA_M31_036	-0,350
CARA_M11_011	-0,454
CARA_H33_101	-0,532

completo (R2c), con la variable aleatoria 'hablante', hace lo propio, pero en un 12%. Este porcentaje depende de varios factores. En un estudio posterior podría incrementarse, por ejemplo, si se incluyen también variables lingüísticas en el modelo. Sin embargo, este asunto es mucho más complejo, pues depende del fenómeno objeto de estudio.

A nuestro juicio, y siguiendo lo apuntado por Tagliamonte y Baayen (2012), la diferencia justifica, al menos como un primer análisis exploratorio, la selección de un modelo estadístico de efectos mixtos como el que se ha construido a los fines de esta investigación, para dar cuenta del uso variable del DR en entrevistas sociolingüísticas.

Conclusiones

Como se ha podido apreciar a lo largo de las páginas precedentes, esta monografía sobre el DR ha estado organizada en cuatro capítulos. En el primero, se estableció el marco teórico y conceptual de la investigación, a partir de una selección de autores y monografías cuyos planteamientos sobre dialogismo, enunciación y polifonía se vinculan con los objetivos de este estudio, específicamente con la parte del trabajo dedicada a dar cuenta de las características semántico-discursivas del DR.

En el segundo capítulo se recogieron las distintas investigaciones sobre el DR que se han llevado a cabo hasta el momento en el ámbito hispánico y que han tomado como corpus de estudio muestras provenientes de interacciones orales, en especial, entrevistas sociolingüísticas. El centro de interés ha sido el español y el habla adulta tanto de América como de España.

El tercer capítulo se centró en la descripción del modelo de análisis elaborado para estudiar desde distintos planos de la lengua el DR en el marco de la entrevista sociolingüística. Este modelo comprende, por un lado, categorías de análisis de tipo sintáctico y, por otro, de tipo semántico-discursivo. La idea ha sido integrar en un modelo único los planos gramatical y discursivo inherentes a un fenómeno complejo como el estudiado. El modelo para el análisis del DR que se ha construido tomando como fuente los datos reales del corpus no se agota aquí y es aplicable, con las modificaciones pertinentes, a otro tipo de muestras orales, como la conversación, y a distintas variedades del español.

El cuarto capítulo ha estado dedicado a la presentación del análisis y a la discusión de los resultados. En esta parte del volumen se responde la pregunta general planteada al inicio de la investigación: ¿de qué manera los hablantes emplean el discurso referido en la interacción oral conversacional, específicamente en el contexto de la entrevista sociolingüística? Como suele ocurrir en estos casos, de esta pregunta se desprenden otras. Nos referiremos a estos interrogantes y a los resultados generales obtenidos en cada caso.

La primera pregunta, ¿a través de qué fenómenos se manifiesta el discurso referido en este tipo de intercambio comunicativo?, ha permitido describir el amplio abanico de posibilidades con el que cuentan los hablantes para incorporar otros discursos en la propia enunciación. Tomando como punto de partida 2094 enunciados citativos obtenidos en las entrevistas, las citas se clasificaron en dos grandes grupos en función de la presencia o no de contenido citado: citas *propias* (o tradicionales) e *impropias*, respectivamente. El 74,7 % de los casos registrados corresponde a las primeras, y el 25,3 % restante, a las segundas. Seguidamente, se identificaron los fenómenos que se agrupan en cada categoría. A partir de la concepción del DR como un *continuum* organizado en torno a una tipología escalar, en las citas propias se incluyó el discurso directo (DD), el discurso indirecto (DI), la cita mixta (CM), la cita de paralenguaje (CP), la cita de gestos (CG) y los ecos (E); en las impropias, el discurso narrativizado (DN) y la cita abstracta (CA). A partir de la propuesta de San Martín (2015), todos los fenómenos del DR identificados se integraron en una escala que va desde el menor nivel de reformulación y distanciamiento y mayor grado de realismo e implicación (DDL, DIL, CP, CG y E) hasta el mayor nivel de reformulación y distanciamiento y menor grado de realismo e implicación característico del empleo del DN y la CA. A nuestro juicio, la clasificación de los distintos tipos de citas y la escala en la que se interrelacionan ha sido, como el modelo en sí mismo, una de las contribuciones más importantes de este trabajo.

En la sección correspondiente al análisis, se han ofrecido datos cualitativos y cuantitativos de cada uno de estos procedimientos en función de una serie de categorías lingüísticas (sintácticas y semántico-discursivas) y en relación con las variables extralingüísticas inherentes a las muestras del PRESEEA.

Los resultados generales obtenidos a propósito de las citas propias han mostrado la preferencia de los hablantes caraqueños por la cita directa en un 77 %, como se observa en todas las investigaciones que constituyen los antecedentes directos de este trabajo, en los que la frecuencia de DD suele ser muy superior al 50 % del total de casos analizados, independientemente del tamaño de la muestra. En cuanto a las citas impropias, según se desprende de los datos, estas suelen ser casi exclusivamente de discurso narrativizado (97,9 % del total).

La segunda pregunta de investigación, ¿qué elementos introductores se emplean para incorporar el DR en las entrevistas?, permitió identificar en el DD y en el DI las distintas variantes de cada fenómeno en función del marco introductor. Estas variantes no han sido establecidas de antemano, sino que han sido producto de los datos derivados del propio corpus. Según los datos extraídos del español caraqueño, en entrevistas semidirigidas orales la cita directa puede manifestarse al menos a través de seis marcos introductores distintos: i) discurso directo tradicional (DDT), ii) discurso directo libre (DDL) o sin marco, iii) discurso directo con sintagma nominal (DDSN) o (*y*) + SN, iv) discurso directo con marcador (DDM), v) discurso directo con *y + que* (DDQ), y vi) discurso directo a través del adverbio *así* (DDA). Por su parte, en las muestras el DI se ha materializado mediante tres formas o variantes: i) discurso indirecto tradicional (DIT), ii) discurso indirecto libre (DIL) o sin marco, y iii) discurso cuasi indirecto (DCI) o estilo indirecto encubierto.

Los datos sobre el DD evidencian que, si bien tradicionalmente se ha considerado que suele estar introducido por un verbo (DDT), como se señala en las gramáticas del español, en nuestro caso el DDL supera, aunque por poco margen (1 %), al primero. Este margen de diferencia es pequeño, pero fundamental, pues si nos restringimos a lo apuntado en las gramáticas en este sentido, se limitaría considerablemente la descripción sobre el alcance real de este procedimiento de cita en la oralidad, y este ha sido precisamente uno de los objetivos primordiales de esta investigación.

En nuestras muestras, si bien *decir* es la forma preferida, el DDT se ha materializado a través de 62 formas verbales distintas que incluyen verbos que no son de comunicación, sino de atribución, como *ser*, y de desplazamiento, como *llegar, venir*, etc. A diferencia del verbo *decir*, las formas que registran frecuencias absolutas bajas tienden a ser más específicas en relación con el EDR que se reproduce en cada caso (Buchstaller 2017: 399).

En lo que respecta al DI, los entrevistados han preferido el DIT en el 51,7 % de los casos, seguido por el DCI y el DIL con 24,1 % cada uno. En el DIT se han registrado 18 formas verbales distintas, lo que contrasta con las 141 que se emplean para el DN. Estos datos sobre los verbos y las distintas formas de introducir una cita en la oralidad, además de explicar el uso real del DR en muestras de habla también reales, pueden ser de utilidad en la enseñanza del español como lengua extranjera. En este ámbito, el DD suele explicarse en su vertiente tradicional (como DDT), es decir, con un verbo de decir conjugado como marco; y el DI, casi exclusivamente, como producto de un DD previo (Sánchez 2010).

En cuanto a la tercera pregunta, ¿con qué finalidad se emplea el discurso referido en las interacciones orales descritas?, los datos reflejan que si bien los hablantes caraqueños emplean las citas para relatar o contar una anécdota (68,7 % del total de casos), el DR también puede cumplir otras funciones, aunque con menor frecuencia: ejemplificar (17,5 %), argumentar (13 %) y repetir (0,8 %). Se ha podido apreciar, igualmente, que algunos fenómenos del DR parecen especializarse en algunas funciones: la CA se emplea para narrar y ejemplificar; la CM, el DD y el DI para narrar; y los E para repetir e introducir un tópico. En este caso, a diferencia otras investigaciones sobre el tema en el español de Caracas (Gallucci 2010, 2013, 2014), se han identificado las secuencias textuales en las que se insertan las citas, lo cual ha permitido afinar la identificación de las funciones. Además de comprobar la preferencia por la función narrativa en todos los tipos de secuencias considerados (narrativa, dialogal, descriptiva y argumentativo-explicativa), el cruce de ambas categorías ha permitido apreciar que la función de ejemplificar se manifiesta en secuencias narrativas y descriptivas; la función de argumentar, en secuencias dialogales; y la función de los ecos, que sirven, como se ha visto, para empezar un turno de habla y establecer el tópico de ese segmento, se restringe estrictamente a secuencias dialogales.

La cuarta pregunta, ¿en qué medida las variables extralingüísticas consideradas condicionan los tipos de citas empleados?, ha permitido comprobar si en el español de Caracas algún factor social está relacionado con el uso del discurso referido, como se ha intentado comprobar en otras variedades del español americano en las que también se han estudiado muestras del PRESEEA (por ejemplo, San Martín y Guerrero 2013; San Martín 2015; Repede 2019a). En este punto es importante recordar que San Martín y Guerrero (2013) encuentran un mayor porcentaje de casos en las mujeres, con un 40,8 % de ED y un 14,6 % de EI, frente al 33,5 % de ED y el 11,1 % de EI en los hombres. Lo mismo ocurre en Guerrero (2014), aunque esta variable externa no manifieste significatividad estadística en la investigación de la autora. En una línea similar, San Martín (2015) encuentra que las mujeres usan más el DD (73,1 %) y los hombres el DI (33,1 %), a pesar de que las mujeres emplean más el discurso referido en general. En lo que tiene que ver con la edad de los informantes, esta variable no resultó significativa en ninguno de los tres grupos (20-34 años, 35-55 años y 55 y + años) analizados por San Martín (2015). El autor tampoco encontró que el uso del DD o del DI esté relacionado con el nivel socioeconómico del hablante. Por su parte, Repede (2019a), en el PRESEEA-Sevilla, registra más casos de DI en las mujeres (68,72 %) y significancia estadística en lo que respecta a la variable 'sexo'.

En nuestro caso, cuando se toman en cuenta todos los fenómenos del DR, los resultados de la prueba de Fisher indican que, a diferencia de la edad y el grado de instrucción, solamente el factor 'sexo' estaría relacionado con el uso variable de los fenómenos del DR sometidos a estudio. Cuando el análisis se restringe al DD~DI como variable dependiente discursiva, también este factor es el único que resulta significativo. Los datos confirman la tendencia de las mujeres al uso de la cita indirecta en la muestra, como en Gallucci (2010, 2013, 2014) para el habla de Caracas y como lo ha registrado Repede (2019a) para el español sevillano. También, un número ligeramente mayor de ocurrencias de DD en los hombres.

Como se ha visto, en los estudios empríricos sobre el tema hay resultados divergentes sobre la influencia de los factores sociales en los distintos mecanismos de citación. Por esta razón, además de los cálculos inferenciales tradicionales, se ha elaborado un modelo de regresión logística de efectos mixtos que incluye la variabilidad individual inherente a una muestra sociolingüísticamente estratificada. Los resultados obtenidos en este sentido en la última parte del análisis dejan ver que no hay un efecto principal –es decir, que tenga lugar separadamente– de las variantes 'sexo femenino' y 'grado de instrucción universitario', ya que no alcanzan significación estadística: 0,511 > 0,050 y 0,145 > 0,050, respectivamente. No obstante, cuando se combina el sexo femenino con la instrucción universitaria sí hay una interacción de los factores que es marginalmente significativa (p = 0,062 > 0,050), esto es, que se acerca al nivel mínimo de significancia establecido en las ciencias sociales. En líneas generales, esta interacción se traduce en que el efecto de la variable 'sexo' es diferente en función del grado de instrucción de los hablantes. Esto quiere decir, también, que un hablante de sexo femenino y grado de instrucción universitaria tiene más probabilidades de producir una cita en DI que un participante que no cuente con estas características.

A pesar de los resultados que arroja la regresión logística, la tendencia al uso del DI por parte de las mujeres que se ha detectado en estudios anteriores sobre la misma variedad dialectal (Gallucci 2010, 2013, 2014), aunada a los datos obtenidos aquí producto del cruce, por un lado, de todos los fenómenos del DR con las variables extralingüísticas y, por otro, del DD y el DI con estas mismas variables, permite señalar que algo ocurre en relación con el género de los hablantes, aunque no pueda confirmarse de manera categórica en la presente monografía. Para este fin serán necesarios nuevos estudios que incluyan un mayor número de hablantes, indispensables para mejorar el modelo estadístico construido en este trabajo. Además, variables lingüísticas que puedan servir, en este último, como contrapeso de los factores extralingüísticos a los que se ha limitado el modelo. Para la incorporación de variables lingüísticas, será indispensable simplificar algunas de las categorías propuestas reduciéndolas a un número inferior de variantes. Probablemente, esto se traduciría en casillas que no tengan menos de cinco ocurrencias y, en consecuencia, en más datos susceptibles de ser analizados bajo la luz de distintas herramientas estadísticas. Un modelo de regresión con estas características, es decir, que combine variables lingüísticas y sociales e incluya más hablantes, podría explicar el funcionamiento del DR en un porcentaje mayor al obtenido aquí (12 %).

En estrecha relación con lo que se acaba de señalar, se debe subrayar que, como sucede en la mayoría de las investigaciones de este tipo, los resultados del análisis son limitados. Si bien es cierto que se ha ofrecido un modelo de análisis detallado que explica de forma coherente el uso del DR en muestras orales y que es aplicable a otras variedades del español y a otros intercambios comunicativos orales, el tema es muy amplio y no se agota aquí. De hecho, cada uno de los mecanismos citativos abordados podría constituir, en sí mismo, un tema particular de estudio susceptible de ser analizado en diversos corpus del español.

Asimismo, en futuras investigaciones es fundamental complementar los hallazgos encontrados con un análisis específico de las citas de pensamientos –tanto aquellas que se introducen con verbos de creencia y cognición como aquellas en las que se emplea un verbo con el significado de estos últimos, como ocurre con *decir*–. Tener en cuenta las distintas formas en las que se manifiestan las fuentes de conocimiento supondría, indudablemente, estudiar los EDR desde la evidencialidad (Buchstaller 2017). En virtud de que el DR usualmente recoge las palabras que escuchamos de alguien, las citas de un discurso o la mímesis que tiene lugar en él –además de los procesos mentales de terceras personas, a los que rara vez tenemos acceso– puede considerarse, como apunta Spronk (2016), que se trata de un tipo de evidencial citativo. En estos casos, la fuerza de lo citado será diferente si se trata, por ejemplo, de una información recogida de primera mano, de algo que escuchamos sin querer o de un rumor.

En la misma línea de lo anterior, una vez que se han identificado las distintas variantes del DR, serían necesarios también análisis específicos de fenómenos que, aunque han estado poco representados en la muestra (citas introducidas a través de marcadores del discurso y de *así*, la forma *dizque*, etc.), probablemente resulten más productivos en otros géneros discursivos y registros.

Igualmente, como es de suponer, no se descarta que algunas de las categorías de análisis aquí propuestas puedan afinarse o reestructurarse en función de los datos que obtenga en este sentido el analista interesado y de las propias características del corpus en cuestión.

Al hilo de lo anterior, si bien es cierto que una parte importante de los resultados obtenidos sobre las categorías lingüísticas coinciden con los estudios previos que se han hecho sobre estos procedimientos de cita en la oralidad (uso del DD, empleo del verbo *decir* conjugado en presente, entre otros), especialmente en español, sería deseable llevar a cabo estudios contrastivos en comunidades de habla de otras variedades del español con los que se confronte el presente trabajo o algunos de sus aspectos. Esto permitirá que los datos obtenidos, en especial aquellos en los que los parámetros estudiados arrojan resultados muy parecidos, puedan confirmarse con un mayor número de hablantes. El PRESEEA es un terreno fértil en este sentido, ya que cuenta con muchos subcorpus en los que aún no se ha explorado el DR.

También sería deseable contar a largo plazo con un estudio comparativo que incluya muestras orales de otras lenguas románicas, como el portugués o el italiano, para conocer a través de qué mecanismos se incorporan en estas lenguas las otras voces en el discurso, pues todavía no se ha llevado a cabo una investigación lingüística contrastiva a gran escala con estas características. Los estudios de Foolen (2008), Spronk (2016) y Mihatsch (2020b) constituyen un primer paso en esta dirección.

Sin lugar a duda, la comparación de muestras orales y escritas de diversas lenguas, variedades lingüísticas o géneros discursivos también es una tarea ardua y ambiciosa, pero que ampliaría aún más el conocimiento que se tiene hasta ahora sobre el discurso referido como manifestación polifónica y multimodal.

Además de tratarse de un recurso lingüístico que empleamos permanentemente en los distintos escenarios en los que se desarrolla la comunicación humana, el DR constituye un campo de investigación de mucho interés; entre otras cuestiones que se han planteado aquí, en virtud de las nuevas funciones que están adquiriendo algunas estructuras de la lengua –los marcadores citativos– para reproducir el discurso, tanto en español como en otras lenguas. Como afirma Foolen (2008: 125), es muy difícil determinar si se trata o no de una nueva tendencia. En todo caso, como sugiere el mismo autor, el mejor sustento para discutir esta cuestión se debe buscar, como se ha intentado en esta investigación, fuera del propio sistema de la lengua, en la vertiente social, o sea, en el rol que juegan los hablantes en esta innovación.

Referencias bibliográficas

Achard, Michel (1998): *Representation of cognitive structures: Syntax and semantics of French sentential complements*. Berlín: Mouton de Gruyter.

Adam, Jean Michel (1987): «Types de séquences textuelles élémentaires», *Pratiques: théorie, pratique, pédagogie*, 56, 54-79.

Adam, Jean Michel (1992): *Les textes: types et prototypes. Récit, description, argumentation, explication et dialogue*. París: Nathan.

Adam, Jean Michel y Clara Ubaldina Lorda (1999): *Lingüística de los textos narrativos*. Barcelona: Ariel.

Aikhenvald, Alexandra (2004): *Evidentiality*. Nueva York: Oxford University Press.

Álamo, Francisco (2013): «El monólogo como modalidad del discurso del personaje en la narración», *Lingüística y Literatura*, 64, 179-201.

Alarcos Llorach, Emilio (1994): *Gramática de la lengua española*. Madrid: Espasa-Calpe.

Albaladejo, Tomás (1998): «Retórica y cultura. A propósito de la oratoria política», en José Emilio del Río, Antonio Caballero y Tomás Albaladejo (eds.), *Quintiliano y la formación del orador político*. Logroño: Instituto de Estudios Riojanos, 11-26.

Albaladejo, Tomás (2002): «Argumentación, refutación y construcción de confluencia en la oratoria política de la Transición», en José Antonio Hernández Guerrero (ed.), *Política y oratoria: el lenguaje de los políticos*. Cádiz: Universidad de Cádiz, 23-37.

Albertuz Carneiro, Francisco (2007): «Sintaxis, semántica y clases de verbos: Clasificación verbal en el proyecto ADESSE», en Pablo Cano López (coord.), *Actas del VI Congreso de Lingüística General*, vol. 2, tomo 2. Santiago de Compostela: Universidade de Santiago de Compostela, 2015-2030.

Alcina Franch, Juan y José Manuel Blecua (1975): *Gramática española*. Barcelona-Caracas-México: Ariel.

Alonso, Dámaso (1973): «El anuncio del estilo directo en el "Poema del Cid" y en la épica francesa», en Dámaso Alonso (coord.), *Obras completas*. Estudios y ensayos sobre literatura II. Primera parte. Desde los orígenes románicos hasta finales del siglo XVI. Madrid: Gredos, 195-214.

Álvarez, Alexandra; Bentivoglio, Paola; Obediente, Enrique; Tejera, María Josefina y Mercedes Sedano (1992): *El español de la Venezuela actual*. Caracas: Cuadernos Lagoven.

Álvarez, Alexandra e Irma Chumaceiro (2004): *El español, lengua de América*. Caracas: Los libros de El Nacional.

Anscombre, Jean Claude y Oswald Ducrot (1983): *L'argumentation dans la langue*. Bruselas: Mardaga.

Angulo, Noel (2013): «La cita en la escritura académica», *Innovación educativa* 13, (63), 95-116.

Austin, John (1962): *Cómo hacer cosas con palabras*. Barcelona: Paidós.

Authier-Revuz, Jacqueline (1982): «Hetérogénéité montrée et héterogénéité constitutive: élements pour une approche del`autre dans le discours», *DRLAV*, 26, 91-151.

Authier-Revuz, Jacqueline (1984): «Heterogénéité(s) énonciative(s)», *Langages*, 73, 98-111.

Authier-Revuz, Jacqueline (1995): *Ces mots qui ne vont pas de soi. Boucles reflexives et non-coïncidences du dire*. París: Larousse.

Authier-Revuz, Jacqueline (1996): «Remarques sur la catégorie de l'"ilot textuel"», *Cahiers du Français Contemporain*, 3, 91-116.

Baayen, Harald (2008): *Analyzing linguistics data: A practical introduction to statistics using R*. Cambridge: Cambridge University Press.

Bajtín, Mijaíl ([1929] 1970): *La poétique de Dostoievski*. París: Seuil.

Bajtín, Mijaíl (1979): *Estética de la creación verbal*. México: Siglo XXI Editores.

Bajtín, Mijaíl (1981): *The Dialogic Imagination*. Austin: University of Texas Press.

Bally, Charles (1912): «Le style indirect libre en français moderne», *Germanisch- Romanische Monatsschrift*, 4, 549-556.

Bally, Charles (1932): *Linguistique générale et linguistique française*. París: Ernest Leroux.

Banfield, Ann (1979): «Où l'épistémologie, le style et la grammaire rencontrent la théorie littéraire», *Langue Française*, 44, 9-26.

Bates, Douglas; Mäechler, Martin y Ben Bolker (2015): Package 'lme4' (Version 1.1-12). Disponible en https://github.com/lme4/lme4/http://lme4.r-forge.r-project.org/ [Consulta: 27 de marzo de 2021].

Beke, Rebecca (2011): *Las voces de los otros en el discurso académico de los investigadores de la educación*. Caracas: Comisión de Estudios de Postgrado FHE-UCV y Ediciones Chirymek.

Bello, Andrés ([1847] 1972): *Gramática de la lengua castellana destinada al uso de los americanos*. Caracas: Ministerio de Educación.

Beltrán Almería, Luis (1989): *Contribución al estudio del llamado «discurso ajeno»: discurso indirecto libre y discurso directo libre en español*. Tesis doctoral, Universidad de Zaragoza, Zaragoza.

Beltrán Almería, Luis (1990): *El discurso ajeno*. Zaragoza: Prensas Universitarias de Zaragoza.

Beltrán Almería, Luis (1992): *Palabras transparentes. La configuración del discurso del personaje en la novela*. Madrid: Cátedra.

Benavent Payá, Elisa (2000): «La polifonía en la conversación coloquial: el caso del relato dramatizado», *Actas del IV Congreso de Lingüística General*, vol. II. Cádiz: Universidad de Cádiz, 215-225.

Benavent Payá, Elisa (2002): «Límites entre la oralidad y la escritura: formas de "decir" el discurso directo en los relatos de ayer y hoy», *Res Diachronicae*, 1, 70-81.

Benavent Payá, Elisa (2003): «¿Por qué contamos nuestras historias cotidianas en estilo directo?», en Nicole Delbecque (ed.), *Aproximaciones cognoscitivo-funcionales al español. Foro Hispánico* 23. Ámsterdam / Nueva York: Rodopi, 11-20.

Benavent Payá, Elisa (2015): *Decir y discurso directo en los relatos de la conversación coloquial*. Tesis doctoral, Universitat de València, Valencia.

Bentivoglio, Paola y Elizabeth Weber (1991): «Verbs of cognition in spoken Spanish: a discourse profile», en Suzanne Fleischman y Linda Waugh (eds.), *Discourse-pragmatics and the verb. The evidence from Romance*. Londres: Routledge, 194-213

Bentivoglio, Paola y Mercedes Sedano (1992): «El español hablado en Venezuela», en César Hernández Alonso (ed.), *Historia y presente del español de América*. Valladolid: Junta de Castilla y León, 775-801.

Bentivoglio, Paola y Mercedes Sedano (1993): «Investigación sociolingüística: sus métodos aplicados a una experiencia venezolana», *Boletín de Lingüística*, 8, 3-35.

Bentivoglio, Paola y Mercedes Sedano (1996): «Venezuela», en Manuel Alvar (ed.), *Manual de dialectología hispánica. El español de América*. Barcelona: Ariel, 116-138.

Bentivoglio, Paola e Irania Malaver (2006): «La lingüística de corpus en Venezuela: un nuevo proyecto», *Lingua Americana, 19*, 37-46.

Bentivoglio, Paola e Irania Malaver (2012): «Corpus Sociolingüístico de Caracas: PRESEEA Caracas 2004-2010. Hablantes de instrucción superior», *Boletín de Lingüística*, XXIV (37-38), 144-180.

Benveniste, Émile (1971): *Problemas de lingüística general I*. México: Siglo XXI.

Benveniste, Émile (1977): *Problemas de lingüística general II*. México: Siglo XXI.

Berenguer, Josefa (1994): *Estrategias del discurso conversacional: algunos casos de relato coloquial en catalán y español*. Tesis doctoral, Universitat de València, Valencia.

Bertorello, Adrián (2005): «El estatuto de la subjetividad en la teoría polifónica de la enunciación», *Revista ALED* 5, (1), 7-25.

Betancourt, Gerlit y Adriana Bolívar (2002): «Estructuras de reporte y atribución de la información en la noticia periodística», *Núcleo*, 19, 41-56.

Briz, Antonio (1993): Los conectores pragmáticos en español coloquial (II): su papel metadiscursivo. *Español Actual*, 59, 39-56.

Briz, Antonio (coord.) (1995): La conversación coloquial. Materiales para su estudio. *Anejo XVI de la Revista Cuadernos de Filología*. Valencia: Universitat de València.

Briz, Antonio (1996): *El español coloquial: situación y uso*. Madrid: Arco/Libros.

Briz, Antonio (1998): *El español coloquial en la conversación. Esbozo de pragmagramática*. Barcelona: Ariel.

Briz, Antonio (2007): «Límites para el análisis de la conversación. Órdenes y unidades», *Revista Internacional de Lingüística Iberoamericana*, V, 23-37.

Briz, Antonio (2016): «El relato coloquial: un hecho conversacional narrativo y una estrategia», en Elena Carpi, Rosa García y Elena Liverani, *Le forme del narrare: nel tempo e tra i generi*, vol. I. Trento: Università degli Studi di Trento, 7-60.

Briz, Antonio y Grupo Val.Es.Co (2002): *Corpus de conversaciones coloquiales. Oralia- Anejos*. Madrid: Arco/Libros.

Briz, Antonio y Grupo Val.Es.Co (2003a): «Un sistema de unidades para el estudio del lenguaje coloquial», *Oralia*, 6, 7-61.

Briz, Antonio y Grupo Val.Es.Co (2003b): «Las unidades de la conversación: el acto», en José Luis Girón Alconchel, Silvia Iglesias Recuero, Francisco Javier Herrero Ruiz de Loizaga y Antonio Narbona (coords.), *Estudios ofrecidos al profesor José Jesús de Bustos Tovar*, vol. II. Madrid: Universidad Complutense, 953-968.

Briz, Antonio y Grupo Val.Es.Co (2014): «Las unidades del discurso oral. La propuesta Val. Es.Co. de segmentación de la conversación (coloquial)», *Estudios de Lingüística del Español*, 35, 13-73.

Bronckart, Jean Paul (1985): *Le fonctionnement du discours. Un modèle psychologique et une méthode d'analyse.* París: Delachaux et Niestlé.

Bronckart, Jean Paul (1996): *Activité langgagière, textes et discours. Pour un interactionisme socio-discursif.* Lausana: Delachaux et Niestlé.

Bruña Cuevas, Manuel (1993): «El discurso indirecto en periódicos franceses y españoles», *Grupo Andaluz de Pragmática: Estudios pragmáticos: lenguaje y medios de comunicación.* Sevilla: Universidad de Sevilla, 37-79.

Bolívar, Adriana (1998-1999): «El reporte de la experiencia con *decir* en el habla de Caracas», *Boletín de Filología*, XXXVII, 181-206.

Borreguero Zuloaga, Margarita (2012): «Análisis del discurso. La consolidación de las funciones discursivas de los marcadores en el s. XIX: el caso de *entonces*», en Alfonso Zamorano Aguilar (ed. y coord.), *Reflexión lingüística y lengua en la España del siglo XIX: marcos, panoramas y nuevas aportaciones.* Múnich: Lincom, 301-337.

Borreguero Zuloaga, Margarita (2020): «Los marcadores de aproximación (en el lenguaje juvenil): esp. *en plan* vs. it. *tipo*», en Miguel Ángel Cuevas Gómez, Fernando Molina Castillo y Paolo Silvestri (coords.), *España e Italia: un viaje de ida y vuelta. Studia in honorem Manuel Carrera Díaz.* Sevilla: Editorial Universidad de Sevilla, 53-78.

Buchstaller, Isabelle; Rickford, John; Wasow, Thomas y Arnold Zwicky (2007): «Intensive and quotative *all*: something old, something new», *American Speech*, 82 (1), 3-31.

Buchstaller, Isabelle (2003): «The co-occurrence of quotatives with mimetic performances», *Edinburgh Working Papers in Applied Linguistics*, 12, 1-9.

Buchstaller, Isabelle (2006): «Diagnostics of age-graded linguistic behaviour: the case of the quotative system», *Journal of Sociolinguistics*, 10, 3-30.

Buchstaller, Isabelle (2014): *Quotatives: new trends and sociolinguistic implications.* Nueva Jersey: Wiley-Blackwell.

Buchstaller, Isabelle (2017): «Reported speech», en Anne Barron, Peter Grundy y Gu Yueguo (eds.), *The routledge handbook of pragmatics.* Oxford: Routledge, 399-417.

Cabedo Nebot, Antonio (2007): «Caracterización prosódica del estilo directo de habla en la conversación coloquial», *ELUA*, 21, 53-64.

Camargo Fernández, Laura (2004): *La representación del discurso en la narración oral conversacional. Estudio sociopragmático.* Tesis doctoral, Universidad de Alcalá, Alcalá de Henares.

Camargo Fernández, Laura (2005): «Cuando *decir* equivale a *pensar*. La función evaluadora de las citas directas en la conversación en español», *Interlingüística*, 15, 237-246.

Camargo Fernández, Laura (2007-2008): «La cita como turno: el diálogo reconstruido en español oral desde la pragmática del corpus», *Pragmalingüística*, 15 (16), 49-70.

Camargo Fernández, Laura (2008a): «La representación del discurso con los corpus PRESEEA: metodología y propuesta de análisis», comunicación presentada en el *XV Congreso Internacional de la ALFAL.* Montevideo-Uruguay, 18-21 de agosto de 2008.

Camargo Fernández, Laura (2008b): «La metapragmática», en Leonor Ruiz Gurillo y Xose Padilla (eds.), *Dime cómo ironizas y te diré quién eres. Una aproximación pragmática a la ironía*. Fráncfort: Peter Lang, 88-108.

Camargo Fernández, Laura (2010): «Dialogues within oral narratives: Functions and forms», en Dale April y Lidia Rodríguez-Alfano (eds.), *Dialogue in spanish. Studies in functions and contexts*. Ámsterdam: John Benjamins, 31-54.

Camargo Fernández, Laura (2011): «El discurso directo en el habla de Alcalá: ¿citan con fines distintos las mujeres y los hombres?», comunicación presentada en el *XVI Congreso Internacional de la ALFAL*. Alcalá de Henares-España, 6-9 de junio de 2011.

Cameron, Richard (1998): «A variable syntax of speech, gesture, and sound effect: Direct quotations in Spanish», *Language variation and change*, 10, 43-83.

Cappelen, Herman y Ernie Lepore (2007): *Language turned on itself*. Oxford: Oxford University Press.

Carston, Robyn (2002): *Thoughts and utterances. The pragmatics of explicit communication*. Oxford: Blackwell.

Casado Velarde, Manuel y Alberto De Lucas (2013): «La evaluación del discurso referido en la prensa española a través de los verbos introductores», *Revista Signos*, 46, (83), 332-360.

Castelló, Montserrat; Corcelles, Mariona; Iñesta, Anna; Bañales, Gerardo y Norma Vega (2011): «La voz del autor en la escritura académica: una propuesta para su análisis», *Signos*, 44, (76), 105-117.

Castro, María Cristina y Martín Sánchez (2013): «La expresión de opinión en textos académicos escritos por estudiantes universitarios», *Revista Mexicana de Investigación Educativa*, 18 (57), 483-506.

Chafe, Wallace (ed.) (1980): *The peer stories: cognitive, cultural and linguistic aspects of narrative productions*. Norwood, NJ: Ablex.

Chafe, Wallace (1982): «Integration and involvement in speaking, writing and oral literature», en Deborah Tannen (ed.), *Spoken and written language. Exploring orality and literacy*. Norwood, NJ: Ablex, 35-53.

Chafe, Wallace (1986): «Evidentiality in conversation and academic writing», en Wallace Chafe y Johanna Nichols (eds.), *Evidentiality: The linguistic coding of epistemology*. Nueva York: Ablex, 265-272.

Clark, Herbert y Richard Gerrig (1990): «Quotations as demonstrations», *Language*, 66, 764-805.

Cortés Rodríguez, Luis y María Matilde Camacho Adarve (2003): *¿Qué es el análisis del discurso?* Barcelona: Octaedro.

Coseriu, Eugenio (1967): «Structure lexicale et enseignement du vocabulaire», *Les Théories linguistiques et leurs applications*. Conseil de la Coopération Culturelle du Conseil de l'Europa. Nancy: AIDELA.

Coseriu, Eugenio (1977): *Principios de semántica estructural*. Madrid: Gredos.

Coseriu, Eugenio (1980): *Textlinguistik. Eine Einführung*. Tubinga: Narr.

Coseriu, Eugenio y Óscar Loureda (2021): *Lenguaje y discurso*. Pamplona: Eunsa.

Culioli, Antoine (1990): *Pour une linguistique de l'énonciation: operations et répresentations*. París: Ophrys.

Delbecque, Nicole (2000): «Cognitive constraints on complement clause cliticization in Spanish», en Kaoru Horie (ed.), *Complementation*. Ámsterdam: John Benjamins, 149-197.

Deutscher, Guy (2011): «The grammaticalization of quotatives», en Heiko Narrog y Heine Bernd (eds.), *The oxford handbook of grammaticalization*. Oxford: Oxford University Press, 646-655.

Dines, Elizabeth (1980): «Variation in discourse "and stuff like that"», *Language in Society*, 9, 13-31.

Donaire, María Luisa (2000): «Polifonía y punto de vista», *Revista Iberoamericana de Discurso y Sociedad*, 2 (4), 73-87.

Donaire, María Luisa (2001): *Subjuntivo y polifonía (español, francés)*. Madrid: Arrecife.

Donaire, María Luisa (2004): «La polifonía, una relación binaria», en Arnoux, Elvira y María Marta García Negroni (comps.), *Homenaje a Oswald Ducrot*. Buenos Aires: Eudeba, 117-133.

Donaire, María Luisa (2005): «Imparfait anaphorique, imparfait polyphonique?», en Martin Riegel, Catherine Schnedecker, Pierre Swiggers e Irene Tamba, *Mélanges en l'honneur de Georges Kleiber*. Lovaina-París: Éditions Peeters, 353-366.

Donaire, María Luisa (2008): «Dialogismo constitutivo de la lengua», en Flor Bango, Antonio Niembro y Emma Álvarez (eds.), *Intertexto y polifonía. Homenaje a María Aurora Aragón*, tomo II. Oviedo: Universidad de Oviedo, 923-929.

Donaire, María Luisa (2015): «Representaciones polifónicas de la subjetividad de la lengua», en David Serrano-Dolader, Margarita Porroche Ballesteros y María Antonia Martín Zorraquino (eds.), *Aspectos de la subjetividad en el lenguaje*. Zaragoza: Institución «Fernando El Católico», 69-82.

Ducrot, Oswald (1979): «Présupposés et sous-entendus», *Langue française*, 4, 30-43.

Ducrot, Oswald (1982): «La notion de sujet parlant», *Recherches sur la philosophie et le langage*, 2, 65-93.

Ducrot, Oswald (1986): *El decir y lo dicho. Polifonía de la enunciación*. Barcelona: Paidós.

Ducrot, Oswald (1989): *Logique, Structure, Énonciation. Lectures sur le langage*. París: Minuit.

Eco, Umberto (1996): *Seis paseos por los bosques narrativos*. Barcelona: Lumen.

Edmonson, Willis (1981): *Spoken discourse: a model for analysis*. Londres: Longman.

Escandell, María Victoria (2011): *Introducción a la pragmática*. Barcelona: Ariel.

Escavy Zamora, Ricardo (1987): «Economía lingüística y sistema pronominal», *Anales de Filología Hispánica*, 3, 133-143.

Escribano, Asunción (2007): «El discurso reproducido en las informaciones electorales», *Anàlisi*, 35, 65-82.

Escribano, Asunción (2013): *La expresión verbal de la subjetividad. El lenguaje como recreación humana del mundo*. Salamanca: Universidad de Salamanca y Universidad Pontificia de Salamanca.

Esgueva, Manuel y Margarita Cantarero (eds.) (1981): *El habla de la ciudad de Madrid. Materiales para su estudio*. Madrid: CSIC.

Espuny, Janina (1996): «De la polyphonie á la diaphonie», en Emilia Alonso, Manuel Bruña y María Muñoz (eds.), *La lingüística francesa: gramática, historia, epistemología*. Sevilla: Kronos, 225-233.

Espuny, Janina (1999): «La diaphonie dans l'échange en face à face», *Cahiers de Linguistique Française*, 21, 61-77.

Espuny, Janina (2001): «L'enonciation plurielle du locuteur dans la conversation», en José Jesús Bustos (coord.), *Lengua, discurso, texto*. Madrid: Visor, 1549-1565.

Espuny, Janina (2002): «L'expression de la subjectivité dans un texte polyphonique», en María Carme Figuerola, Monserrat Parra y Pere Solá (eds.), *La lingüística francesa en el nuevo milenio*. Lérida: Milenio, 229-234.

Espuny, Janina (2008): «Polifonía discursiva y/o lingüística», en Flor Bango, Antonio Niembro y Emma Álvarez (eds.), *Intertexto y polifonía. Homenaje a María Aurora Aragón*, tomo II. Oviedo: Universidad de Oviedo, 931-934.

Estévez Rionegro, Noelia (2016): *Las construcciones de estilo directo en español. Estudio de corpus*. Tesis doctoral, Universidade de Santiago de Compostela, Santiago de Compostela.

Estévez Rionegro, Noelia y Carmen Sampedro Mella (2020): «Los verbos de petición como introductores del discurso referido», *Logos*, 30 (2), 250-267.

Evison, Jane (2010): «What are the basics of analysing a corpus?», en Anne O'Keeffe y Michael McCarthy (eds.), *The Routledge Handbook of Corpus Linguistics*. Oxford: Routledge, 122-135.

Fairclough, Marta (1999): «Discurso directo vs. Discurso indirecto en el español hablado en Houston», *The Bilingual Review*, 24 (3), 217-229.

Fairclough, Norman (1988): «Discourse representation in media discourse», *Sociolinguistics*, 17, 125-139.

Fairclough, Norman (1992): *Discourse and social change*. Cambridge: Polity Press.

Fauconnier, Gilles (1984): *Espaces mentaux. Aspects de la construction du sens dans les langues naturelles*. París: Minuit.

Fernández, María Fernanda (2011): *Uso del discurso directo e indirecto en el habla de Mérida*. Tesis de grado, Universidad de Los Andes, Mérida.

Fernández, María Fernanda (2012): «Discurso directo e indirecto en el español de Mérida», *Lengua y Habla*, 16, 71-85.

Fernández, María Fernanda (2015): *Características acústico-prosódicas del discurso reportado en el habla de Mérida*. Tesis de maestría, Universidad de Los Andes, Mérida.

Fishman, Joshua (1995): *Sociología del lenguaje*. Madrid: Cátedra.

Fludernik, Mónika (1993): *The fictions of language and the languages of fiction*. Londres - Nueva York: Routledge.

Fludernik, Monika (2013): «Conversational Narration - Oral Narration». en Peter Hühn, Jan Cristoph Mester, John Pier y Wolf Schmid (eds.), *The living handbook of narratology*. Hamburg: Hamburg University. Disponible en http://www.lhn.uni-hamburg.de/article/conversational-narration---oral-narration [Consulta: 4 de diciembre de 2021].

Foolen, Ad (2008): «New quotative markers in spoken discourse», en Bernt Ahrenholz, Ursula Bredel, Wolfgang Klein, Martina Rost-Roth y Romuald Skiba (eds.), *Empirische Forschung und Theoriebildung. Beiträge aus Soziolinguistik, Gesprochene-Sprache- und Zweitspracherwerbsforschung*. Fráncfort del Meno: Peter Lang, 117-128.

Frago Gracia, Juan Antonio (2006): «Apuntes para la historia del español de Venezuela», en Mercedes Sedano, Adriana Bolívar y Martha Shiro (coords.), *Haciendo Lingüística:*

homenaje a Paola Bentivoglio. Caracas: Comisión de Estudios de Postgrado de la Universidad Central de Venezuela, 765-778.

Frei, Henri (1929): *La Grammaire des fautes. Introduction a la linguistique fonctionelle*. París: Geuthner.

Frías, María Trinidad (2012): «Sobre las formas de reproducción del discurso ajeno en algunos textos periodísticos de la prensa italiana y española», *Philologia Hispalensis*, 23 (3/4), 121-153.

Fuentes Rodríguez, Catalina (2000): *Lingüística pragmática y Análisis del Discurso*. Madrid: Arco/Libros.

Gallardo Paúls, Beatriz (1991): «Pragmática y análisis conversacional: hacia una pragmática del receptor», *Sintagma*, 3, 25-38.

Gallucci, María José; González, Carla e Irania Malaver (2013): «Corpus sociolingüístico "PRESEEA Caracas 2004-2010". Hablantes de grado 1 de instrucción», *Boletín de Lingüística* XXV (39-40), 92-107.

Gallucci, María José y Kerlys Vargas (2015): «Estilo directo e indirecto en el Corpus sociolingüístico de Caracas 1987», *Anuario de Letras* III (2), 65-103.

Gallucci, María José y Yanira Pinto (2017): «Aproximación al discurso referido en el habla infantil», *Sintagma*, 29, 95-111.

Gallucci, María José (2005): «El número de palabras: un nuevo criterio para describir tres corpus del habla de Caracas», *Boletín de Lingüística*, 24, 108-121.

Gallucci, María José (2010): *Discurso directo y discurso directo en el habla de Caracas*. Tesis de maestría. Caracas: Universidad Central de Venezuela.

Gallucci, María José (2012): «Sintaxis de las citas en estilo directo e indirecto con verbo en el habla caraqueña», *Lingüística*, 28, 223-246.

Gallucci, María José (2013): «Más sobre el estilo directo e indirecto en el español de Caracas», *Lengua y Habla*, 17, 89-117.

Gallucci, María José (2014): «*Entonces un muchacho llega y me dice: "Mira, regáleme un bolívar"*. Las citas en estilo directo e indirecto en el Corpus diacrónico del habla de Caracas 1987/2013», *Boletín de Lingüística* XXVI (41-42), 43-72.

Gallucci, María José (2016): «El discurso referido en los manuales sobre análisis del discurso y pragmática lingüística», *Lengua y Habla*, 20, 200-224.

Gallucci, María José (2017): «El discurso referido en la tradición gramatical hispánica», *Cuadernos de Lingüística*, 4 (2), 213-256.

Gallucci, María José (2018a): *Contribución al estudio del discurso referido en un corpus oral del español americano*. Tesis doctoral. Zaragoza: Universidad de Zaragoza.

Gallucci, María José (2018b): «Estudio sociolingüístico del discurso referido como categoría y *continuum* en el español hablado de Caracas», *Philologica Canariensia*, 24 (1), 55-75.

Gallucci, María José (2019): «Los verbos introductores de cita en la narración oral conversacional», en Adrián Cabedo Nebot y Antonio Hidalgo Navarro (eds.), *Pragmática del español hablado. Hacia nuevos horizontes*. Valencia: Univesitat de València, 29-42.

Gallucci, María José (2021): «Los diálogos reconstruidos en la entrevista sociolingüística», *Boletín de Filología*, 56 (1), 355-378.

García-Miguel, José; González Domínguez, Fita y Gael Vaamonde (2010): «ADESSE. A Database with Syntactic and Semantic Annotation of a Corpus of Spanish», *Proceedings of the Seventh International Conference on Language Resources and Evaluation* (LREC), Valletta (Malta), 17-23 de mayo.

García Mouton, Pilar y Francisco Moreno Fernández (dirs.) (2003): *Atlas Lingüístico (y etnográfico) de Castilla-La Mancha*. Alcalá de Henares: Universidad de Alcalá.

García Negroni, María Marta y Marta Tordesillas Colado (2001): *La enunciación en la lengua. De la deixis a la polifonía*. Madrid: Gredos.

Genette, Gerárd (1972): *Figures III*. París: Seuil.

Gili Gaya, Samuel (1961): *Curso superior de sintaxis española*. Barcelona: Bibliograf.

Girón Alconchel, José Luis (1985): «La "escritura del habla" y el discurso indirecto libre en español», *Archivo de Filología Aragonesa*, XXXVI-XXXVII, 173-204.

Girón Alconchel, José Luis (1986): «El discurso directo como modelo semiótico en la lengua medieval», *Investigaciones Semióticas*, I, 233-256.

Girón Alconchel, José Luis (1988): «La reproducción del discurso en la lengua hablada», en *II Simposio Internacional de Semiótica. Lo cotidiano y lo teatral*, vol. I. Oviedo: Servicio de Publicaciones de la Universidad de Oviedo, 203-215.

Girón Alconchel, José Luis (1989): *Las formas del discurso referido en el «Cantar de Mio Cid»*, Anejo LXIV del *BRAE*. Madrid: Real Academia Española.

Girón Alconchel, José Luis (2000): «Sintaxis y discurso directo en el español del Siglo de Oro: contribución a la historia del discurso indirecto libre», *Voz y Letra*, 11 (1), 93-114.

Girón Alconchel, José Luis (2006): «Sobre la gramaticalidad del discurso referido», en Concepción Company (ed.), *El español en América. Diatopía, diacronía e historiografía. Homenaje a José Moreno de Alba*. Ciudad de México: Universidad Nacional Autónoma de México, 395-406.

Goffman, Erving (1974): *Frame analysis: An essay on the organization of experience*. Boston: Northeastern.

Goffman, Erving (1981): *Forms of talk*. Oxford: Blackwell.

Gómez Molina, José Ramón (2007): Equipo PRESEEA-Valencia. Materiales en edición electrónica. Disponible en http://www.uv.es/preseval. [Consulta: 12 de marzo de 2020].

González Díaz, Consuelo (2013): «Uso de *por ejemplo, por lo menos, de repente* y otros operadores de concreción en el español hablado en Caracas», *Boletín de Lingüística*, XXV (39-40), 61-91.

González Ollé, Fernando (1964): *El habla de la Bureba. Introducción al castellano actual de Burgos*. Madrid: CSIC.

González Vásquez, Mercedes (2006): *Las fuentes de la información. Tipología, semántica y pragmática de la evidencialidad*. Vigo: Servizo de Publicacións da Universidade de Vigo.

Grajales, Róbinson (2017): «El discurso referido en el español de Medellín, Colombia», *Lenguaje*, (45) 2, 221-246.

Grutschus, Anke (2021): «Y yo en plan: "¿Qué es esto?". Los marcadores de cita en el español coloquial», *Spanish in Context*, 18 (3), 409-429.

Guerrero, Silvana (2014): «Un análisis variacionista del discurso referido en el español de Chile», *Signos Lingüísticos*, X (20), 46-77.

Guirado, Krístel (2011a): «La alternancia *tú~uno* en el habla de Caracas», *Lingüística*, 26, 26-54.

Guirado, Krístel (2011b): «Uso impersonal de *tú* y *uno* en el habla de Caracas y de otras ciudades», *Círculo de Lingüística Aplicada a la Comunicación*, 47, 3-27.

Guirado, Krístel (2014): «Corpus Diacrónico del Habla de Caracas 1987/2013», *Boletín de Lingüística*, XXVI (41-42), 17-42.

Günthner, Susanne (1999): «Polyphony and the "layering of voices" in reported dialogues: An analysis of the use of prosodic devices in everyday reported speech», *Journal of Pragmatics*, 31, 685-708.

Günthner, Susanne (2002): «Perspectivity in reported dialogues. The contextualization of evaluative stances in reconstructing speech», en Carl Graumann y Werner Kallmeyer (eds.), *Perspectivity and perspectivation in discourse*. Ámsterdam: John Benjamins, 347-374.

Hernández Alonso, César (1971): *Sintaxis española*. Valladolid: Industrial Litográfica.

Hernández Campoy, Juan y Manuel Almeida (2005): *Metodología de la investigación sociolingüística*. Málaga: Comares.

Hockett, Charles (1958): *Curso de lingüística moderna*. Buenos Aires: Eudeba.

Hopper, Paul (1991): «On some principles of grammaticalization», en Elizabeth Traugott y Bernd Heine (eds.), *Approaches to grammaticalization. Focus on theoretical and methodological issues*, vol. I. Ámsterdam / Filadelfia: John Benjamins, 17-36.

Hopper, Paul y Elizabeth Closs Traugott (2003): *Grammaticalization*. Cambridge: Cambridge University Press.

Jakobson, Roman (1975): *Ensayos de lingüística general*. Barcelona: Seix Barral.

Janssen, Theo y Wim van der Wurff (1996): «Introductory remarks on speech and thought», en Theo Janssen y Wim van der Wurff (eds.), *Reported speech. Forms and functions of the verb*. Ámsterdam: John Benjamins, 1-12.

Johnson, Daniel (2009): «Getting off the GoldVarb standard: Introducing Rbrul for mixed-effects variable rule analysis», *Language and Linguistic Compass*, 3, 359-383.

Johnson Barella, Doris (2005): «La literalidad en el uso de las citas directas en las noticias de la prensa regional navarra. Dos casos: *Diario de Noticias* y *Diario de Navarra*», *Comunicación y Sociedad*, XVIII (2), 109-140.

Jordan, Isolde (1999): «Análisis pragmalingüístico del diálogo literario», *Hispania* 82 (2), 213-219.

Jucker, Andreas (1993): «The discourse marker *well*: A relevance-theoretical account», *Journal of Pragmatics*, 19 (4), 435-452.

Kerbrat-Orecchioni, Catherine (1986): *La enunciación. De la subjetividad en el lenguaje*. Buenos Aires: Hachette.

Kerbrat-Orecchioni, Catherine (1996): *La conversation*. París: Seuil.

Klee, Carol y Rocío Caravedo (2017): «El discurso referido en la narración oral de hablantes de Lima», comunicación presentada en el *XVIII Congreso Internacional de la ALFAL*. Bogotá, 24-28 de julio de 2017.

Klewitz, Gabriele y Elizabeth Couper-Kuhlen (1999): «Quote-Unquote? The role of prosody in the contextualization of reported speech sequences», *Pragmatics*, 9 (4), 459-485.

Kvavik, Karen (1986): «Characteristics of direct and reported speech of prosody: evidence from Spanish», en Florian Coulmas (ed.), *Direct and indirect speech*. Berlín: Mouton de Gruyter, 333-357.

Labov, William (1972): *Sociolinguistic patterns*. Filadelfia: University of Pennsylvania Press.

Labov, William (1981): «Resolving the Neogrammarian controvers», *Language*, 57, 267-309.

Labov, William (1982): *The social stratification of English in New York City*. Washington D.C.: Center for Applied Linguistics.

Labov, William ([1972] 1983): *Modelos sociolingüísticos*. Madrid: Cátedra.

Labov, William y Joshua Waletzky (1967): «Narrative analysis: Oral versions of personal experience», en June Helm (ed.), *Essays on the verbal and visual arts: Proceedings of the 1996 Annual Spring Meeting of the American Ethnological Society*. Seattle: University of Washington Press, 12-44.

Lamíquiz, Vidal (1994): *El enunciado textual. Análisis lingüístico del discurso*. Barcelona: Ariel.

Larson-Hall, Jenifer (2012): «How to run statistical analyses», en Alison Mackey y Susan Gass (eds.), *Research Methods in Second Language Acquisition: A Practical Guide*. Oxford: Wiley-Blackwell, 245-274.

Lavandera, Beatriz (1975): *Linguistic structure and sociolinguistic conditioning in the use of verbal endings in «si» –clauses*. Filadelfia: University of Pennsylvania Press.

Levinson, Stephen (1989): *Pragmática*. Barcelona: Teide.

Lope Blanch, Juan (1986): *El estudio del español hablado culto. Historia de un proyecto*. Ciudad de México: Universidad Nacional Autónoma de México.

Lope Blanch, Juan Manuel (dir.) (1972): *El habla de la ciudad de México. Materiales para su estudio*. México: Centro de Lingüística Hispánica.

Lope Blanch, Juan Manuel (dir.) (1976): *El habla popular de la ciudad de México: materiales para su estudio*. México: Centro de Lingüística Hispánica.

López Pan, Fernando (2002): «Las citas directas en el periodismo escrito. Literalidad y objetividad a la luz de los estudios lingüísticos», *Communication y Society*, 15 (2), 79-93.

Lucy, John (ed.) (1993): *Reflexive Language. Reported Speech And Metapragmatics*. Cambridge: Cambridge University Press.

Llorente Arcocha, María Teresa y Emilio Prieto de los Mozos (1999): «Marcadores del discurso referido», *Lingüística para el siglo XXI*, vol. II, 1029-1038. Salamanca: Ediciones de la Universidad de Salamanca.

Mahler, Paula (1997): «Discurso referido y perspectiva narrativa en narraciones orales infantiles», *Lenguas Modernas*, 24, 61-82.

Maingueneau, Dominique (1981): *Approche de l'enonciation en linguistique française*. París: Hachette.

Maingueneau, Dominique (1993): *Éléments de Linguistique pour le texte littéraire*. París: Dunod.

Maldonado, Concepción (1991): *Discurso directo y discurso indirecto*. Madrid: Taurus.

Maldonado, Concepción (1999): «Discurso directo y discurso indirecto», en Ignacio Bosque y Violeta Demonte (eds.), *Gramática descriptiva de la lengua española*, vol. 3. Madrid: Espasa-Calpe, 3551-3595.

Marcuschi, Luiz Antônio (1997): «Citação de fala na interação verbal como fala idealizada», en Adriana Bolívar y Paola Bentivoglio (eds.), *Actas del I Coloquio Latinoamericano de Analistas del Discurso*. Caracas: Universidad Central de Venezuela, 187-202.

Martín Rojo, Luisa (1997): «El orden social de los discursos», *Discurso*, 21 (22), 1-37.

Martín Zorraquino, María Antonia y José Portolés Lázaro (1999): «Los marcadores del discurso», en Ignacio Bosque y Violeta Demonte (eds.), *Gramática descriptiva de la lengua española*, tomo III, 4051-4213.

Martín Zorraquino, María Antonia (2010): «Los marcadores del discurso y su morfología», en Óscar Loureda Lamas y Esperanza Acín Villa (coords.), *Los estudios sobre marcadores del discurso en español, hoy*. Madrid: Arco/Libros, 93-181.

Martínez, María Cristina (1994): *Análisis del Discurso*. Cali: Universidad del Valle.

Mateus, Ligia (2005): *El estilo directo e indirecto como estrategias narrativas en el habla de Caracas*. Trabajo de grado. Universidad Central de Venezuela, Caracas.

Mathis, Terrie y George Yule (1994): «Zero quotatives», *Discourse Processes*, 18, 63-76.

Méndez-García de Paredes, Elena (1999): «Análisis de la reproducción del discurso ajeno en los textos periodísticos», *Pragmalingüística*, 7, 99-128.

Méndez-García de Paredes, Elena (2000): «La literalidad de la cita en los textos periodísticos», *Revista Española de Lingüística*, 30 (1), 147-167.

Méndez-García de Paredes, Elena (2001): «Aspectos gramaticales y discursivos de los verbos de comunicación», en Elena Méndez-García de Paredes, Josefa Mendoza y Yolanda Congosto (coords.), *Indagaciones sobre la lengua: estudios de filología y lingüística españolas en memoria de Emilio Alarcos*. Sevilla: Secretariado de Publicaciones de la Universidad de Sevilla, 349-370.

Méndez-García de Paredes, Elena (2009): «Los enunciados del discurso referido y la gramática», en María Victoria Camacho, José Javier Rodríguez y Juana Santana (eds.), *Estudios de lengua española: descripción, variación y uso. Homenaje a Humberto López Morales*. Fráncfort del Meno: Iberoamericana/Vervuert, 483-517.

Mihatsch, Wiltrud (2018): «De la escritura científica a la conversación coloquial adolescente. El caso de *tipo*», *Spanish in Context*, 15 (2), 281-303.

Mihatsch, Wiltrud (2020a): «Los orígenes discursivos de los atenuadores procedimentalizados 'tipo', 'onda', 'corte' y 'rollo': una exploración micordiacrónica», *Revista Signos*, 53 (104), 686-717.

Mihatsch, Wiltrud (2020b): «A semantic-map approach to pragmatic markers: the complex approximation / mitigation / quotation / focus marking. (Peninsular Spanish (*tipo, así, como*) and European Portuguese ('tipo', 'assim', 'como') based on a corpus analysis of C-ORAL-ROM)», en Isabel Margarida Duarte y Rogelio Ponce de Léon Romeo (eds.), *Marcadores discursivos. O Português como Referência Contrastiva*. Berna: Peter Lang, 137-162.

Mora, Elsa y Alexandra Álvarez (2003): «Indirect discourse and its acoustic / prosodic characteristics in Venezuelan Spanish», en María Josep Solé, Daniel Recasens y Joaquim Romero (eds.), *Proceedings of the 15th International Congress of Phonetic Sciences*. Barcelona: Causal Productions, 571-574.

Mora, Elsa; Martínez, Hernán y Alexandra Álvarez (2009): «Características acústico-prosódicas del discurso reportado en el español de Venezuela», *Estudios de fonética experimental*, 18, 237-252.

Moreno Fernández, Francisco; Cestero Mancera, Ana María; Molina Martos, Isabel y Florentino Paredes García (2001): «El Proyecto para el Estudio Sociolingüístico del Español de España y América (PRESEEA): antecedentes, objetivos y estado actual», en Leonel Ruiz Miyares (ed.), *Actas del VII Simposio Internacional de Comunicación Social*. Málaga: Centro de Lingüística Aplicada / Universidad de Málaga, 45-67.

Moreno Fernández, Francisco (2004): «Corpora of spoken Spanish language. The representativeness issue», en Kawaguchi Yuji, Zaima Susumu, Takagaki Toshihiro, Shibano Kohji y Mayumi Usami (eds.), *First International Conference on Linguistic Informatics. State of the Art and the Future*. Tokio: University of Foreign Studies, 49-76.

Moreno Fernández, Francisco (2005a): «Corpus para el estudio del español en su variación geográfica y social. El corpus PRESEEA», *Oralia*, 8, 123-139.

Moreno Fernández, Francisco (2005b): «Project for the Sociolinguistic Study of Spanish from Spain and America (PRESEEA) – A corpus with a grammar and discourse bias», en Takagaki Toshihiro, Zaima Susumu, Tsuruga Yoichiro, Francisco Moreno Fernández y Yuji Kawaguchi (eds.), *Corpus-based approaches to sentence structures*. Ámsterdam: John Benjamins, 265-288.

Moreno Fernández, Francisco (1990): *Metodología sociolingüística*. Madrid: Gredos.

Moreno Fernández, Francisco (1998): *Principios de sociolingüística y sociología del lenguaje*. Barcelona: Ariel.

Moreno Fernández, Francisco (2016): «En torno a PRESEEA: notas de investigación y sociología de la ciencia», *Boletín de Filología*, LI (2), 369-376.

Moreno Fernández, Francisco (2021a): «Metodología del «Proyecto para el Estudio Sociolingüístico del Español de España y América» (PRESEEA), *Documentos PRESEEA de investigación*, *Documentos de trabajo 1*. DOI: 10.37536/PRESEEA.2021.doc1.

Moreno Fernández, Francisco (2021b): «Marcas y etiquetas mínimas obligatorias para materiales de PRESEEA», *Documentos PRESEEA de investigación, Documentos de trabajo 2*. DOI: 10.37536/PRESEEA.2021.doc2.

Nakagawa, Shinichi y Holger Schielzeth (2013): «A general and simple method for obtaining R2 from generalized linear mixed-effects models», *Methods in Ecology and Evolution*, 4 (2), 133-142.

Navarro Domínguez, Fernando (2002): «Polifonía discursiva y traducción (quince años de enunciación polifónica)», en María Carme Figuerola, Monserrat Parra y Pere Solá (eds.), *La lingüística francesa en el nuevo milenio*. Lérida: Milenio, 529-540.

Nølke, Henning; Fløttum, Kjersti y Coco Norén (2004): *ScaPoLine. La théorie Scandinave de la polyphonie linguistique*. París: Kimé.

Nølke, Henning (2003): «Polyphonie linguistique et discours raporté», en Michel Olsen (ed.), *Polyphonie-linguistique et littéraire*, n. 7: *Les polyphonistes scandinaves*, 162-184.

Palacios Martínez, Ignacio (2014): «The quotative system in Spanish and English youth talk. A contrastive corpus-based study», *Miscelánea*, 49, 95-114.

Pascual, Esther (2014): Fictive interaction: *The conversation frame in thought, language, and discourse*. Ámsterdam / Filadelfia: John Benjamins.

Pascual, Esther y Sergeiy Sandler (eds.) (2016): *The conversation frame: forms and functions of fictive interaction*. Ámsterdam / Filadelfia: John Benjamins.

Pendones, Covadonga (1992): «La heterogeneidad enunciativa: algunas manifestaciones de la heterogeneidad mostrada», *ELUA*, 8, 9-24.

Pinto, Yanira (2014): *Yo te digo. Tú me dices. Aproximación al uso del reporte oral en el discurso infantil*. Tesis de grado. Caracas: Universidad Central de Venezuela.

Pluta, Nina (2004): «El aprovechamiento de la conversación en tres obras de narrativa actual», *Anuario de Estudios Filológicos*, XXVII, 275-293.

Pons Bordería, Salvador (2008): «Do discourse markers exist? On the treatment of discourse markers in Relevance Theory», *Journal of Pragmatics*, 40, 1411-1434.

Portolés Lázaro, José (1998): *Marcadores del discurso*. Barcelona: Ariel.

Portolés Lázaro, José (2004): *Pragmática para hispanistas*. Madrid: Síntesis.

Prieto, Luis y Abelardo San Martín (2002-2003): «Diferencias de género en el empleo del discurso referido: aproximación sociolingüística y pragmático-discursiva», *Boletín de Filología*, XXXIX, 269-303.

Prieto de los Mozos, Emilio (2001): «Sobre la naturaleza de los marcadores discursivos», en José Antonio Bartol Hernández (coord.), *Nuevas aportaciones al estudio de la lengua española: investigaciones filológicas*. Salamanca: Luso-española ediciones, 197-206.

Puig, Luisa (2004): «Polifonía lingüística y polifonía narrativa», *Acta Poética*, 25-2, 378-417.

Puig, Luisa (2013): «La polifonía en el discurso», *Enunciación*, 18-1, 127-143.

Rall, Marlene (1982-1983): «El discurso repetido», *Acta Poética*, 4-5, 291-395.

Real Academia Española y Asociación de Academias de la Lengua Española (2005): *Diccionario panhispánico de dudas*. Madrid: Espasa-Calpe.

Real Academia Española y Asociación de Academias de la Lengua Española (2009): *Nueva gramática de la lengua española*, tomo II. Madrid: Espasa.

Real Academia Española y Asociación de Academias de la Lengua Española (2010): *Nueva gramática de la lengua española. Manual*. Madrid: Espasa.

Real Academia Española y Asociación de Academias de la Lengua Española ([2001] 2014): *Diccionario de la lengua española*. Madrid: Espasa-Calpe.

Recalde, Montserrat; Vázquez Rosas, Victoria; Fernández Sanmartín, Alba y Marcos García Salido (2008): «Reflexiones metodológicas sobre la técnica de entrevista semidirigida». *Actas del XV Congreso Internacional de la ALFAL*. Montevideo: Universidad de La República.

Recanati, François (1981): *Les énoncés performatifs*. París: Minuit.

Recanati, François (1993): *Direct Reference. From Language to Thought*. Oxford: Blackwell.

Recanati, François (2000): *Oratio Obliqua. Oratio Recta. An Essay on Metapragmatics*. Cambridge: Massachusetts Institute of Technology.

Repede, Doina (2015): «Aspectos gramaticales y discursivos de los incisos de cita directa en los textos periodísticos», en Alberto De Lucas Vicente, Dámaso Izquierdo, Felipe Jiménez y Nekane Celateya (eds.), *Aplicaciones y enfoques teóricos del análisis del discurso*. Pamplona: Eunsa, 95-117.

Repede, Doina (2017): «El uso del discurso reproducido en el corpus PRESEEA-Sevilla: estudio sociolingüístico», comunicación presentada en las *VI Jornadas Internacionales de Lingüística Hispánica*. Lisboa, 3-5 de abril de 2017.

Repede, Doina (2019a): «Estudio sociolingüístico del discurso reproducido en el corpus oral PRESEEA-Sevilla», *Signo y Seña*, 35, 194-214.

Repede, Doina (2019b): «Discurso directo y discurso indirecto: Estudio sociolingüístico en el corpus "Encuestas de habla urbana de Sevilla"», *Lingüística y Literatura*, 56, 42-64.

Repede, Doina (2020): «La construcción "en plan" en el español hablado de Sevilla: uso, función y distribución social», *Tonos Digital*, 38, 1-23.

Reyes, Graciela (1984): *Polifonía textual. La citación en el relato literario*. Madrid: Gredos.

Reyes, Graciela (1990): «Tiempo, modo, aspecto e intertextualidad», *Revista Española de Lingüística*, 20 (1), 17-54.

Reyes, Graciela (1993): *Los procedimientos de cita: estilo directo y estilo indirecto*. Madrid: Arco/Libros.

Reyes, Graciela (1994a): *La pragmática lingüística. El estudio del uso del lenguaje*. Barcelona: Montesinos.

Reyes, Graciela (1994b): *Los procedimientos de cita: citas encubiertas y ecos*. Madrid: Arco/Libros.

Reyes, Graciela (1995): *El abecé de la pragmática*. Madrid: Arco/Libros.

Reyes, Graciela (2002): *Metapragmática. Lenguaje sobre lenguaje, ficciones, figuras*. Valladolid: Universidad de Valladolid.

Rosenblat, Ángel ([1956] 1989): *Estudios sobre el habla de Venezuela. Buenas y malas palabras*. Biblioteca Ángel Rosenblat II. Caracas: Monte Ávila Editores.

Rosier, Laurence (1997): «Le discours rapporté entre binarité et continuum?», *Modèles Linguistiques*, 35 (XVIII), 7-16.

Rosier, Laurence (1999): *Le discours rapporté. Historie, théories, pratiques*. Bruselas: Duculot.

Roulet, Eddy; Auchlin, Antoine; Rubattel, Christian y Marianne Schelling (1985): *L'articulation du discours en français contemporain*. Berna: Peter Lang.

Roulet, Eddy (1991): «Vers une approche modulaire de l`analyse du discours», *Cahiers de Linguistique Française*, 8, 53-81.

Roulet, Eddy (1995): «Vers une approche modulaire de l'analyse de l'interaction verbale», en Daniel Véronique y Robert Vion (eds.), *Modèles de l'interaction verbale*. Aix en Provenza: Publications de l'Université de Provence, 113-126.

Roulet, Eddy (1997): «A modular approach to discourse structures», *Pragmatics*, 7 (2), 125-146.

Roulet, Eddy (1998): «Dialogism and modularity: The topical organization of dialogues», en Světla Čmejrková, Jana Hoffmannová, Olga Müllerová y Jindra Světlá (eds.), *Dialoganalyse* VI. Tubinga: Niemeyer, 49-60.

Roulet, Eddy (1999): *La description de l'organisation du discours. Du dialogue au texte*. París: Didier.

Ruiz Gurillo, Leonor (2006): *Hechos pragmáticos del español*. Alicante: Publicaciones de la Universidad de Alicante.

Sacks, Harvey; Schegloff, Emanuel y Gail Jefferson (1974): «A symplest systematics for the organization of turn-taking for conversation», *Language*, 50 (4), 696-735.

San Martín, Abelardo (2015): *Variación sintáctica y discursiva en el español hablado en Santiago de Chile. Análisis sociolingüístico del queísmo, el discurso referido y los marcadores de reformulación*. Tesis doctoral. Valladolid: Universidad de Valladolid.

San Martín, Abelardo y Silvana Guerrero (2012): «Discurso referido y oralidad en el corpus PRESEEA de Santiago de Chile», comunicación presentada en el Coloquio *Interacción y manifestaciones discursivas en el diálogo oral*. Santiago de Chile, 3-4 de octubre del 2011.

San Martín, Abelardo y Silvana Guerrero (2013): «Una aproximación sociolingüística al empleo del discurso referido en el corpus PRESEEA de Santiago de Chile», *Revista Signos*, 46 (82), 258-282.

Sánchez, Nuria (2010): «Y le dije… Digo…: Análisis del discurso referido e implicaciones para el aula de E/LE», *Monográficos marcoELE,* 10, 195-212.

Searle, John (1969): *Actos de habla. Ensayo de filosofía del lenguaje.* Madrid: Cátedra.

Schegloff, Emanuel (1972): «Notes on a conversational practice: Formulating place», en David Sudnow (ed.), *Studies in social interaction.* Nueva York: Free Press, 75-119.

Sedano, Mercedes (2011): *Manual de gramática del español, con especial referencia al español de Venezuela.* Caracas: Consejo de Desarrollo Científico y Humanístico de la Universidad Central de Venezuela.

Semino, Elena; Short, Mick y Jonathan Culpeper (1997): «Using a Corpus to Test a Model of Speech and Thought Presentation», *Poetics,* 5, 17-43.

Schwenter, Scott (1996): «Some reflections on *o sea:* A discourse marker in Spanish», *Journal of Pragmatics,* 25, 855-874.

Shiro, Martha (1996): *CHILDES database. Romance Languages Corpora, Spanish-Shiro.* Disponible en: http://childes.psypsy.cmu.edu/data/Romance/Spanish/ [Consulta: 7 de diciembre de 2020].

Shiro, Martha (2007): *La construcción del punto de vista de los relatos orales de niños en edad escolar. Un análisis discursivo de la oralidad.* Caracas: Fondo Editorial de Humanidades, Universidad Central de Venezuela.

Shiro, Martha (2012): *Y entonces le dijo… La representación del habla en las narraciones de niños venezolanos.* Caracas: Universidad Central de Venezuela.

Silva-Corvalán, Carmen (1989): *Sociolingüística. Teoría y análisis.* Madrid: Alhambra.

Silva-Corvalán, Carmen (2001): *Sociolingüística y pragmática del español.* Washington D.C.: Georgetown University Press.

Soich, Matías (2017): «Análisis de la plasticidad funcional y posicional del marcador discursivo *o sea* (que) en una historia de vida», *Onomázein,* 35, 108-144.

Sperber, Dan y Deirdre Wilson (1986): *Relevance, communication and cognition.* Cambridge: Cambridge University Press.

Sperber, Dan y Deirdre Wilson (1998): «Irony and relevance: A reply to Seto, Hamamoto and Yamanashi», en Robyn Carston y Seiji Uchida (eds.), *Relevance Theory. Applications and implications.* Ámsterdam: John Benjamins, 283-293.

Spronk, Stef (2016): «Evidential fictive interaction (in Ungarinyin and Russian)», en Esther Pascual y Sergeiy Sandler (eds.), *The conversation frame: Forms and functions of fictive interaction.* Ámsterdam: John Benjamins, 255-275.

Stec, Kashmiri; Huiskes, Mike y Gisela Redeker (2016): «Multimodal quotation: Role shift practices in spoken narratives», *Journal of Pragmatics,* 104, 1-17. http://dx.doi.org/10.1016/j.pragma.2016.07.008.

Streeck, Jürgen (1988): «Körperzitate ("Body quotes")», comunicación presentada en *10th annual conference of the Deutsche Gesellschaft für Sprachwissenschaft,* Wuppertal, Alemania.

Streeck, Jürgen (2002): «Grammars, Words and Embodied Meanings: On the uses and evolution of *so* and *like».* Journal of Communication, 52 (3), 581-596.

Tagliamonte, Sali y Rachel Hudson (1999): «Be like *et al.* beyond America: The quotative system in British and Canadian youth», *Journal of Sociolinguistics,* 3 (2), 147-172.

Tagliamonte, Sali y Alex D'Arcy (2004). «He's like, she's like: The quotative system in Canadian youth», *Journal of Sociolinguistics*, 8 (4), 493-514.

Tagliamonte, Sali y Harald Baayen (2012): «Models, forests and trees of York English. Was/were variation as a case study for statistical practice», *Language Variation and Change*, 24, 135-178.

Tagliamonte, Sali (2012): *Variationist Sociolinguistics*. Malden: Wiley-Blackwell.

Tagliamonte, Sali (2016): «Quantitative analysis in language variation and change», en Sandro Sessarego y Fernando Tejedo-Herrero (eds.), *Spanish Language and Sociolinguistic Analysis*. Ámsterdam / Filadelfia: John Benjamins, 3-32.

Tannen, Deborah (1986): «Introducing constructed dialogue in Greek and American conversational and literary narrative», en Florian Coulmas (ed.), *Direct and indirect speech*. Berlín: Mouton de Gruyter, 311-332.

Tannen, Deborah (1989): *Talking voices: Repetition, dialogue and imagery in conversational discourse*. Cambridge: Cambridge University Press.

Team, R Development Core (2007): *R: A language and environment for statistical computing*. Vienna: R Foundation for Statistical Computing. Disponible en http://www.R-proyect.org [Consulta: 11 de marzo de 2020].

Tejera, María Josefina (dir.) (1993): *Diccionario de venezolanismos*. Caracas: Universidad Central de Venezuela-Academia Venezolana de la Lengua - Fundación Edmundo y Hilde Schnoegass.

Thompson, Geoff (1994): *Reporting*. Londres: HarperCollins Publishers.

Tognini-Bonelli, Elena (2004): «Working with corpora: Issues and insights», en Caroline Coffin, Ann Hewings y Kieran O'Halloran (eds.), *Applying English grammar. Functional and corpus approaches*. Londres: Arnold, 11-24.

Tordesillas Colado, Marta (1997): «De la gradualité dans la langue au degré d'implication du locuteur», *Cuadernos de Filología Francesa*, 9, 135-149.

Tordesillas Colado, Marta (1998): «Esbozo de una teoría dinámica de la lengua en el marco de una semántica argumentativa», *Signo y Seña*, 9, 349-378.

Trognon, Alain (1986): «L'identification à l'énonciateur», *Verbum*, IX, 83-100.

Trudgill, Peter (1995): *Sociolinguistics: An introduction to language and society*. Oxford: Oxford University Press.

van der Houwen, Fleur (1998): «Organizing discourse. Direct and Indirect Speech in Mexican Spanish», *Linguistics in the Netherlands*, 15, 123-134.

van der Houwen, Fleur (2000): «El habla directa vs. indirecta y la organización del discurso», *Foro Hispánico*, 17, 27-40.

Vargas, Kerlys (2014): *Estudio de las citas en estilo directo e indirecto en el Corpus sociolingüístico de Caracas 1987*. Trabajo de grado. Caracas: Universidad Central de Venezuela.

Vásquez, Jesús (2008): «Viaje al centro de la polifonía», en Flor Bango, Antonio Niembro y Emma Álvarez (eds.), *Intertexto y polifonía. Homenaje a María Aurora Aragón*, tomo II. Oviedo: Universidad de Oviedo, 913-919.

Vásquez Jiménez, María (2021): «Acerca de "en plan": gramaticalización y usos pragmáticos actuales», *Tonos digital*, 41 (II), 1-24.

Verdín Díaz, Guillermo (1970): «Introducción al estilo indirecto libre en español», *Revista de Filología Española*, Anejo CXI. Madrid: CSIC.

Vicente, Juan Antonio (2007): «Discurso reproducido e interpretación de la fuerza ilocutiva en la prensa escrita», *Revista de Investigación Lingüística*, 10, 225-242.

Vigara, Ana María (1992): *Morfosintaxis del español coloquial. Esbozo sociolingüístico*. Madrid: Gredos.

Voloshinov, Valentin (1929): *El marxismo y la filosofía del lenguaje*. Madrid: Alianza.

Waltereit, Richard (2005): «La polifonía prosódica: copiar un patrón entonativo», *Revista Iberoamericana de Lingüística*, 2 (6), 137-150.

Wilson, Deirdre (2000): «Metarepresentation in linguistic communication», en Dan Sperber (ed.), *Metarepresentations. A multidisciplinary perspective*. Oxford: Oxford University Press, 411-448.

Wilson, Deirdre y Dan Sperber (2002): «Relevance Theory», *UCL Working Papers in Linguistics*, 14, 249-287.

Zwicky, Arnold (1974): «Bibliography IV: direct and indirect discourse», *Ohio State University Working Papers in Linguistics*, 17, 198-205.